'OL' der ve OLUR

(**Kûn Fe Yekûn**/ Bakara Suresi 117. Ayet)

TUĞÇE IŞINSU

FENİKS

Feniks Kitap: 63
Kişisel Gelişim: 05

Tuğçe Işınsu
'OL' der ve OLUR

Genel Yayın Yönetmeni: Muharrem Kaşıtoğlu
Editör: Gökçe Güngör
Grafik Tasarım: Adem Şenel

Baskı-Cilt : Melisa Matbaası
Çifte Havuzlar Yolu Acar Sitesi No:4
Davutpaşa/İstanbul Tel: 0212 674 97 23
Sertifika No: 12088

ISBN: 978-605-4726-71-4

Feniks Kitap, Artı Yayın Dağıtım San. Tic. Ltd. Şti'nin tescilli markasıdır.

Feniks Kitap
Alemdar Mah. Çatalçeşme Sok. Defne Han
No:12 34110 Cağaloğlu-İstanbul
Tel: (0212) 526 70 13 • Faks: (0212) 512 09 14
www.fenikskitap.com

Genel Dağıtım: Artı Dağıtım
Alemdar Mah. Çatalçeşme Sok. Çatalçeşme Han
No: 25/2 34110 Cağaloğlu-İstanbul
Tel: (0212) 514 57 87 • Faks: (0212) 512 09 14
www.artidagitim.com.tr

‘OL’ der ve OLUR

(Kûn Fe Yekûn/ Bakara Suresi 117. Ayet)

Dileğin henüz olmadıysa
Hala olma şansı var demektir...

Bu kitaptaki her şey, dileğinin gerçekleşmesine vesile olsun.
(VE ÖYLE DE OLDU)

TUĞÇE IŞINSU

FENİKS

TUĞÇE IŞINSU

Spiritüel Danışman, Yazar, Sunucu

FMV Özel Işık Lisesi ve İstanbul Üniversitesi, İngiliz Dili & Edebiyatı mezunu olan **Tuğçe Işınsu**, 11 yıl süren reklam yazarlığı kariyerinin ardından doğuştan sahip olduğu psişik güçleri ve aldığı spiritüel eğitimler ile Spiritüel Danışmanlık yapmaya başlamıştır. Birçok yaşam merkezinde, ayrıca 7 yıldır kendi sunduğu ve konuk katıldığı 200'ün üzerinde TV programında İlişkiler, Melekler, Mistisizm, Enerji Çalışmaları, Spiritüel Şifa Yöntemlerini tüm Türkiye'ye ve Dünya'ya tanıtan **Tuğçe Işınsu**, 7 kitabın da yazarıdır. Dünya'nın her yerinden binlerce danışan ile çalışmalarını sürdüren **Tuğçe Işınsu,** *'Ol' der ve OLUR* ile size dileklerinizi gerçek kılmanın yollarını anlatıyor, mucizelerle dolu enerjisi yüksek bir yaşamın da sırlarını aktarıyor Allah'ın izni ile.

İÇİNDEKİLER

"EĞER SİZE ALLAH YARDIM EDERSE, ARTIK HİÇ KİMSE SİZİ MAĞLUP EDEMEZ."

(Al-i İmran 3/160)

1. SPİRİTÜEL ENERJİ YASALARI

Yolculuğumuza güzel bir dua ile başlayalım:

ŞAHMERAN DUASI

Dileklerimiz için 41 defa okuyabilirsiniz...

Allahu la ilahe illa Hüvel Hayyul Kayyum.Allahula ilahe illa Huvel aliyul Hakim.

Allahu la ilahe illa huves Semiul Alim.Allahu la ilahe illa Huver Rahmanürrahim

Allahu la ilahe illa Huvel Vahidul Ehad.Allahu la ilahe illa Huvel Ferdül Varid.

Allahu la İlahe illa Huve Raufur Rahim.Allahu la ilahe illa Huvel Aziz'ur Rahim.

Allahu la ilahe illa huvez Zahirul Batınu.Allahu la ilahe illa Huvel Ahadus Samedu.

Allahu la ilahe illa Huvel Fetta'ul Alim.Allah'u la ilahe illa Huvel Aziz'ul Alim.

Allahu la ilahe illa Huvel Hannan'ul Mennan'ul Deyyan. Allahu la ilahe illa Huvel Kadir'ul Kahiru

Alahu la ilahe illa Huver-Rafiul Alim.Allahu la ilahe illa Huver-Rabbül arş'il Azim.

Allahu la ilahe illa Huvel Melikul Kudüs.Allahu la ilahe illa Huvel Hamdul mubin.

Allahu la ilahe illa Huvel Bais'ul Varis.Allahu la ilahe illa Huvel Esmaul Hüsna.

Huvel Hayy'u la ilahe illa Huve Fadi'u Muhlisine Lehuddiyn.

Subhane birahmetike ya erhammerrahimin.

Velhamdu-lillahi Rabbil alemin.

Bu okuyacağınız ilk bölüm, Mucizeleri Çağırmak kitabımın içinden bir özet gibi. O kitabı okumamış olanlar, enerji yasalarını hatırlamak isteyenler, bazı ana noktaları kaçırmış olanlar için... Bir dileğin gerçekleşmesi veya gerçekleşmemesi size bağlı, enerjiyi doğru kullanırsanız sistem çalışır. Bunun için de "enerji yasalarını" kavramanız şart.

Gücünü bil. Kendine inanmazsan insanlar da sana inanmayacak.

Senin eşin benzerin yok, Allah boş yere hiçbir şey yaratmaz. Değerine inan.

Kimseye zarar vermiyorsan, istediğini yap.

Herkesin, her şeyin, bütünün hayrına olanı yap.

İstemenin şiddetini artır, olumsuz kod'layan kişilerden uzak dur.

Bahaneler seni aşağı çeker, onlardan uzak dur.

Cesur insan hayal kurar vc bir gün bunları yaşar.

Bu dünyaya boş yere gelmedin: Yaşam amacını bul.

Enerjini boşa harcama, daha az konuş, daha çok düşün.

Şans dediğin şey aslında sensin. İçe dön...

Fazla fedakârlık kişinin kendi kul hakkına girmesidir, enerjini kendine kullan.

Kendini sev, sevmiyorsan sana bunu kanıtlamak için, seni sevmeyenler etrafında çoğalır.

Söz veriyorsan tut, tutmadığında olumsuz karma yaratıyorsun.

Şüphe ediyorsan doğru çıkacak sezgilerine güven.

Önce kendini mutlu et, başkaları sonra geliyor...

Sen değiş, değişince senin gibiler sana gelecek, kimseyi değiştirmekle zaman kaybetme, herkesin yolu başka...

Sana haksızlık yapılmasına ne kadar izin verirsen bu enerji o kadar büyür, yeni haksızlıklar gelir.

Sen hiçbir şeyin mutlak ve tek sahibi değilsin, bu dünyadan gelip geçiyorsun, her şey burası değil, bunu unutmadığında hafiflersin...

Yokluk içinde olan herkese sen de yardım etmek zorundasın. Dünya'dan, evrenden, insanlardan, hayvanlardan, gördüğün her şeyden sorumlusun.

Tutmak ve sürekli biriktirmek yokluk bilincidir; vermek, paylaşmak bereketini de enerjini de büyütür.

Olanı kabule geç, isyan etme. Direnç gösterme.

Daha çok duş al, daha çok toprakta yürü. Enerjini şarj et.

Dışarıda olan bir şey yok, onların hepsi senin yansıman.

Bilinçaltın daha önceki deneyimlerinden paylar biçti, dersler çıkardı, senin korkuların neyse sana hizmet eden bilinçaltı onları yeniden sana sunacak. Bilinçaltının kişiliksiz iyi-kötü ayırdı yok. Bilinçaltın ile yüzleşmelisin...

Pişmanlık hissedersen kaybetmeye de başlarsın; olumsuz enerjiyi bırak.

İnandığını yaşarsın, olmadıysa seninle ilgili. Kimseyi dinleme, devam et yoluna.

Bilinçaltın insanları ve olayları çeker veya hayatından gönderir.

Birkaç enerji çalışması ile hemen değişim olmayacak, devam etmelisin, bunca yıldır yaptığın hatalar ve yanlış inançların birkaç haftada değişmez, yolculuğun devam etmeli.

Evren senin siparişinin büyük ya da küçük olması ile hiç ilgilenmez, her komutu eşit algılar. Küçük bir demet çiçek de isteyebilirsin, milyon dolarlar da…

Çoğu şeyi istediğini sanıyorsun ama gerçek isteklerin onlar değil, gerçek isteklerin oluyor.

Evren, sistem, enerji sana "nasıl olacağını" sormaz, sen iste ve bırak, yolu enerjiler dünyası sana açar.

Her gün şükredeceğin şeyler bul. Şikâyet etme, şükret, daha çok dua et.

İlk başta inanmasan da "olumlama ve canlandırma" yap, uykudan önce, uyandığın anda. Tekrarla. Bir süre sonra inanacaksın, inandığın için de gerçek olacak.

Geçmişi andığın her an, geçmişteki gibi olayları çağırıyorsun. Bilinçaltı tersten de anlıyor; sen olumsuzu tekrar edince, onu tekrar istiyorsun sanıyor…

Zihin ve bilinçaltı… Sana yüklenmiş programları kontrol edebilirsen bambaşka bir yaşamın olabilir.

Sezgilerin hep doğru, bilinçaltın seninle sezgi yoluyla daima mesajlaşıyor.

BİLİNÇDIŞI SENİ YÖNETİYOR

Hayatlarımızı, bereketimizi, aşk ve ilişkilerimizi bilincimiz değil bilincinde olmadığımız biz yönetiyor. Otomatik yaptığınız her şey geçmişte bilinçaltına yapılan bir kayıt ile ilgili. Bilinçaltı, daha doğru bir ifade ile "bilinçdışı" yaşamları yönetiyor...

Evrende çok büyük bir bilgi birikimi var. Kolektif bilinç dediğimiz ortak bilgi havuzu ile bu büyük bilgiden nasibimize düşeni alarak doğuyoruz. Küçükken izlenen bir film, okunan bir kitap, anne-babadan alınan kod'lar, çok sessiz dingin bir anımızda yerleştirdiğimiz bir inanç şekli biz bilmeden tüm hayatımızı yönetebiliyor. Kendimizi tanımak "bilinçdışımızdaki biz"i keşfetmek ile mümkün.

Algıladığınız her şey belirli frekanslarda titreşen enerjilerden oluşuyor, siz de bir enerjisiniz. Enerjisini gerçek anlamda doğru kullanan biri hayatta ve seçimlerinde kaybediyor olamaz. Korktuğunuz şeyler çok hızlı bir biçimde size çekilir, bir de çok istedikleriniz. Enerjimizle çeker ve iteriz. Olmayan bazı şeyleri aslında siz istemediniz ama belki bunun farkında bile değilsiniz.

Her geçen gün Dünya'nın titreşimi farklılaşıyor, bizler de bundan nasibimizi alıyoruz. Eskiden birçok olumsuzluğa boyun eğerek yaşayan insan, şimdi hayatının değerini biliyor; kendine, yaşadıklarına sahip çıkıyor. Aslında sandığımızdan güçlüyüz, sorun bizden kaynaklı ise çözüm de bizde. Biz istersek olur. Aldatıldıysak, yalnızsak, o gittiyse, evlenemiyorsak, bereketimiz yoksa, tekrar eden sorunlar yaşıyorsak, haksızlığa uğradığımızı düşünüyorsak, bunun bizden kaynaklı olduğunu bilmek size büyük güç ve anlam yüklüyor olmalı. Günümüzde çok sayıda insan "metafizik ve spiritüel" konularla ilgili ve bu alanlarda çalışmalar yapıyor. Bu durum, olumlu anlamda, yaşadığımız gezegenin titreşimini değiştiriyor. Bir gün gelecek, hepimiz telepatik güçlerimiz ile daha güzel ve doğru bir iletişimde olacağız. Yalan ve savaş olmayacak, sadece sevgi olacak. Uzaylılar ve Melekler bize daha net mesaj verecek. İnsan ÖZ'üne dönecek.

"AİT OLDUĞUN YERE DÖNMEK İSTİYORSUN, HEPSİ BU..."

ZİHİN...

1. BİLİNÇLİ ZİHİN... şuur
2. BİLİNÇDIŞI... şuursuzluk

Bağımlı hallerimiz bilinçaltımız tarafından yönetilir.

İçinde bulunduğunuz durum her ne olursa olsun, bugün hemen olmasa bile, siz şimdi inanmasanız bile, bilinçaltının olumsuz kayıtlarına rağmen, niyete girerek değişim adına adım atmakla başlayacak yaşamınızda her şey.

Seçimler, farkındalık ile atılan adımlar bilinçle ilgilidir.

Asıl amaç ve konu ise bilinç gücümüz ile bilinçaltımızı formatlayabilmek, sorunların köküne inebilmektir. Şuursuz eylemler bilinçaltı ile ilgilidir. Halk arasında anlamı çok iyi bilinmeden kullanılan başka bir kelime "ego"ya gelelim: Ego bilinç ile bilinçaltı arasındaki geçişte çok önemli bir görevi olan koruyucudur.

EGO'nun görevi değişime engel olmaktır. Siz ne zaman değişime niyet etseniz gelir ve "boş ver" der, sizi durdurmaya çalışır. Ego sizi korkutur, sizi korur gibi yaparken sizi geçmişte tutar. Değişime engel olur. Ego, bilincinizden bilinçaltınıza değişim akışını kesmek için elinden geleni yapar, sizi tutar. Ama bunun da bir çaresi var: ALFA BOYUTU. Değişim bilinçaltımızda olacaksa, bunu yapabilmek için uyku-uyanıklık arasındaki alfa boyutu zamanını kollamalıyız. O esnada bilinçaltının kapısı EGO tarafından korunmaz ve içeri sızmamız gayet kolay olur. Alfa boyutunda rahatça yeni kayıtlar yapılabilir. EGO aslında kötü niyetli değildir, bizi korumak ister. Tüm bu bahsettiğimiz kavramlara ihtiyacımız var, hepsi bir amaca hizmet ediyor.

Verdiğiniz düşünülmemiş kararlar her zaman bilinçaltı ile ilişkili. Kayıtlı ama aslında değişmesini istediğimiz kod'larla hareket ediyoruz yaşamlarımızda... Tekrar tekrar yaptığımız şeyler, davranışlar artık üzerimizde otomatikleşiyor, bir süre sonra onları düşünmeden yapıyor ve yaşamımızın bir parçası olarak kabul ediyoruz.

Bilinçaltı...

1. Alfa boyutuna yaklaşırken, evimizde TV açıkken kayıt yapıyor olabilir bilinçaltı...
2. Değişim dönüşüm çalışmalarında sabır ve azim çok önemlidir.
3. Bilinçaltına rağmen değişim kararını şimdi alın gitsin!
4. Değişimi gerçekten isteyin, kalıplarınızı yazarak belirleyin.
5. Bilinçaltınız her şeyi görür, bilir.
6. Bilinçaltı sandığımızdan daha çok ve daha hızlı kayıt yapar.

7. Aşkınızla siz iki bilinçaltı olarak da iletişim halindesiniz, ikinizin bilinçdışı da irtibatta.
8. Bilinç farkında olmadan bilinçaltı her an kayıtta olabilir.
9. Saniyeler içinde bilincin yapabildiği kaydın 100 katından fazlasını bilinçaltı yapabilir.
10. Bilinçaltı bizi sezgi yolu ile uyarır.

Olumsuz düşünmek ve olumsuz enerji üretmek kendiniz için yapabileceğiniz en kötü şey... Artık üç lafın biri haline gelen "olumlu düşünmenin önemi" gerçekten tartışılmaz. Önce iyi şeyler varmış ya da oluyormuş gibi kendinizi kandırın, zamanla bu iyi şeylerin yaşamınıza akması için bir kapı açmış olacaksınız. Hepimizin bilinçaltları birbiri ile bağlantıda. Bunu unutmayın... Aslında her şeyi biliyoruz ama bilmediğimizi sanıyoruz. İlişkinizde "Adam beni aldatır mı?" dediğiniz anda adama "Beni aldat" komut ve sinyalini de siz vermiş oluyorsunuz. Patronunuz için "Ya onu memnun edemezsem" diye düşündüğünüzde, onunla olan iş ilişkinizi kendiniz sabote ediyorsunuz. İçinizden sorduğunuz aşka, ilişkilere ve her soruya dair cevap evrenden gelir, o soru evrene ulaşır. Yaşayacağınız bir olay ya da gelecek bambaşka bir haberle ilgili konu hakkında zamanında mutlaka bilgilendirilirsiniz. Bilinçaltınız aşkınızın da iş yaptığınız kişilerin de ailenizin de bilinçaltına mesaj gönderiyor, oradan bilgi alıyor, iletişimde kalıyor, zihinlere mesajlar gönderiyor.

Gücü dışarıda veya başka yerde ararsanız, o istedikleriniz size gelemez.

Bilinçaltımız bize hep itaat eder, "gerçekten neye inanıyorsak onu bize sunar..."

İnandığını yaşarsın, yaşadığın senin inançların. Hepsi de değiştirilebilir...

Karşılığını vermeden bir şey almayın, karşılığını almadan bir şey vermeyin.

Kararsız kalırsanız, enerjiler kafasına göre takılır, baskın enerji kazanır. Mutlaka bir yol planınız olmalı. Kararsızlık kaybettirir.

"İstiyorum" demeyin; istiyorum demek hep ertelemek, zamanını bilmemektir. "İstiyorum" bilinmeyen bir gelecek ve ertelenme enerjisi yaratır. "Oldu" enerjisini kullanın.

Eski deneyimlerinize odaklanırsanız benzer sorunlarını davet edersiniz.

Karar verdiğiniz anda, enerji yasası çalışmaya başlar.

"Bilmiyorum" demeyin, doğuştan tüm soruların cevabı içimizde.

İçindeki bilgeye güven.

GEÇMİŞ YAŞAM ŞİFASI – REGRESYON

Geçmiş Yaşam Şifası yani Regresyon, eski kayıtları inceleyen, tekrar eden sorununuzu dönüştüren çok özel ve tüm dünyada kabul görmüş bir çalışmadır.

Yaşadığınız o tekrar tekrar sizi bulan sorunun kök sebebi bulunarak şifası sağlanıyor. Regresyon bereketten sağlık konularına, öfke ile ilgili konulardan blokaj ve çöküşlere, korkulardan bereket-para alanındaki tıkanıklıklara kadar çok sayıda konuda dönüşüm sağlar.

GEÇMİŞ YAŞAM ŞİFASI - ÇALIŞMA KONULARI:

Aniden ve anlamsızca biten ilişkiler…

Uzun süren yalnızlıklar…

Çöküşler…

Korkular…

Sebebi bilinemeyen, tekrar eden sorunlar…

Değersizlik hissi…

İlişki yaşamaktan korkma…

Kendi hayatınızı kendiniz baltalıyor, sabote ediyorsanız…

Kaybetme korkusu…

Çokeşlilik…

Blokaj, kısmetsizlik…

Bereket, para, kariyer sorunları…

Bu bahsettiğimiz sorunların kökü 3 kaynaktan gelebiliyor:

1. Geçmiş hayatlardan gelen karma & bu hayattaki çocukluk dönemi
2. Atalardan gelen enerji mirası: Büyükleriniz de benzer sorunları yaşadı ve bu size aktarıldı.
3. Kolektif Bilinç: Doğarken ortak bilgi havuzundan, tüm insanlığın yaşamış olduklarından çektikleriniz.

Bilinçaltımızdaki farkında olmadığımız kayıtlar yaşamlarımızı ve ilişkilerimizi yönetiyor. Aynı sorunları neden tekrar tekrar yaşıyorum diyorsanız, sebebi tamamen geçmişle alakalı. Geçmişteki o kök kayıtlara ulaşmadan da tam olarak şifası mümkün değil. Biz geçmişte bize yüklenen veya kendi yüklediğimiz kod'lardan ibaretiz. Geçmiş geleceğinizi sabote etmeden, kendinizi tanımak, gerçek siz ile yüzleşmek ve şifa için "geçmiş yaşam şifası" bir dönüşüm fırsatı sunar.

Geçmiş yaşam şifası, o sizi zorlayan ve anlamsızca tekrar tekrar kapınızı çalan konunun, kök sebebini bulup ortaya çıkartıyor. Bu çok özel ve etkili çalışma, konuya dair kök sebebi ruhsal hafızamızdan, DNA'mızdan siliyor. Zamanla bu konu önce sizde hafifliyor ve kabule geçiyorsunuz, göstermiş olduğunuz direnç bitiyor.

Duyular ötesi bir yaşamınız yoksa çok şey kaçırmış olursunuz. Hayat sadece temel 5 duyumuzdan ibaret değil. Ana konu ve ana keşif duyuların ötesinde aslında, bunu unutmayın. Şifalanmak korkunun bitmesidir, korku sevgiye dönüşür, hepimizin yaşamlarını gerçekte "korku" yönetiyor. Ayrılık korkusu, aldatılma korkusu, yalnızlık korkusu vb... Şifa sonrası kişi kendini çok iyi tanıyacağı gibi, bir yandan yeni mucizeleri de çağırmış olacak. Şifa çalışmalarında sonuca odaklanmak doğru değildir. Bu da başka bir korkudur, akışta olmak ve kabule geçmek, olanı almak daha doğrudur.

Gerçek anlamda şifaya girebilmek yaşama tepeden bakabilmektir. Her şey aslında olması gerektiği gibi, acı çekmeden şifa da seçilmezdi. Kimse size spiritüel bir göz ile bakarsanız "kötülük" yapmıyor. Onlar size aynalık ediyor, size öğretiyor ve sizi güçlü kılıyor. Deneyimler bizi ruhsal anlamda besler. Çok çaba gösterdiğiniz anda ya da korkmaya başladığınız anda, negatifi daha çok andığınızda şifa gerçekleşmez. Şifa bütün ile bir olmaktır, ana kaynağa geçmektir, olması gerekendir. Birçok kişi sorunlarını neredeyse severek, onları elinde tutarak, onlara sarılarak ve onları doğal kabul ederek yaşıyor, onları oyuncağı gibi görüyor ve aslında bırakmak istemiyor. İstersek tüm evreni bedenimizde hissedebiliriz, buna donanımlı olarak doğuyoruz ama sonra bunu unutuyoruz. İç güce inanın. Şifa ve arınma tam olarak bir yolculuktur, bir yolun sonu değildir. Gücünüzü geri kazanmak için mutlaka korkularla bilerek veya bilmeyerek aranızda geliştirdiğiniz bağları kesmelisiniz. Geçmişe şükredin, hepsi bir yaşam dersiydi. Sizi mutlu ve mükemmel olmaktan alıkoyan bir blokaj, bir engel var; şifa onu bulur ve sevgiyle gönderir... Blokaj bilinçaltındadır, geçmişle ilgilidir. O olumsuz anı/kayıt bulunduğu ve siz onu şifalandırdığınız zaman konu dönüşür.

Sen eşsizsin!

HİÇBİR İNSAN DİĞERİNE BENZEMEZ. GÜCÜNÜ ELİNE AL.

Allah insanı çok özel ve eşsiz yaratmıştır. Dünyadaki hiçbir insan bir diğerine benzemez. Sorun zannedilen hiçbir şey aslında sorun değil, karma veya yaşam dersidir. Bunları tekâmül yolundaki taşlar olarak gördüğünüzde dönüşüm başlar. İnsan çok büyük ve özel bir enerji olduğu için, bilinçaltı aracılığı ile her şeyle herkesle irtibatta olduğu için sandığından özel bir güce sahiptir. Günlük yaşamın detayları, acılara fazla tutunmak, küçük şeyleri büyütmek, bağımlılık, alınan darbelere isyan etmek, değersizlik hissi sebebi ile gerçeği ve gerçek yol planını unutan insan, Yeniçağ enerjisi ve dünyada yayılan yeni frekans ile artık enerjileri, yaşamı, evreni, zamanı daha çok sorguluyor.

YAŞAM AMACINI BUL.

Bu dünyaya boş yere gelmedik. Allah boş yere hiçbir şey yaratmaz. Senin bir yaşam amacın var, en çok direnç gösterdiğin yerde de yaşam derslerin var. Yaşam amacını bul... Dünyaya neden geldin, burada neyi öğrenmen gerek... Hayallerinin izinden git, gerçekten istemediklerini artık bırak, şu an ne durumda olursan ol "dönüşebilirsin". Çözümsüz sorun yok, çözemediysen yolunu değiştir. Yapabilirsin... Sen değişime niyet ettiğinde önce arın. Geriye dön; herkesi affet ve af dile... Ne olduysa oldu, gelecek eğer arınırsan geçmişin izlerini taşımadan bambaşka olabilir. Anın değerini bil, bazen yavaşla, daha çok şükret. Kötü bir şey gelişirse gül geç, bunlar oyun veya ders. Kötü diye bir şey de yok aslında... Hayatını mucizelere aç, her an gerçekçi olmak veya kısıtlanmak zorunda değilsin. İnandıkça ve istedikçe, dönüşüm başlayacak, sana her gün her an daha çok mesaj gelecek, bunları takip ettikçe sen boyutlarla daha çok irtibatta olacak ve gücünü yeniden eline alacaksın. İzin ver artık değişime, hayalinin önündeki engel sadece sensin. Yanılsamaları bırak, onlara kanma. Dualarını artır. Daha çok sevgi ver, hep düşün amacın herkesin her şeyin hayrına mı...

ENERJİN SANA LAZIM, KÖTÜ İLE KÖTÜ OLMA.

AFFET VE YÜKÜ AT.

KÖTÜLERİ SADECE AFFET, ONLAR DAHA ÇOĞUNU HAK ETMEZ.

Olumsuz her şeyi bırak, her sorunu illaki çözmek zorunda da değilsin.

Değerinden fazlasını verdiğin herkes bu yükü taşıyamaz, seni pişman eder.

Sen mutlu ol ki başkalarını da mutlu et.

Sana kötülük yapıldığında yaşam dersini al ve geç, üzerinde çok durursan kendi enerjin bozulur.

Hayatta senin için gerçekten önemli olan ne… Bunu bul.

Hayatını baştan yazabilirsin, ana kader planı dahilinde.

Bir kere niyete girdiğinde enerjiler seninle işbirliği yapacak.

Sezgisel gücüne inan.

Kendine ve yaşama daha çok soru sor, cevap bulana kadar yalnız kal ara ara…

Suçlama ve hesap sorma, bu senin işin değil, Allah'a bırak.

Herkesin tekâmül yolu aynı olmaz, seninle aynı frekansta olanları bul…

Enerjini çalanlara "hayır" de, hayır demek bir güçtür.

Kendini suçlu hissetme. Yaşam dersiydi.

Aşırı pişmanlık da blokaj yaratır.

Zihnin gelip sana "Olmaz bu iş" diyebilir, onun görevi bu. Onu susturmaksa senin elinde.

Zaman koyma, hayırlı zamanda olacak.

Sana kötülük yapan, kendini ifade ediyor… Neden üzerine alınıyorsun? Bu onun sorunu.

Yaşamındaki her şey senden yansıyanlar, önce içine bak…

Başkaları için kötü düşünmek karma borcudur.

Uzak diye bir şey yok, enerjiler dünyasında her şey eşit mesafede.

Allah sana herkesten her şeyden yakın, hiç de yalnız değilsin…

Kötü bir şey olduğu an Melekleri an, sadece Allah'a sığın.

Allah senin dünyada olmanı istedi, seni buraya gönderdi, senin bir anlamın var.

Tevekkül ve sabır... Bu ikisi varsa sende, "Neden?" diye zaten sormazsın.

Çaresizce değil, sonuca güvenerek iste.

Yaşadığın tüm dertler ödüldü.

İmtihanın çok sevdiğin, istediğin konuların içinden de gelebilir.

Başlayıp bırakma, yola devam etmelisin...

ŞÜPHEYİ BIRAK.

GÖNÜLDEN İSTE, ODAKLAN, SONUCA GÜVEN.

KORKMAK HER ŞEYİ İPTAL ETMEKTİR.

ESKİ DENEYİMLERE TEŞEKKÜR ET, ONLAR YİNE OLACAK ŞEKLİNDE DÜŞÜNME.

İNANDIĞIN KONUYU MIKNATIS GİBİ YAŞAMINA ÇEKEBİLİRSİN.

ZİHİN VE KALP AYNI ENERJİDE OLMALI, İŞBİRLİĞİ YAPMALI.

RUHANİ YÖNÜNE İNAN, SIRLAR ORADA...

ACİZ VE AZ HİSSETTİĞİN AN, ALLAH'A YAKIN OLDUĞUNU UNUTMA.

KİMSEYİ, HİÇBİR SANA SUNULANI, ELİNE GEÇENİ, KENDİNİ KÜÇÜMSEME.

ACIYI FIRSATA DÖNÜŞTÜR.

MADDEYE BAĞLANMA.

HER DUA EN DOĞRU ZAMANDA YERİNİ BULACAK.

NASIL'LARA TAKILMA, SONUCU İMGELEMEYE DEVAM ET...

DÜNYA SENİN EVİN, İMTİHAN ALANIN. FIRSATLAR HER SABAH YENİDEN SANA ÇEKİLİR.

ŞU AN YAŞADIĞIN O OLUMSUZLUĞU DA BİR ZAMANLAR SEN SEÇMİŞTİN.

MELEKLER HER YERDE, İÇİNİ RAHAT TUT, ONLAR IŞIK ELÇİLERİ...

SEVDİĞİN BİR ŞEY GERÇEKLEŞİNCE, TEŞEKKÜR ET, SEN DE BİRİNİ SEVİNDİR.

İSTEDİĞİN OLMUYORSA, SANA BAŞKA GÜZEL PLANLAR VAR DEMEK Kİ...

BAŞKALARI ADINA DA MUTLU OLAMAZSAN, KITLIK BİLİNCİN GELİŞİR.

BAŞKALARINDAN KÖTÜ BAHSEDERSEN, SANA RUHSAL OLUMSUZ ENERJİ ÇEKİLİR.

BEDEL ÖDE, SORUMLULUK AL.

HER AN BİLGİ AL VE ÖĞREN.

BOŞA ZAMAN GEÇİRME, GEREKSİZ İNSANLAR ENERJİNİ ÇALAR.

SABIRSIZ OLAN, GÜVENMEYENDİR VE KAYBEDENDİR.

BAŞKALARININ İYİLİĞİ İÇİN DE DUA ET...

SEN SINIRLISIN, DUALAR SINIRSIZ, HERVŞEY ALLAH'TAN İSTENİR.

HER ZORLUK FIRSATTIR ASLINDA...

Düşünme şeklinizi değiştirdiğiniz anda, inanç sisteminizi onarmaya başladığınız anda, yaşamınıza etki edecek mucizeleri de davet etmiş olursunuz. Yaşam başlı başına bir mucizedir. Her şey mükemmel de olabilir, çöküşlerle dolu da. Bu konular tamamen bizim elimizde. İnanç dev farklar yaratır, kendini sevmeyen, yaşamı kucaklayamayan daima kaybeder. Sen değişmeye niyet ettiğinde enerjiler seninle işbirliği yapmak için hazırlanır. Tüm inanç sistemini onarabilirsiniz ve unutma, sen buna değersin.

"GERÇEKLEŞMEYEN DUALARINA NE ÇOK ŞEY BORÇLUSUN, EN DOĞRUSUNU ALLAH BİLİR"

Bilinç ve bilinçaltında, tüm merak ettiklerin gizli. Seni bu iki güç yönetiyor, sorunlarını önce kabul et, onların sorumluluğunu al, bu tutum seni güçlü kılacak. İyi insanlar kötü yaşamlar sürebilir, bunun sebebi geçmişte kalmaları, içlerindeki büyük güç ile işbirliği yapmamaları ve bazen de bencil olmanın keyfini sürmemeleri. Beklemek ile asla sonuç gelmeyecektir, çalışmak ve anlamak lazım. Enerjileri kullanmak, evreni tanımak, dua etmek ve en önemlisi kesin olarak karar vermiş olmak gerekir.

Ağır hasta olan iki kişiden biri ölür, diğeri yaşar. Ana kader planı elbette ki var ama inanç yasasına göre iyileşeceğine "inanan" yaşar, kurtulur, aşar. İstemek bazen yokluk bilincidir, sadece istemeyin, inanın. İNANIN. Çok çaba göstermek korkudur, korkma, sonuca güven. Bir şeyi istemeye başladığın anda hemen ardından iptal etme, emin değilsen zamana bırak. Başarı tesadüf değildir, başaranlar "bilinçaltında" doğru kayıtları tutan ve inanmış olanlardır.

Senin tüm enerjin tanıştığın kişilere geçer, sendeki korkuları, acıları, negatifleri onlar sezgi yolu ile bilir, anlar, hisseder.

Kendini arındır, arınmadan yeni ve doğru, ileriye yönelik sağlıklı ilişkiler kuramayabilirsin. Bilinçaltları arasında transferler olur, bilgi ve enerji geçişleri, senin onunla ilgili olumsuz düşünceni o aslında biliyor ve iletişim ilerlemiyorsa zaten ondan ilerlemiyor. Geçmişinde kalan kişilerden bağınız kopmuş olsa da, mutlaka "enerjiler yoluyla" özür dile, helallik al.

Korkaklar her şeyi kadere yükler, korkaklar hayal gücünü kullanmaz. Sen cesur ol ve risk al. Bir kişi bilinçaltında neye inanıyorsa yaşamı da tam olarak o şekilde belirlenecektir. İnsan mucizevi bir güçtür. Allah insanı diğer varlıklardan farklı yaratmıştır. Meleklerde olmayan özgür irade insanda vardır, insan bu güç ile doğar ama sonra bu gücünden uzaklaşır. Her kötülük yapışında, her zaaflı adımında, her karma borcu yarattığında, gücünü kendi azaltır. Nefis ile mücadele çok önemlidir. Kuran'da bize gereken tüm bilgiler vardır ama çözümleri dışarıda arayarak çoğumuz zaman kaybediyoruz.

İç güçlerini kullanmaya başlamalısın. İçe dön, sevmediğin kişilere "hayır" demeyi öğren, her şey mümkün, imkânsız diye bir şey yok. Sonsuz özgürlük ve sevgi enerjisi bizlere içe dönmemiz sonucu gelir. Mucizeler yaşamlarımıza gelir, "istemeyi ve inanmayı" bilmek lazım. İddia ediyorum bu kitabı sadece okumayıp uygulamaları da yapan herkesin yaşamında kıpırdanmalar olacaktır. Sen değişirsen dünyan da değişir. Dünyandaki en değerli şey zaten sensin, bunu unutmuş olabilirsin. Şimdi bu kitap seni yeniden uyandırıyor. Sınır koyma artık, ben yapamam deme, sen çok büyüksün.

Dilekler o zaman neden gerçek olmuyor… Sen dilerken kalbin gerçekten buna inanıyor mu? Yoksa sadece isteme enerjisinde mi kalıyorsun… Dilek dilerken "oldu" bilmek önemlidir. İnanmak, sonuca güvenmektir, hâlâ içinde şüphe varsa yanlış yoldasın. Senin bilinçaltın o dileğine gerçekten karşılık verirse, işbirliği yaparsa sonuç elde edilir. O nedenle ilk önce, bilinçaltını tanı, yüzleş, arın. Enerji yasalarının başında, inanç gelir. Bilinçaltı ve oradaki kayıtlar, anılar, dışarıdaki yaşamınızı yönetir, yansıtır, yani konu tamamen sizinle ilgili. İyi ve kötüyü ayrıştıramayan bilinçaltı verilen kaydı, komutu kabul eder, uygulamaya koyar. "İstedim, diledim, olmadı" durumundaysanız, sorun tamamen bilinçaltınızda, çözüm de. Dünyanızı değiştirmek isterseniz işe bilinçaltınız, inançlarınız ile başlayın.

Sık tekrarlananlar gerçeğimiz olur. Neyi tekrarladığınıza çok dikkat edin. Sorunu tekrar etmek sorunu yeniden yaşatmak, sorunu büyütmek, yaşamda daha çok yer vermektir. Dış dünya, dış etkiler yaşamınızda sandığınız kadar etkili değil, onlar da sizinle ilgili, çekim gücünüzle ilgili. İçeride ne varsa dışarıda da o oluyor. Koşullar ve şartlar dışarıda ne olursa olsun, bilinçaltınızdaki kayıt size gereken yolu açar ve o dileğin bir şekilde olması için gerekeni yapar. Alışkanlıklar, istekler, korkular, değerler değişebilir, yaşam körü körüne yaşanamayacak kadar değerli. Güçlü ve mıknatıs etkisini iyi bilen kişiler, her zaman "olumsuz konuşan ve düşünenlere" kapalıdırlar, onlara gülerler, geçip işlerine bakarlar. Başkası senin üzerinde senden etkili olamaz. Bunu unutma, etki kuruyorsa buna da yine sen izin vermişsindir.

Güç ile doğdun, zamanla onu unuttun.
Gücünü geri al.

Aslında bir güç kazanmaya çalışmanız da gerekmiyor tam olarak. Güç içinizde, onunla beraber doğdunuz, onu tekrar yaşamınıza katmak da aynı şekilde elinizde. Bilinçaltınızda her sorunun cevabı var, çözüm önerileri bile var hatta... Bilinçaltı bilge gibidir, gece uyku öncesi soruyu sorun, o cevap için bir süre içinde size semboller veya işaretler yollar yaşamınızın içinde. Farkında olmak çok önemlidir, çoğu kişi farkında olmadan "öğretilmiş olan her şeyi gerçek sanarak" yanlış bir yaşamı deneyimler. Sadece istediklerinizin olabileceği bir dünyaya ne dersiniz? Fantezi değil ki bu, gerçek... İşleyişi ve enerji yasalarını doğru kullananlar bunu yapabilir, dünyayı yöneten insanlar da zaten bunu keşfetmiş olanlar. Bilinçaltınızı yeniden yapılandırabilirseniz, adınıza büyük bir dönüşüm başlatırsınız. İnanılanın doğru veya yanlış olması ile bilinçaltı ilgilenmez, orada ne saklı ise o yaşanır. Alışageldiğiniz kaderiniz olmak zorunda değil, "değiştirilebilir" her şeyi değiştirmeyi deneyin.

Olumsuz düşünen kişilerden uzaklaşmak kadar büyük bir keyif yoktur. Onlara katlanmak ve onların olumsuz enerjilerini sürekli yük gibi taşımak zorunda değilsiniz. Ayıp olmaz, "hayır" deyin, "gelmiyorum" deyin, "yeter" deyin, gerekiyorsa çekip gidin. Onlara ayıp oluyor da size, kendinize, tekâmülünüze ayıp olmuyor mu? Olumsuz düşünürken kendinizi yakalayın, iptal edin, cümleyi bir sevgi sözcüğü ile tamamlayın. Olumsuzu her olumluya çevirdiğinizde, enerjiniz yükselir. Geceleri uyku öncesi pozitif düşünce ve imgeleme yolu ile kendinizi programlayın.

En büyük güç: bilinçaltı dönüşümü

BİLİNÇALTIN SANA HER ZAMAN YANIT VERİR.

BİLİNÇALTI SORULARINI DUYUYOR, CEVAP YAŞAMIN İÇİNDE BİR YERDE GİZLİ OLACAK.

BU SENİN HAYATIN; DOĞRU KOMUTU VER, BİLİNÇALTIN YAŞAMINI ONARSIN.

HER OLUMSUZ DÜŞÜNDÜĞÜNDE BU DA KOMUT SAYILIR!

İNAN OLSUN, BİLİNÇALTINI İŞBİRLİĞİ İÇİN İKNA ET.

KALBEN ÇOK İSTE, SAMİMİ OL, GEREKİYORSA ADIM AT, İLHAM AL…

Bilinçaltın önce kabul eder, sonra o fikri işler, sonra da yürürlüğe koyar. İyi ve kötüyü aynı gören bilinçaltın, senin tarafından yönetilir. Fikri kabul ettirirsen, yaşamın değişir, sarmaldan çıkarsın. Senin dünyanı yöneten enerji orası çünkü. Kabul gördüğü anda bir fikir senin bilinçaltında, işleyiş başlar. Sadakat üzerine kurulu bu ilişkide, bilinçaltı verdiğin komutları emir olarak görüyor. Seninle tartışmayı tercih etmeyen bilinçaltı, değersiz görüyorsan kendini sana kötü davrananları mıknatıs gibi yaşamına çeker. Sen "yaşamımı ben yönetirim" inancını oraya aşılayabilirsen, seni kral gibi yaşatır. Geçmişte ne olduysa oldu. Sen şimdi önüne bak.

Astroloji veya isim analizi gibi çalışmalar, ki biz bunları da yapıyoruz, bilgi verir sadece. Aşk koçluğu çalışmamız da manevi olarak ilişkilerde sizi güçlü kılabilir, farkındalık yaratabilir. Tılsımlarımız da yaşamlarınızda bazı tıkanmış enerjileri aktif hale getirebilir… Gerçek farkındalık, anlama, yön verme ise tamamen "bilinçaltı" yani bilincinde olmadığımız biz ile ilgili. HER ŞEY SENİN İÇİNDE öğretisini savunan tüm koçluk, spiritüel, mistik vb. akımların aslında size bahsetmek istediği konu bilinçaltıdır, tekrar eden sorun veya değişmesini istediğiniz asıl enerji bilinç değil bilinçaltındadır çünkü... Dünyadaki en büyük acizlik bu noktada dış dünyayı ve başkalarını suçlamak olacaktır, senden güçlüsü yok, her şey elinde, tekniği bilir ve kullanırsan, sebep-sonuçları anlarsan, yaşamın parıldar.

BİLİNÇALTI VE SIRLARI:

Dünyanın, evrenin her yeri ile bağlantıdadır...

Başkalarının düşüncelerini okur.

Dileklerin nasıl gerçek olacağını bilir.

Bu dünyaya göre yanlış da olsa, o verilen bilgiyi onaylar, doğruymuş gibi yaşatır.

Sezgi yolu ile mucizeler yaşatır.

Dev bir depo gibidir, orada her şey bulunur.

Gizli şeyleri de aslında bilir.

Telkine açıktır.

Kehanet yapabilir.

Telkinin sadece yapılmış olması bilinçaltı işleyişinde yeterli değildir. KABUL edilmiş, onaylanmış olması gerekir, sonra zaten bunu yaşamınızda görürsünüz. Plan yapın, komutu bulun, uykudan önce yerleştirin, inanın ve bekleyin. Bilinçaltınız size aslında sınırsız bir gücü de sunuyor.

Size olumsuz telkin yapan herkese HAYIR demeyi öğrenin. Gerekiyorsa bencil olun.

Kendinizi olumsuz düşünürken bulduğunuzda "iptal" edin.

Boyun eğmeyin, evet dünyada epey kötü şey oluyor ama öte yandan çok iyi şeyler de yaşanıyor. Siz iyi tarafta kalın. Bir fikir size geldiğinde onu kabul etmek zorunda değilsiniz, dinleyin geçin, hatta mümkünse dinlemeyin. Yaşan... çoğu başka insanların istediği gibi geçmesin, dünya fırsatlar ve şans ile dolu, her "hayır" diyebildiğinde yaşam sana çuval dolusu yenilik mutluluk sunar. Boyun eğen yine eğer. Dik dur.

Başkalarının olumsuz telkini aslında siz izin vermezseniz, yaşamınızı yönetmez.

Onayladığınız anda enerji sizi yönetmeye başlar. Telkine fazla açık kişi, başkaları tarafından yönetilir. Telkin edilen şeyi siz doğru veya mantıklı, geçerli, sempatik bulursanız, bilinçaltına gönderirseniz komut alınır. O telkin sizi yönetir. Bu bağlamda, olumlu telkin dünyadaki en büyük güçtür. O nedenle olumlama çalışmak güzeldir, arındıktan sonra ise daha da güzeldir. Olumsuz telkin geldiğinde bilinçaltı bunu ayıramaz, siz ayıracaksınız. Unutmayın ki aslında sizi olumsuz kod'layan kişilere de siz izin veriyorsunuz, onlar da bir tür "aynalık" etme görevi için size geldiler ve size dair bir şeyi yansıtıyorlar. Yani her şey sizden yansır, size gelir, siz.

UYGULAMA

Kendi sesinizle bu cümleleri (ya da kendi olumlama cümlelerinizi) kayıt yapın ve 21 gece uyumadan önce yatağın içinde dinleyin:

"Ben çok mutluyum. Yaşıyorum ve bunun değerini biliyorum. Her olumlu değişimi yapabilecek güç benim içimde. Bilge olan bilinçaltım bana her sorum için cevap verir. Sınırsız güç ve Büyük Ortak Zekâ ile ben hep işbirliği içindeyim. Güzellik ve bereket kapımı çalıyor. Beni yaşamın tüm parıltısı donatıyor. Hep doğru karar veriyorum. İstediklerim gerçekleşiyor. Şans içindeyim. Seviyorum seviliyorum, her şeyin en iyisine layık olmak çok özel bir duygu."

"Sınırsız bir güç ile işbirliği içindeyim. Ben güçlüyüm. İstediklerim olur. İçimde olanlar ve gerçek öz enerjim dış dünyama ve yaşadıklarıma yansır. Muhteşem bir planın parçasıyım. Her şey olması gerektiği gibi.

Bilinçaltım tüm cevapları bilir ve bana mükemmel şekilde hizmet eder. Bana daima istediklerimi sunar. En doğru çözümler bana sunulur. Gerçekten inandıklarımın benim olabileceğini bilmek muhteşem."

Son derece bilge ve büyük olan bilinçaltı, yani bilinçaltınızdaki siz, aslında merak ettiğiniz tüm soruların cevabını bilir, uyku öncesi "bilme ve anlama" idrak konusu ile ilgili onunla çalışabilirsiniz. Bilinçaltının en iyi yanı, sizinle asla münakaşa yapmayacak olmasıdır. Oraya gireceğiniz herhangi bir telkini kabul eder, alır, size yaşatır.

Sizin yaşamınızda sahip olduğunuz en büyük güç **bilinçaltıdır**. Tüm sorunları burada çözmek gerekliliğini anlıyor olmanız gerekir. Sadece olumlama yapmak, olumlu düşünmek, ritüel ve bilinç düzeyinde çalışma yapmak yetersiz kalır. Bana göre din, dine uygun yaşamak, karma ve enerji yasalarına uygun yol almak, tüm bunları arınmış ve doğru işleyen bir bilinçaltı ile yapabilmek bir insanı ve onun yaşamını yeniden mükemmelce formatlayabilir. Bilinçaltı her an kayıt altında olabilir, biz uyuruz, o uyumaz. İçinizde büyük bir güç varken her şeyi kadere yüklemek, kendi gücünüzü yok saymak, yaşamı ve sonuçları küçümsemek olacaktır. Kendinizi sınırlamayın, evren sınır koymaz, biz koyarız. Allah insanı muhteşem bir varlık olarak yarattı ama insan "özgür iradesini" yanlış kullanarak bu muhteşem enerjisini yanlış veya boşa harcayabiliyor.

Mucizelerin kaynağı bilinçaltıdır.

Doğarken ortak bilgi havuzu "kolektif bilinç/altı"ndan beslenerek doğarız. Dünyanın geçmişi, yaşanmış olanların özeti, tüm kadim bilgilerle doğarız. Bu büyük güce sarılır, felsefeyi doğru anlarsanız, her şeyi dönüştürebilirsiniz. İçeride ne varsa o olur dışarıda da, insanlar size kötü davranmaz, siz kendinize kötü davranırsınız. Patron size acımasız değildir, siz onun sert biri olabileceğini kod'ladınız. Her elinizi attığınız kurumaz, sizin bilinçaltınızdaki kıtlık kaydı sizi yönetir. Değişimi istemeyen, geçmişte kalır. Dönüşüme hazır olan, karar verir, "Ne olduysa oldu" der ve bu ana inanır. Her şey mükemmel olur ve öyle de oldu.

"SENİN İÇİN DUA EDEN İNSANLAR OLMAZSA EKSİKSİN. ZATEN EN BÜYÜK ENERJİ DUA"

Bilinçaltı ilettiğiniz her fikri tartışmadan kabul eder.

Yansıma yasası: İletilen onaylanır, size geri yansır.

İçeride olanlar dışarıda sizi bulur, bir şey olmuş ve yaşanmışsa sizinle ilgili.

Ana kader planı var ama sizin elinizdekiler de küçümsenemez.

Sınırsız zekâ bilinçaltıdır.

Doğru ve yaratıcı düşünmek sizin mucizenizi başlatır.

Olumlu ve muhteşem doğarız, zamanla enerjimiz kirlenir ama yeniden dönüştürülebilir de...

Öfke, korku, kin, kıskançlık sizi geri götürür.

Bilinçaltınız bedeninizi bile şekillendirebilir, içte olan enerji fiziksel size yansımıştır çünkü...

Bilinçaltı komutlarını tekrar etmek ve yüksek sesle söylemek daha çok yardımcı olur.

İnanç iyileştirir.

Bilinçaltındaki dönüşüm hastalıkları da olumlu etkiler.

Sınır koymadan da yeni kayıt yapılabilir bilinçaltına.

Baskın, güçlü, keskin, kesin komutlar verin bilinçaltına.

Emin olmadan yapılan enerji çalışmasında sonuç olmayabilir.

Bilinçaltınız ile konuşun, konuşurken dingin ve serbest enerjide olmaya bakın.

Hayal kurun, imgeleme ve canlandırma size mükemmel kapılar açar.

Olmak istediğiniz kişi olduğunuzu canlandırın.

Arzu çok büyükse ve inanç varsa, hayal kırıklığı olmaz.

Beklentiniz mükemmel sonuca yönelik olsun.

Güç içinde ne düşünürseniz, siz o olursunuz.

İyi düşünen daha çok iyi gelişmeyi kendine çeker, kesin bilgi.

Doğru ve güçlü telkin bir yaşamı baştan yaratabilir.

Yürekten iste, inan, odaklan, bunun gerçekleşmesi için başka insanları da sevindir (bağış yap) ve Allah'a bırak sonunu. Bütünün, herkesin, her şeyin hayrına olan seni bulacak. Unutma.

"YARININ DÜNDEN İYİ OLMASI, SENİN DEĞİŞME KARARI VERMENE BAĞLI..."

Sonuç alacağınıza inanırsanız o sonucu alırsınız. İstemek yetmez, inanmak gerekir.

Çoğu kişi ister ama inanmaz, kendini layık bulmaz. Dilek tutmak terapi yapmak gibidir, o an elinizde gerçekleşecek bir veri olmasa da dilek tutun. Tutun ki şansınız devam etsin.

Bir an bile "ya olmazsa" dendiği anda, enerji düşer. Kayıtsız şartsız inanç teslimiyeti çok önemlidir. Bazen tarz, yöntem ve içerikler değişir. Sana iyi gelen kesin olarak senin için iyidir, kimseyi takmayın!

İçinde inanç ve umut olan her şey doğrudur. Düşünme şekliniz "mış" gibi yapmak değil ama gerçekten değişirse yaşamınız değişir. Herkesin yolu, tekâmülü başka ve farklıdır ama herkes bu tekniği uygulayarak değişir. Herkese sorsanız değişimi gerçekten istediğini söyler ama gerçekte, acıları, dertleri, sorunları arkadaş gibi, tanıdık gibi görenlerin sayısı çok fazladır. Değişimden korkar veya değişimi uzak görürseniz, enerji sizin yaşam alanınıza geçiş yapamaz.

Evrensel bilinçaltındaki büyük güç ve enerji ile işbirliği yapabilecekken, evde oturup tavana bakıp adamın sizi neden aramadığına "odaklanmak" yeni sorunları ve adamın yine yeniden aramamasını davet eder. Geçmişten bugüne yaşamış olduğunuz olumsuz anıları tekrar tekrar canlandırmak sadece kendinizi ve enerjinizi sabote etmektir. İyi, saf, yani mükemmel kalın. Her gün kendinize yalnız kalacağınız ve medite halde olabileceğiniz alanlar yaratın. Uyku öncesi faydalı düşüncelere odaklanın, alfa frekansını doğru kullanın. Böylece uyku anında da doğru enerji ve komut devam edecek.

Güç tekrar eden düşüncededir, korku ve isteklerdedir. İptal etmenin gücüne de inanın. Olumsuz düşünce ve korkular elbette ki yaşamınızda sizi köşeye sıkıştırmak isteyecek, o an'larda iptal etmek, bağı kesmek, olumsuzu olumluya dönüştürmek çok önemli olacaktır. İstenen sona odaklanın, "gerçekliğini hissedin" tüm detayları ile; renkler, kokular, sesler, detaylar... "Oldu" bildiğiniz an'da hatta gözünüzden yaş bile gelebilir. Ruh o kadar o an'ı seçer, sever, kabul eder çünkü. Bu onaydır!

Bilinç ve bilinçaltı arasındaki ileti, alış-veriş hayal gücü sayesinde olabilmektedir. Zaten her şey önce hayaldir sonra gerçek olur. Bir hayal ortaya koyun ama bunu projelendirin. Bir hayal panonuz da olsun. Üzerine mutluluk ve iyi niyet serpin. Resmin içine girin, detayları not alın. Şüphe katmayın. Kendinizi durdurmayın, devamlılık gösterin. İçinizden gelmeyen anlarda ise mecburmuş gibi hissetmeyin. Ara verin, başka şeylerle de ilgilenin. Sonra tekrar geri dönün. Bilinçaltı projenize inandığı ve konuyu onayladığı anda, bunu gerçekleşmesi ile ilgili mekân, kişi ve enerjileri size gönderecek.

ENGELİ DÜŞÜNDÜKÇE, YENİ BAŞKA BİR ENGELİ DAVET EDERSİNİZ.

ZORLUKLARI TEKRAR TEKRAR İMGELEMEK, ALTINI ÇİZMEK, OLUMSUZ ENERJİYE YAŞAMDA YENİDEN YER VERMEKTİR.

"Hayatımda şu anda koşullar ne olursa olsun, bu an'ın içinde kendime ve enerjilere odaklanarak, daha iyi bir yaşam inşa edebileceğime kesin olarak inanmak bana güç katıyor" tekrarlayın...

Bunlara inan:

İmgeleme yapmak sonucu kuvvetli kılar.

İstediğiniz şeyin bir resmi, görseli olsun.

Sonuca itimat edin.

Hayal gerçeğe dönüşmek için sadece kapının açılmasını bekler, hayal güçlüdür.

İmgenize odaklanın, sadakat gösterin, devamlılık olsun.

Gerçekten varmış gibi yapabilme noktasına gelin.

İşi rutine taşıyın, gece uyku öncesi 10 dk. ritüeliniz olsun çalışmanız...

Öyleymiş gibi yapmayı sürdürürsen, resmin içine girersin, gün gelir öyle olur.

Fazla çaba, korku kaynaklıdır. Korkma, dinginlik içinde çalış.

En sakin ve serbest halin, en dönüşüme yaklaştığın andır. Her şeyden uzaklaş, tek sen kal o an'da.

O görseli, imgeyi bilinçaltına yerleştir.

Belirli ve net kelimeleri seç, kesin ve güzel ifadeler olsun, söylemeyi tekrar etmeyi unutma.

Bedenini gevşet, sevgi enerjisinde kal, uyku hali gibi olsun...

Bilinçaltı uyku hali öncesi geri çekilir, senin çalışma ve kayıt an'ın başlar.

"ELİNDEN GELENİ YAPTIYSAN, ŞİMDİ KALBİNLE İSTEMEYE BIRAK KENDİNİ..."

Teşekkür etmek ve şükür enerjisinde kalmak kilitli kapıların açılmasında destektir. Kötü bir şey olduğu anda "bu bir yaşam dersi, bu olaya çok teşekkür ediyorum" deyin ve geçin. Bağı kesin, orada kalmayın. Evrenin büyük yaratıcı gücü hep daha büyük şans ve fırsatlar sunmak için sizi bekliyor.

Dileğin olunca teşekkür et ama olmadan da yap bunu... Farkı göreceksin, sözcüklerin büyük bir gücü vardır, gerçekçi ve etkili sözcükler kullanın tekrar ederken. Sözcüklerin içi boş olmasın, arzu ettiğiniz sonucu tam olarak ortaya koysun.

"Dileğimin gücüne inanıyorum, ben sevgiyim. İsterim ve olur, bilinçaltım biliyorum ki bana itaat ediyor. Şu anda çok rahatım, mutluyum ve huzur içindeyim. Tüm bedenimin gevşemesine izin veriyorum. Her bir hücrem bana ait; her şey, her zerre ve enerji şimdi dönüşüme hazır. Daha iyi ve başarılı olmayı seçiyorum, daha çok bereket ve sevgi bana doğru çekiliyor. Olumsuzu olumluya çevirmek için mükemmel bir zamandayım. Bilinçaltım artık ihtiyacım olmayan tüm kayıtları serbest bırakırken benim ihtiyacım olanı inşa etmem için fırsatlar sunuyor. Güzel bir derenin içine tüm gitmesi gerekenleri şimdi bıraktım, bütünle bir oldum, an'ın tadına varıyorum. Yaşamım tüm zerreleri ile güzelleşiyor..."

OLUMLAMA yapmak "**öyle olduğunu kabul etmektir**". Onaylanmış fikirlerimiz hayata geçer ve bize hizmet eder. Bilinçaltı fikri alırsa, dış etkenler ve tüm diğer karşıt koşullara rağmen kayıt çalışmaya ve sonuçları yaşamınızda görülmeye başlar.

"UNUTMA, UMUDUNU KESMİYORSUN, SADECE ALLAH'A BIRAKIYORSUN. İLAHİ AKIŞA GÜVEN!"

BİRŞEYİ "İSTEMİYORUM" DERKEN BİLE ONUN OLUMSUZ VARLIĞININ ALTINI ÇİZİYORSUNUZ, ONU OLUMSUZLUKLA ÇAĞIRIYORSUNUZ. SADECE OLUMLU OLANA, SONUCA, GERÇEK ARZUYA ODAKLANIN. BU DAHA ETKİLİ BİR SON SUNAR SİZE.

Hayatta her şey olması gerektiği gibidir, geç oluyorsa size göre bir şey, o da aslında gizli bir biçimde mükemmel zamanda oluyordur. Daha çok beklemek bazen bizi olgun yapar, bazı şeylerin bazen kötü gitmesi bizi güçlendirir, istediklerimizin olmamasına artık üzülmemeye başladığımız zaman, daha çok isteklerimiz yaşamlarımızı sarar. Size kötülük yapan birine karşılık vermek kötülüğün altını çizer ve kötülük enerjisine yaşamınızda alan tanır. Bunu yapmayın. O kötü ise bu onun sorunu, o kötü ve kötülük ile kendini bu şekilde ifade ediyor. Siz kötü değilsiniz ve enerjinizi seviyorsunuz. Kötülere dua edin, bağı kesin, enerjiyi gönderin. O sizin için bir imtihan, siz de onun imtihanı oldunuz. Bir olay geliştiğinde sadece neden yaşandığını bulun, yaşam dersini alıp geçin. En etkili yöntem Allah'a havale etmektir. Allah zaten en doğrusunu biliyor, biz bilemeyebiliriz. Enerjin sana lazım, enerjin kötüler için kullanamayacağın kadar değerli. Bir konuyu tamamen Allah'a havale etmek özgürleşmektir.

Uyku öncesi bilinçaltınıza görev verin, bunu bir süre içinde severek gerçeğe dönüştürecektir. "Bana güzel bir proje bul" derseniz bir süre sonra güzel bir yeni fikrin sizi bulması için enerjiler harekete geçecektir. Yaşamınızı elbette ki yeniden inşa edebilirsiniz. Dönüşüm başlamadıysa, denediğiniz halde olmuyorsa bilinçaltı telkini henüz alamamış demektir. Doğru teknik ile yol almak ve doğru an'da olmak önemlidir. "Şu anda param yok ki ev istersem bu nasıl olacak!" demek korkudur, enerjiyi tekrar aşağıya indirir. Siz sonuca odaklanın; o dileğin, isteğin gerçekleşmesi için gerekecek şartlar zaten vereceğiniz komut ile sizi bulacak. Buna inanıyor olmalısınız, inanmıyorsanız, önce "inanç" konusu üzerinde yoğunlaşın.

Fazla çaba korkanlar içindir. Sonuca güvenmeyen çok uğraşır, olayı çok zor veya uzak gibi görür ve sonuç zaten gelmez. Duygu, arzu, inanç ve bilinçaltı arasında yapılacak mükemmel anlaşma sizi mutlu sona taşır. Her biri diğerini tetikler. Mükemmel uyum ve etkileşim sizi sonuca taşır, bilinçte istenen ile bilinçaltındaki kod'lar farklıysa sonuç tabii ki gerçekleşmeyebilir. Her şey bir bütün.

Hayal gücü sizin en büyük aracınız; siz hayal ettiğiniz kişi olabilirsiniz. Hayal edin, oldu bilin, kapıları açın. Zenginlik, aşk, bereket, başarı sizin elinizde, olmuyorsa da sizinle ilgili. Seçimler ve inançlar yaşamlarımıza yön verir. İçinizde büyük bir kaynak var, sadece onu nasıl kullanacağınızı iyi bilmeniz gerekir, bilinçaltında zengin, ünlü veya aşık olacağına inanan bunu yaşamında deneyimler. Bilinçaltınıza yatırım yapın ve geliri toplayın. Evet bu kadar basit. Sıradan bir söz bilinçaltına işlemez, gerçekten inanılan fikirler ise orada kabul görür. Söylediğiniz olumlu söz neden gerçek olmuyor o halde... Çünkü bunu söyledikten kısa bir süre sonra, iptal ediyor veya olmaması için ego'yu devreye alıyorsunuz. Başkalarını kıskanırsanız, onların sahip oldukları size gelmez. Kıtlık bilinci yaratmış olursunuz. Bilinçaltı katlayarak geri dönüş verir, sunduğunuz komutları sever ve elinden geleni fazlası ile yapar. Siz de sınırsız olun. Kıskanma, eleştiri, karalama enerjiyi bloke eder, size gelmesi gereken hızla sizden uzaklaşır. Düşünce ve istekleri kontrol etmek bu anlamda çok mühimdir.

Küçükken sizi yetiştiren kişiler sizi azla yetinme, değersizlik, isteyememe, layık görememe, alamama frekansına ayarladıysa, bugünkü siz hâlâ bunların esintisi ile yaşıyor olabilir. Çocukluk kayıtlarımız çok mühimdir. O nedenle dönüşüm çalışmaları "geçmişi" önemser, geçmiş kaçmamız için değildir, yüzleşmemiz içindir.

"MÜKEMMEL OLMAYA ÇALIŞMA, KENDİN OL: BU ZATEN EN MÜKEMMELİ"

Eleştiri kaybettirir, ayrıca bu şekilde başkalarının karma'sına da girmiş oluyorsunuz. Arzu ettiğiniz sonuçları ne kadar net imgeler ve mutlu sona kendinizi ne kadar inandırırsanız, o kadar net yol alırsınız. Unutmayın, bir şeyin iyi mi kötü mü olduğunu kişi inançları ile belirler. Kötü olarak düşünürseniz aşkı, parayı veya başarıyı bunlar size çekilemez. Kod ve inançlarınızı gözden geçirin ve yaşamınızı dönüştürmeye niyet edin. Etki-tepki yasası: Uzaktan "Şu kişi beni sevmiyor" diye geçirdiğinizde veya "İşyerine gelen filanca ayağımı kaydıracak" dediğinizde bunu gerçek kılmak adına kendinizi sabote ediyorsunuz. Bir şeyi sevip sevmediğinizi iyice netleştirin. Sevdiğiniz şeyler daha rahat size çekilir, sevgi dünyadaki en hızlı ilerleyen en saf enerjidir. Birçok insan istediği şeyleri yaşamına çekememekten yakınır; bunun sebebi gerçekten istememeleri, istediklerini sanmaları. Sizi aldatan kişiye artık içten içe çok tepkili olup bilinçaltınızda bu insanı yaşamınıza çekemeyecek kod'lara sahipseniz, o kişi size gelmez. Bu noktada "istedim olmadı" inancı yanlıştır çünkü artık içiniz GERÇEKTEN onu istemez. Bazen sektör değişimi için iç dünyamız hazırdır, sürekli iş görüşmeleri yaparız ama eski iş konumuzla ilgili, o vakit tabii ki iş bulamayabiliriz. İç dünyada bilinç-bilinçaltı hemfikir olmalı, işbirliği yaşanmalı. Bilinçaltınızın sınırsız zekâsı size doğru yolu sunar, bilinçaltı "sezgi" yolu ile sizinle irtibatta olacak, ona güvenin. Özellikle de yaşam amacınız ya da şu an'da belirlediğiniz hedef sadece size değil, başkalarına da faydalı ise veya insanlığa bir hayrı varsa, sonuç ve etki çok daha mükemmel olur. Bilinçaltının mucizeler yaratacak bir gücü vardır, bunu bilmek, bunu kabul etmek ve inanmak size de arzu ettiğiniz yaşamı sunabilir. Beklemeniz ya da fazla çaba göstermeniz gerekmiyor, iş bilinçaltında bitiyor. İmgelemeler bir süre sonra gerçeğiniz olur...

Her zorluk ve sıkıntı anında, şükredin ve imgelemeye başlayın. İtmiş olmuş gibi yapın, zamanla olacak, buna inanın, bu fikri benimseyin. Sessiz, pasif ve dingin anlarınızda çalışmayı tekrarlayın. Gevşeyin, en hareketsiz anınızda start verin. Bilinçaltınıza bir fikri veya imgeyi ilettiğiniz "zaman dilimi" önemlidir. Kesin ve keskin olun, karışık mesajlar göndermeyin.

SEN NEYİ ARARSAN, O DA SENİ ARAR.

SEN NEYİ SAF VE İÇTEN ÇOK İSTERSEN, O SANA GELMEK İÇİN CAN ATAR.

NE OLACAĞINA KARAR VEREBİLECEK GÜÇTESİN.

Doğru bilinçaltı teknikleri ile kişilerle irtibata da geçebilir, hatta onları çağırabilir, yaşamınıza çekebilirsiniz. Uyku öncesi o kişiye mesajı gönderin, özellikle de çalışma anında onun 3. Göz noktasına da odaklanabilirsiniz. Hepimiz görünmeyen bağlarla birbirimize bağlıyız aslında. Sizin onunla ilgili ne düşündüğünüzü o biliyor, hissediyor. Özgür iradesi ile o da isterse sizinle iletişime geçer. Yeni birini de yaşamınıza çekmek sandığınızdan kolaydır aslında. Bilinçaltı çalışmalarınızda yine doğru komutu vermeniz gerekir: "Yeni bir ortak yaşamıma doğru çekiliyor, ruh eşimi artık yaşamımda kabul ediyorum, yakın ve sıcak bir yeni dostluk için hazırım." Bilinçaltının derin dalgaları bu iki kişiyi pek tabii ki birbirine çekecektir. Bilinçaltı zaman ve mekân ile sınırlı değildir, onunla etkili şekilde çalışarak cesaretle devam ederek mucizevi sonuçlar alacaksınız. Bilinçaltı çalışmaları elbette ki bir günde sonuç vermez, süreklilik önemli. Regresyon- geçmiş yaşam şifasında konu hakkında çalışabiliyoruz kişilerle, aynı sorunun çözümü için de tekrar girilebilir. Her çalışmada farklı bir konu veya soruna da odaklanabilir danışan. Bazen gerekli tüm anıların temizlendiğini zannederken siz, zamanla çalışma anında bambaşka anılarla karşılaşılabiliyor...

BİLİNÇALTI DÜNYADAKİ TÜM BİLGİLERE SAHİP.

İNSANLIK TARİHİNİN ANILARI, ESKİ SIRLAR, BİLGELİĞİN ENERJİSİ ASLINDA BİLİNÇALTINDA...

Gece uyku öncesi bilinçaltınıza soru sorun ve cevabı bekleyin...

YARIN SİZE NELER OLACAĞI, ŞU ANDA BİLİNÇALTINIZDA MEVCUT!

İdealinizdeki eş, iş, yaşam, başarı, şartlar size çekilir. Bunun yolu, sorunlara ve geçmişteki olumsuzluklara odaklanmamakla ilgili. **Çözümü bilinçaltına bırakın** ki bilinçaltı zaten çözümü biliyor ve sizin gibi, sorunlara odaklanmıyor! Emir alan ve itaat eden bilinçaltı, tüm yaşamınızı değiştirecek mucizeleri size sunarken, siz de hâlâ sorunlarınızı seviyor ve seçiyor olamazsınız değil mi? Hayat sizin en büyük şans ve mucizeniz.

Kalıpları kırmak ve değişmek sizin elinizde.

Gerçek ve tam bir netlik hissi elde edene kadar çalışmaya, imgelemeye devam edin. Korku enerjisi olmadan imgelediklerimiz bizi bulur. Zihin ve onu destekleyen duygular işbirliği içinde olmalı. Kendinize ve başkalarına karşı dürüst olun.

Fazla çaba göstermeyin, fazla çaba "olmayacak" inancındakiler içindir. Olacak çünkü elinizde!

Gün içinde olanları eğer olumsuzsa yaşananlar, gece uyku öncesine tekrar taşımayın. Bunları düşünmeyin; canlandırmayın, bırakın akıp gitsin. Hepsi yaşam dersiydi, hepsi bu. **Affedin, sevgi ve dualarınızı herkese ve kendinize gönderin. Huzur içinde uyuyun.**

Bugün muhteşem bir gün.

Bugünün tekrarı yok, değişime bugün başlayın, yarın değil. Bir amacı erteleme enerjisine sokarsanız, tekrar tekrar ertelenme riski büyür. Bilinmeyen bir geleceğe taşınır. Hemen an'da başlayın. En iyi zamanlama hep şu an'dır. Bugünü kutsayın, ilahi olanla işbirliği içinde kalın.

Her şey olması gerektiği gibi, her şey mükemmel ve hayrınıza.

Siz bir mucize mıknatısısınız. İçinizdeki güç size hizmet ediyor. Mutluluğu seçen mutlu olur. Düzenli ve sistemli tekrar eden eylem ve düşünceler, "alışkanlıklar" bizi yönetir ama unutmayın, olumsuz olanların tamamı da değiştirilebilir. Yaşamınızı, bugününüzü düşünmüş olduklarınız yönetiyor ve şekillendiriyor. Önünüzde engel ya da sınır yok, onlar zihninizde. Bilgece bir değişim için şimdi hazır olma ve isteklilik gösterme zamanı. Mutluluk seçilir ve herhangi bir şarta bağlı değildir. Fakir ve kanser olan bir kişi çok zengin veya ünlü birinden daha mutlu olabilir. Bir şarta bağlanan mutluluk, o şart sağlandıktan sonra yine kaybolur. Siz tamamen mutlu olabilir, mutlu kalabilirsiniz, mutluluk frekansınıza kendinizi ayarlayın ve tutun bunu. İnsanların size enerjisi geçer, sizin de onlara. Size nasıl davranılmasını isterseniz siz de öyle davranın.

Siz nasıl biri olmak isterseniz, bunu başarmış kişilerle zaman geçirin. Önce verin, verin ki alabilin. Düşünceniz yaratıcıdır.

Yaptığınız tüm iyilik ve kötülükler size dönecek. Yaptığınız her şey sadece kendinizedir!

Onu değil kendinizi kandırıyorsunuz çünkü karma borcu yaratıyorsunuz.

Ona yaptığınız haksızlık size ileride kıtlık enerjisini sunacak.

Kendini sevmek isteyen önce başkalarına sevgi sunar.

Suçluluk duygusu ve affedememe, yeni olumsuzluklar yaratır.

Karma kayıt altında, "kandırabilme" diye bir şey yok yani...

SENİ KİMSE ÜZEMEZ, sen üzülmeyi seçersin, kendini buna layık görürsün.

Sevgi sana fazlası ile geri dönecek, sev.

Empati kur; onları anla. Onlar karşına bir sebepten dolayı çıktı.

Kendinden ödün verdiğin an'da kaybetme enerjisi çalışır.

Senin rızan olmayan hiçbir şey senin yaşamını olumsuz etkileme gücüne sahip değil.

O kötüyse bu onun sorunu, YÜK TAŞIMA, onun tekâmülünü bloke etme.

KİMSEYİ SUÇLAMA, KOLAYA KAÇMA, KENDİNİ DEĞİŞTİR!

***O** SUÇU İŞLEYEN KİŞİ DE SENİN KARŞINA SENİN İMTİHANIN OLARAK ÇIKTI. Onu suçlama, hatta ona teşekkür et, o kötülük yaparak kendi imtihanını geçemedi, sen ise ona ortak olamayacak kadar değerlisin.* Sen onu affet, affet ki enerjin sana kalsın. Affetmen o haklı olduğu için değil, onu tekrar sevmen için de değil, olayı unutman için de değil. Affetmen; oraya artık enerjini göndermemen için. Affet, sen buna değersin. Enerjin sana lazım! Kendini seviyorsan onu affet.

Affetmek özgürleşmektir.

Her şeyi bilerek doğarız, bilgi içimizdedir.

Her şeyle ve herkesle bağlantıda olan bilge bilinçaltımız tüm cevapları bilir, o her şeye sahip. İçe dön daraldıkça, sınırlandıkça, içinden çıkamadıkça, bilinçaltı sana mutlaka ışık tutacak. Herkes gücü dışarıda bir yerlerde arıyor, oysaki güç senin içinde. Gerçek gücü ve hakimiyeti eline almaktan korkuyorsun sadece. O kadar güçlü olabileceğini bilmiyorsun, bilsen de bu seni korkutuyor. Kendine sınır çizerek daha güvende olduğunu sanıyorsun ve zihnin seni kısıtlamayı seviyor, ego'n sana engel oluyor.

Çözümler sorunların içindedir, uzaklara gitmeyin. Niyet edin, samimi olun, sabredin. Bilinçaltı görevini biliyor, komutu da alır. Yola kesin bir karar ile çıkın. Şüphe durdurucu enerjidedir. Kabul etmek müthiş bir rahatlamadır; kabul eden zaten yolu yarılar. Kaçan ise zaten kurtulamaz. Bağımlı kişi, olumsuz ve yıkıcı fikirleri benimsemiş olandır. Oysaki dert denilen şey bizi eğitir ve bir şansa bile dönüşebilir. Eski acı dolu yaşam derslerimden ben kendime muhteşem bir yaşam amacı, kariyer ve şifa enerjisi yarattım. Bunu siz de yapabilirsiniz. O acılarım olmasa içe dönemezdim, içe dönmesem bilemezdim, bilmesem bugünkü ben olamazdım. O zaman o acılar kötü müydü iyi miydi? Bence çok iyiydi, acılara teşekkür ederiz. ZAFER SENİN OLABİLİR, içeriye daha iyi bak, çözüm bir yerlerde... İlk baktığın yerde değilse yeri biraz değiştir ama orada unutma. Çözümsüz sorun yoktur çünkü her sorun çözümü ile gelir zaten. Zihnindeki korku hep orada kalmak ve yaşamak ister. Güya seni korumak için zihnin sana korkmanı söyler. Sen korkundan büyüksün ama... Bilinçaltın telkine açıktır ve telkin ile değişim sağlanabilir, dönüşüm için bilinçaltın seni çağırıyor. Korkundan kaçma, onu çağır, onu tekrar yaşa. Korktuğunu yap, yap ki geçsin.

BİLİNCİNDE OLDUĞUN SEN'İ, BİLİNÇALTINA YERLEŞTİR, İSTEDİĞİN KİŞİ OL.

Sen çok özelsin, her insan eşsizdir, ondan bir tane daha yoktur. Sen bu kadar özelken kendine haksızlık yapma şansın yok! İyi ol ki sen yarın daha bereketli olsun, mutlu olsun. Sen başkalarına iyi oldukça kendi enerjine de yatırım yaparsın. Sev ki sevil, ver ki al. Sen geleceğin bile mirasçısısın. Sınırın yok, işte.

Karma Borcu

Birini kırdığınızda, bilerek ve isteyerek insanları yanılttığınızda, borç alıp ödemediğinizde, aşkta birini haksız yere bıraktığınızda, iftira ettiğinizde, çaldığınızda ve benzer her türlü konuda kendinize "olumsuz karma" yaratırsınız. Karma yaratmak kader konusunu ele almayı sevenlerin inandığı ve çekindiği de bir konudur aslında. Başkalarını kandırmakla kendinizi kandırmak arasında aslında karma söz konusu olduğunda hiçbir fark yoktur. Hepimiz bir'iz; birimize olan her birimize oluyor aslında... Başkalarına yaptığınız her kötü şeyi gün ve an gelecek deneyim edeceksiniz. Kötülükten kaçının, kaçındıkça zaten daha olumlu ve akışa uygun konular, kişiler, olaylar sizi çevreleyecek...

Yüksek benliğiniz ve karma planınız geçmişte yapmış olduğunuz tüm hataları ödemeniz için size fırsatlar sunacaktır; bunları görebilmek önemlidir... Yaşamın tek gerçek ve ilahi amacı "tekâmül"e gitmek olduğu için bu gerçekleri göz ardı etmeden yaşayın. Karma Borçlarınızı öderken her zaman Meleklerden enerji desteği alabilirsiniz... Çok saf ve güzel bir niyet olduğu için, bu yolda size Işık tutacaklar. Yardım isteyin; geçmişteki hatanızı biliyorsanız şimdi onunla yüzleşin ve Allah'ın izni Başmeleğin yardımı ile yaşamınıza bu borcu doğru şekilde ödeyebilmek için hem sizinle olmasını hem de ilgili konuda şanslar sunmasını, doğru mekân-kişi-durum-detayları sizin karşınıza çıkarmasını rica edin. Melekler bu tarz içtenlikli ve sevgi dolu istekleri geri çevirmiyor...

Bu yaşamınızda elde ettiğiniz karma'larınız olduğu gibi, geçmiş yaşam karma'larınız ve ailenizdeki eski nesillerden de gelen yine karma'larınız var. Hepsini detaylı incelemeniz şarttır. Dünyaya yeni gelen bir bebek için Melekler karma ile ilgili notlarını tutmaya başlıyorlar. Aynı bebek nesiller öncesinin karma'sını zaten sırtlayarak geliyor. Neden bazılarımız fakir bazılarımız doğuştan zengin? Neden bazılarımızın elini attığı her şey tılsımlı bir şekilde şansa dönüşüyor ve bazılarımız hep kaybediyor? Neden bazılarımız güzel, bazılarımız hiç değil? Cevaplar karma'da ve geçmiş yaşamlarda gizli.

Karma şifalanması için affetmek çok önemli. Affederken en saf enerjiler sizinle olmalı; yani Melekler... Allah bizi koşulsuzca sever, biz O'nun zerreleriyiz, O bizi bağışlar. Tevbe etme hakkını bizlere verir. Melekler de Allah'a itaat eder. Meleklerin saf enerjileri ile çalışarak, geçmişi ve geçmişte kalması gerekenleri serbest bırakın. Bunu yaptığınızda "tekrar eden yanlış, sizi üzen, mutsuzluk veren olaylar" gider ve bir daha da geri gelmez...

Yeni bir karma ve Meleklerin de şifa ile eşlik edeceği mutlu bir yaşam için "doğru" olun, cesur olun, sevin-sevilin, hayal kurun, şifa verin, yardım edin, olumlu düşünün, meditasyon yapın, şükredin. Her durumun içinde, sizin için gizli mesajlar ve iyilikler vardır. Bunları görebildikçe zaten artık hep iyi şeyler olmaya başlar... Neye direnirseniz o akıp gider ve değişmez. Serbest olun. İstenmeyen durumlar ile savaşmayın; onları serbest bırakın. "İlgilenmediğiniz hiçbir şey, sizi üzemeye de devam edemez..."

Meleklere yakın olmak her zaman olgunluk gerektirir. Bu sistem sevgi yanı ile herkes için ama herkes bu çalışmanın değerini bilemiyor ne yazık ki... Şikâyet etmeyin, neden şikâyet ettiğinizi bulun. Şikâyeti bırakıp yerine mutlu bir hayal bulun. Çok daha verimli olacaktır. Mutlu kişiler Meleklere çok daha yakındır. Meleklere siparişi verin, olacağına inanın, sonuca güvenin. Odağınız neyse sonucunuz da odur!

Gerçekten istiyor musunuz?

Bunu hak ettiğinize emin misiniz?

Bu gerçekleşince tam olarak nasıl bir sonucu öngörüyorsunuz?

İsteğiniz herkesin hayrına mı?

Gerçekleşirse sizin karmanıza etkileri olumlu mu?

Bu bir hırs mı, gerçek bir istek mi?

Bu konuya olan tavrınız samimi mi?

Bu sorulara cevap verin ve durum ile yüzleşin...

"YANLIŞ ASLA ANLAŞILMADIN... KALBİNDEN GEÇENİ ALLAH ZATEN BİLİYORDU"

Koruyucu Meleğiniz sizi zaten çok çok iyi tanıyor. O, sizin yaşam amacınızı, hedeflerinizi, soru işaretlerinizi, duygularınızı biliyor. Kader planınız ona zaten verilmişti. Ondan gelen yardım ve mesajları alın. Kişisel Koruyucu Meleğiniz sizi seviyor, zor anlarda size Işık tutacak.

KUL HAKKINA GİRDİYSENİZ, GEÇMİŞLE HESAPLAŞIN...

Büyü yapmak, yaptırmak, aşktaki konularla ilgili emin olmadan konuşmak, dedikodu yapmak, iftira atmak, kendimizi bilerek ezdirmek (kendi kul hakkımız), çok mutsuz olduğumuz halde gidememek (kendi kul hakkımız), başkalarını olumsuz etkileme riski olan hareketlerde bulunmak, başkalarının ayrılığına sebebiyet vermek, güzel bir aşkı bozmak, bize aşık olan kişiye sert davranmak, bilerek kalp kırmak, destek gördüğümüz halde teşekkür bile etmemek, alay etmek, taciz, yalan söylemek, vaatler yerine getirilmediği halde susmak, ödün vermek, taviz vermek, kendin olamamak, hayır demek yerine evet diyerek kendini gerçekleştirememek, kötü sözler söylenmesine izin vermek... Bu liste uzatılabilir, ne kul hakkına girin ne de kendiniz adına kul hakkı yaratın.

KUL HAKKI BÜYÜK KARMA BORCU YARATIR...

İlişkinizde onu veya kendinizi kandırmak, aldatmak, yalan söylemek, olmayan bir şeyi var gibi göstermek...

Maddi menfaatler için karşı tarafa haksızlık yapmak...

Teşekkür etmemek, sevildiğimiz halde sevgimizi hiç göstermemek...

Kişiye saygısız davranmak, onu üzmek, aşkı ile alay etmek...

Emin olmadan başkalarının iş yaşamını, ilişkilerini eleştirmek...

Söz verip tutmamak, beklenti yaratıp gitmek...

Ona sormadan onun adına kararlar almak, sonrasında onu bazı şeylere mecbur etmek...

Gururu zedelemek...

Cinsel taciz, istismar, istemediği şeylere mecbur etmek...

Kendimizi ezdirmek, adımıza verilen istemediğimiz ilişki kararlarına uymuş gibi yapmak...

"Hayır" demek doğru iken anı kurtarmak adına "evet" demek...

Kötü söz ve davranışlara katlanmak, vaatler yerine gelmese de susmak, katlanmak...

İstemediklerimizi "aman ayıp olmasın" düşüncesi ile yapmak, kendimizi zorlamak...

Kul hakkı iki taraflıdır, kişi başkasına da yapabilir, kendine de... Bu yukarıdaki listede yer alanlara yaşamınızda fırsat sunarsanız "daha çok üzülür, ezilir, yeniden bunlara benzer acıları davet edersiniz." Başınıza gelenler sizinle alakalı, tutup da karşı tarafı suçlamayın. Her şey bir imtihan. Kul hakkı üst benliği harekete geçmesi için uyarır, üst benlik bu yaşanan haksızlığın bedeli olan karma planını sizin için yaratmaya başlar.

Ana ve mutlak bir kader planı tabii ki var, tüm kutsal kitaplar da bunu onaylıyor. Kader planı, karma yolu, ana plan... Fakat bu ana planın içinde, Meleklerde olmayan ama bizde var olan özel "özgür irade" gücümüz ile bizlere seçim yapma, hata yapma, değiştirme, dönüştürme şansı da verilmişti. Allah Mutlak Güç'tür, istese her şey kaderin kontrolünde olurdu ama O insanın da neler yapacağını merak etmiş, bunu görmek için Dünya yaşamına izin vermiştir, özgür irade katmıştır insana. Cennet'te tuttuğu Adem ile Havva'nın Dünya'ya inmesine yine izin verdi. İnsan soyunu çoğalttı ve böylece "insan ne yapacak" görmek istedi.

Yaşamlarınızda "karma borcunuz" olan acıları, bedelleri ödersiniz ama bunun dışında seçimler de çok önemlidir. Bilinçaltımızda bilincinde olmadığımız bir biz daha var. Orası aslında bizleri yönetiyor. Çoğumuz materyalist dünyanın içinde kaybolmuş şekilde yaşıyoruz. "Kısmetimde yokmuş bu olay" dediğimiz pek çok konu aslında bilinçdışımız ile sabote ettiklerimiz.

Biz dünyaya gelmeden önce yüksek benliğimiz önemli bir anlaşma yapar. Bu yaşamınızda bu ana kadar size acı veren, aldatan, terk eden, kendinizi aşkta kötü hissettiren herkese mutlaka şükretmelisiniz, ardından onları "affetmelisiniz". Affetme konusu çok yanlış anlaşılan bir konu; onun haklı olması gerekmiyor, affettiğinizde bu yaşanan acı olay onun yanına kâr olarak da kalmıyor, her ikiniz de bu olaydan gerekli yaşam derslerini aldıysanız şimdi affetme, yani serbest bırakma, yükü atma zamanı.

Aşkta aldatılmayı affedemezseniz yeniden aldatan biri yaşamınıza çekilebilir ya da mevcut kişi yine sizi aldatabilir. Yalnızlıktan dolayı kendinizi suçluyorsanız ve kendinizi affetmeye niyetiniz yoksa, yalnızlık enerjisini yaşamınızda büyütürsünüz, yalnızlık size mıknatıs gibi yapışır. Son işyerindeki ayağınızı kaydıran kişinin yüklediği enerjiyi serbest bırakamazsanız yine öyle biri daha çıkar karşınıza.

"ALLAH HER DUAYI DUYAR. SENİN VEKİLİN ALLAH; DAHASI YOK"

Hayatınıza tuhaf bir biçimde giren kişi ile aranızda ödenecek çok ilginç bir karma borcunuz da olabilir. Tecrübe etmeniz gereken şey yalnızlıksa, ilişkinizin içinde yalnız da kalabilirsiniz. Birilerini yanlış şekilde ve merhametsizce terk ettiyseniz elbette ki siz de bir karma borcu yarattınız ve bu da ödenecek. O nedenle hep söylüyorum, hayatın her alanında, aşk da dahil kim ne yaparsa kendine yapar. Biri kötülük yaptığı anda ilk olarak o kişiye acırım bu nedenle...

Bütün insanlar buraya öğrenmeye gelişmeye gelir, yani dünyaya... Burada büyük yaşam dersleri daha çok acı olaylarla alınır. Hayır ve şer Allah'tan gelir, kötü olaylara isyan etmek kötülüğün enerjisinin yaşamınızda kök salmasına sebep olur. Yaşam dersini alıp konuyu sevgiyle ve hızla gönderebiliyor olmanız lazım ki bu kitap bu yönde size IŞIK olacak. Yükseliş ve aydınlanma için geldiğimiz bu boyutta, kişiler bize aslında aynalık görevi yapıyor. O bizimle aynı, bizden biri, bize kendimizi hatırlatıyor. Ya bizde olmayan ama olması gereken onda var ya da bize aslında kurtulmamız gereken bir şeyi anlatmak için geldi.

Birini gerçekten incitirseniz ya da ona zarar verirseniz, hakkını alırsanız karma borcunuz büyür. **Aynı sorunları tekrar tekrar karşılaşıyorsanız henüz gerekli yaşam dersini almamış ve hâlâ şükürde kalmayı beceremiyorsunuz demektir.** İsyan etmeyin, geriye dönün, kök sebebi bulup şifasını çalışın, serbest bırakın. Bu kitapta gerekli çalışmalar sizi bu alanda zaten IŞIK'a götürecek. Doğduğumuzda unuturuz ama yaşamaya başladıkça tek tek bu boyutta bize lazım olan bilgileri hatırlamaya başlarız. Tüm bilgiler bizde doğuştan var ki zaten Ortak Bilgi Havuzu 'Kolektif Bilinç'ten doğarken de bunları alıyoruz, çekiyoruz.

"ALLAH SENİNLE. SENİ KİM YIKABİLİR..."

Kısmetinizin açılması anlamında niyetler ve çalışmalar içindeyseniz eğer, önce enerji frekansınızı gözden geçirin. Düşük frekanslı negatif düşünce ve duygular hakimse değişim için hâlâ beklememeniz gerekir. Birçok danışan bir sorunu, geçmişini, bir erkeği ya da kadını "bırakmayı" çok zor bulur, aslında en büyük imtihan da budur. Hem sizi sürekli aldatan veya kandıran biri ile ilişkide kalıp, kişiliğinize zarar veren bir patronla yola devam edip hem de "Ben Melek enerjisi ile çalışmak istiyorum" demek yok. Buraya yükselmek için geldik, adımlarımıza çok dikkat etmeliyiz. Ego ve zihin pek tabii ki gelip bize "Geçmişi hatırla, bak orada darbe aldın, sevgiye layık değilsin, aşk zor bulunur" gibi telkinler sunacak. Zaten bütün konu zihni susturmak. Genelde bilinçaltımıza, yani bizi biz bilmeden yöneten yanımıza seslenebilmek için bu nedenle "alfa boyutu" yani uykuya dalarkenki zaman dilimini öneriyorum, verimlilik için...

Hiçbir şeyi, hiç kimseyi suçlamayın, gerekenler yaşandı ama geleceğiniz çok daha parlak olabilir. Bu, elimizde; bizler büyük bir mıknatıs ve enerjiyiz, istersek bize uygun olan kişi yaşamımıza çekilir. Spiritüel Yasaları da tanıyacağınız bu kitapta zamanla kendi gerçekliğinizi de yaratabileceksiniz. Çalkantı ve acı çekmeyi "tutku, istek" ile karıştırdığımız bir toplumda yaşıyoruz, çoğu kişi yanlış olanı da isteyebiliyor. O kişinin farkındalığı ancak buna izin veriyorsa biz zaten gerisine de karışmayız. Herkesin tekâmül yolculuğu aynı hız ve içerikte devam etmez. Herkes farklıdır, herkes aynı olsa zaten yaşam çok tatsız olurdu.

Allah ve Melekler bizi asla yargılamaz. Durum ne kadar zor, çalkantılı olursa olsun, Onlar bizimledir. Bazen danışanlar büyük aşk acıları ile kapımı çaldıklarında "Ben dua ediyorum ve Meleklerle çalışıyorum, peki neden hâlâ istediklerim olmuyor?" diyebiliyorlar. Duanın arkası takip edilmez, yaşam dersi alınıp karma borcu ödendiği zaman belki de istediklerimiz gerçekleşecek. Allah neyi verip neyi vermeyeceğini zaten bizden çok daha iyi biliyor. Melekler de Allah'ın elçileri ve onların özgür iradesi zaten yok, Allah ol der, bir şey olur. Olma derse olmaz. Hep derim, aşkta olanlara şükredelim ama olmayanlara daha da çok şükredelim. Hayırsız kişileri yaşamlarımıza davet etmeyi pek seviyoruz, hele onlara aşık olduğumuza inanmayı daha da çok! Bunun iç yüzü: değersizlik hissi... Tüm bunlar ile yüzleşmemiz bizim hayrımıza olacaktır.

Evrenden, enerjilerden bir şeyi dilediğinizde oturup bir düşünün, bunu gerçekten istiyor musunuz? Yoksa artık işin ateşi geçti ama istemeyi mi istiyorsunuz sadece? Allah isteyin demiş, Allah vermek ister, istekler de makul ve samimi olmalı ama... Israra da gerek yok, sürekli tekrara da. Çok sıkı takip ettiğiniz aşk hikâyelerinizde mi mutlu oldunuz, akışa bıraktığınızda mı? Her şey olması gerektiği gibi ve kusursuz. Fazla çaba ve gereksiz takip, işi bulandırır. Rahat olun, sizin olan bir enerji zaten size doğru çekilecektir. Asla olmayacak kişileri, aşkları, işleri istemek ise gelişim gösterememek ve kendine acımaktır.

İstediğimizi sandığımız birçok şeyi gerçekte asla istemiyoruz. İstemeye devam etmek zorundaymışız gibi zannediyoruz. Kendinize karşı daima açık olun. Negatif enerjide kaldığınızda, olumsuzu düşündüğünüzde aura'nız da kirli kalır; niyetleriniz açık, net, samimi olsun ki Meleklerin rehber ışığı da size daha rahatça geçiş yapsın.

İç enerjiniz dışa yansır. Onlar size aynalık ediyor...

Enerjinizi daima kontrol edin. Mesela, duygusal ya da cinsel açıdan kırıldıysanız kilo alabilirsiniz. Karın ve kalça bölgenizde yağlanma başlayabilir. İlişkinin bütün sorumluluğu size göre sizin omuzlarınızdaysa sırt ve omuzlarda ağrılar başlayabilir. Bedeniniz hayattaki duruşunuzu simgeleyen enerjilerle doludur. Kalp ağrıları ve hastalıkları yaşamı boyu sevgi darbesi alan kişilerde görülebilir. Bir kişinin size yaptıklarını bir türlü hazmedemiyorsanız, midede yanma veya hazımsızlık sorununuz başlayabilir. Sancılar mutsuzluğu işaret edebilir. Duyma işitme sorunları da zamanında bir kişinin size yönelttiği acımasız sözlerden sonra geliştirdiğiniz bir durum da olabilir.

"ALLAH SABREDEN HERKESLE BERABERDİR."

Mutluluk için önce içe dönüp kim olduğumuzu bulmak gerekir. Bu yaşadıklarımız gerçekten bizim istediklerimiz mi, bunları bize aslında başkaları mı yükledi, aslında bunlara inanmıyor veya istemiyor da olabilir miyiz? Evren gerçekten istediklerinizi verir, bazı şeyler olmuyorsa aslında siz gerçekten istemiyor olduğunuz içindir. Dünya bir okuldur, aşkta da iş ilişkilerinde de öğrenmeye geldik. Karşımızdaki kişi bizim aynamız, suçlamayalım, nedenleri bulalım.

Spiritüel yasalara göre istemek, inanmak ve bunu çok net belirtmek çok önemlidir. Mesela bana danışan çoğu kişi "Zaten istiyorum daha ne!" diyebiliyor, Melekler siz çok net yardım isteyince aşk sorununuzla ilgili devreye girebiliyor. Onların özgür iradesi yok bu nedenle isteklerinizde çok net olun, kalben dileyin, inanın ve gerekiyorsa bir adım atın. İstediğini zannetmek ve gerçekten istemek arasındaki farkı da mutlaka tanıyın. Zihin sizi geçmişte tutarak bazen, artık istemekten vazgeçeceğiniz bir kişiyi de isteyin diye kamçılama durumuna sokabilir. Bizim gibi karşımızdaki kişinin de üst benliği vardır, onun rızası olmayan ve olmayacak şeylere onu sürüklemek ego'nuzun eseri olacaktır, ilişkiye de asla hayır getirmez. İstenmediğiniz yerde kalmaya çalışmak hem sizin tekâmülünüzü tıkayacak, karma borcu yaratacak hem de en sonunda o karşınızdaki kişiyi tamamen kaybetmenize sebep olacaktır.

Bizimle aynı frekansta olmayan biri, yani bir enerji bizi es geçer; tanımaz, yani bize gelmez. Şu an yaşamınızdaki aşk veya patron yanlış kişi ise, siz kendinize yanlış davranmaktasınız! Benzer titreşimler birbirini çeker, geldiyse bilinçaltımız bunu organize ettiği içindir. O biziz, biz de O. Yaşamınızda belki de şu an çok mutlu olmadığınız erkek ya da kadın "büyük bir konuda size aynalık görevi yapıyor", sorun kendinize kendinize hangi konuda haksızlık yapıyorsunuz ya da hangi konuda boşluk yaratıyorsunuz... BUNU NEDEN YAŞIYORUM sorusunun cevabını bulmak için yaşam bize değişik aşklar, beklenmedik ilişki darbeleri, ihanetler, darbeler, kayıplar sunar. Soruya cevap gelip yaşam dersi alınınca aynı tür kişilere gerek kalmaz.

"DEMEK KÖTÜ GİDİYOR... İMTİHANDASIN. ŞÜKRET!"

KISMETİNİZİN işte, berekette veya aşkta, kapalı olduğuna dair bir inancınız kesin olarak varsa, evet, kısmetiniz kapalıdır ya da kapanır. Kısmetinizin aşka açık enerjide kalabilmesi için mutlaka "inanç ve niyette" olmanız gerekir, aşk inananlara gelir. Kendinizi fiziksel ve ruhsal olarak eve kapadığınızda sizdeki bu olumsuz enerji etrafa yayılır, bunu anlayan karşı cins de tabii ki sizden uzaklaşır. Çaresizlik enerjisi yaymak aşkta kişilere "benden uzak durun" demektir. En çaresiz anın içindeki çare yine aslında o sorunların içinde gizlidir, pek çok sorunun cevabının sorunun içinde gizli olduğu gibi. Ruhsal enerjiniz arttıkça zaten artık enerji sırlarını da kendiniz çok hızlı çözer hale geleceksiniz.

"DUA'N TAM İSE, ŞÜPHEN HİÇ YOKTUR."

Anlaşılamadığını düşünen kişiler kesin olarak onları anlamayacak kişileri yaşamına davet eder. Güvenmeyen biri pek tabii ki aldatılır, kandırılır, kullanılır. **Bilinçaltınız neye inanıyorsa size onu yaşatmayı zaten bir emir bilecektir!** Onunla olmak zorundaymışsınız gibi bir his varsa içinizde bu ilişkiden size hayır gelmez, bu kendinize kötülük yapma şeklinizdir. Bir işyerine ilk adımı attığınız anda ilk düşündükleriniz gerçeğe dönüşecektir. Mecburiyetler içinde ilişki sürdürmeye çalışan çok sayıda danışanım oldu bugüne kadar, çoğunun çocukluklarından getirdiği "değersizlik, özgüven, kaybetme korkusu" problemleri vardı... Kör topal ilerleyen ilişkiler size "beni bitir artık" diyor olabilir. Mesajları dikkatli alın. Her kötü giden ilişki de bir yandan hemen bitmeyecektir, belki daha ödenmesi gereken bedeller, borçlar vardır. Yaşam dersleri için ise tüm olup biten, isyandan kaçın, şükür enerjisinde kalın. Her şey olması gerektiği gibi…

Bilinçaltımıza işlenmiş inançlar, bu inançlara uygun kişileri yaşamlarımıza çeker. Değerli olmadığına gerçekten inanan bir kadın sürekli değersiz hissettirebilecek erkekleri çekebilir. Diğer yandan başkaları için yaşamaya programlı durumda olan bir anne, onu sevmeyen, sürekli bir şeyler talep eden bir aile bireyi ile sürekli uğraşıyor olabilir. İç dünyanızdaki gerçek hisleriniz, dış dünyadaki bu hislerinizin karşılığı olan kişileri, olayları, konuları çeker size doğru… Dışarıda hiçbir şey yok, her şey içimizde. Hayatınız yolunda gitmiyorsa, içerideki inanç sistemi mutlaka sorgulanmalı, hatta şifaya girmeli.

Siz bir mıknatıssınız.

İstemedikleriniz oluyorsa mıknatıs daha farklı kullanılmalı. His dünyanızda ve inanç dünyanızda değiştiğiniz anda, bazı kişiler ve konular yaşamınızı terk eder, yerine doğru ve yenileri gelebilsin diye. Unutmayın, bize benzeyen bize geliyor. Odağımızda ne varsa o çoğalarak bize gelir… Konuşulan ve çokça tartışılan konu, enerji, kavram enerji olarak yayılır. Düşünce ve inanç sistemimiz ile kişileri ve ilişkileri adeta çağırıyoruz, bu nedenle size gelen bir şeyi hangi odak ya da hissiniz davet etti, bunu bulun. Hemen kaderi suçlamayın, "Benim kısmetim buymuş" da demeyin, kısmetin içinde sizin payınız çok büyük.

"Bir şeyi 40 kere söylersen olur" çok doğru bir sözdür ve enerji yasasını tam olarak özetler. Düşüncenin bir tık ötesi sözcüklerdir, daha da ötesi yazmaktır. Bilinçaltınız bir bilgisayardır. Olumsuz talimatları olumlulardan ayırt edemez. Onları da kabul eder.

Olumlama yapın tabii ama bilinçaltı temizliği sonrası. Olumlama yaparken sonunu olumlu ifade ile bitirmek yetmez, her ifade olumlu olmalı. Kötü şeyleri akla getirmek "korkudur". Olumsuz düşünceyi tekrar etmek olumsuz olayları davet eder. Bilinçaltı ismini verdiğimiz bilgisayar, olumsuz ifadenizi de emir sayar, onu oluşturmaya başlar. Zihin olumsuz ile olumlu arasındaki farkı biliyor ama bilinçaltınız bilmiyor. Bunu unutmayın! İstemediğiniz şeyleri rahat an ve zamanlarda siz düşündükçe, bilinçaltınız mesajı şöyle alıyor: "Emrin olur, hemen senin için bir ayrılık senaryosu geliştiriyorum, geliyor..."

Zihnimiz bir iş veya konu ile meşgul olduğu anda, mesajlar direkt olarak bilinçaltımıza gidiyor. Bilinçaltımız kendimizi çok rahat hissettiğimiz anlarda alıcı enerjidedir. Sıklıkla tekrar eden tüm düşünceleri ve inançları bilinçaltı dış dünyada ilgili olay-kişilerle size sunar. Bir şeyin olmayacağını düşünmek "direnç"tir, olmasın demek gibidir. Siz bile olacağına inanmıyorsunuz, o zaman bu konu nasıl yolunu bulup size aksın? Hiçbir konuya direnmeyin, akışta kalın, direndiğiniz o olumsuz şeye dönüşmemek için kontrolün elinizde olduğunu bilin. Direnç gösterdiğiniz zaman o konu ile daha da çok enerji alışverişiniz olacağı için, olumsuzluk enerjisi büyür. Hayal kırıklığına veya başarısız ilişkilere odaklanmayın.

"SANA HUZUR VEREN HER ŞEY DOĞRUDUR..."

Tüm korkuları mutlaka yazın, yazmak daha güçlü bir şekilde yüzleşmenizi sağlayacak. Birlikte olduğunuz kişiyi aşırı derecede kontrol ediyorsanız bu da olumsuz sonuçları davet eder. İtme-Çekme kuralına da bir göz atalım: Karşınızdaki kişiyi bir an için istiyorsanız ama ummadığınız anda ondan soğumuş gibi hissedebiliyorsanız, itme-çekme durumu yaşarsınız. Bu koşullar altında seçim yapmanız şart olur. Çok duymuşunuzdur, hatta belki de yaşamışınızdır, bazı ilişkiler gelgitli ve fazla inişli çıkışlıdır. Bu tarzda yaşanan aşklar enerji çeker, adeta enerji hırsızıdır. Yorgun hissetmenizi sağlayan bu tipteki ilişkilerin çoğu ayrılık ile sonuçlanır. Güçlü duyguların olduğu yerde netlik olur, karışıklık olmaz. Bağımlılık gerçekten sevmediğimiz kişiyi bazen daha da yaşamımızda tutmamıza sebep olur, itme-çekme enerjisi en çok da onlarda gözlemlenebilir.

"ALLAH VARKEN UMUTSUZ OLMAYA HAKKIN YOK."

Bir konuda direnç göstermeye başladığınız anda, evren size hangi mesajı sunmak istiyor bunu keşfedin. Aklınıza ayrılık geliyorsa bunun kökü nedir sizde, aldatma korkunuz varsa hangi geçmiş olayınız bunu sizde körüklüyor, yalnızlık, parasızlık, başarısızlık veya bağlanma ile ilgili olumsuz enerji ve düşünceler sizi sardıysa yüzleşme için konunun kaynağını bulabiliyor olmalısınız. Ne istediğinizi bilmek çok önemlidir, yaşam çok değerli, boşa zaman geçirmiyor olmalıyız. Gerçek duygularımıza sahip çıkmalıyız ve bir yandan layık olduğumuz bir aşkı çekiyor olmalıyız. Enerjinizi yükselten ve paylaşımcı bir partneriniz yoksa kendinizdeki eksik enerjiyi bulun, dönüştürün. Ne istediğinize karar verin, onu hızla gerçekten isterseniz yaşamınıza çekebileceğinizi de unutmayın. Gerçekten karar verildiği anda, sizden mutlu, coşkulu, etkili enerjiler çıkmaya başlayacak.

YANSIMA YASASI

Her şey yansımadır. Sizde ne varsa, iç dünyada yani, bu yansır. Siz yansıtırsınız, evren onu size geri sunar, yansıtır tekrar. Dünyada muhteşem bir aşk eğitimi almak üzere bulunuyoruz. Hata yapmış olmak sizin enerjinizi düşürmemeli, muhteşem yaşam dersleri aldınız ve şimdi yola daha bilinçli devam ediyorsunuz. En derin hırs, istek, tutku, korkularımız beklenmedik an ve ilişkilerde bazen önümüze sunulur. Olan biten her şey bizimle ilişkili. İçinizde olan dışınızda da olur, yani yaşamımızda bulunan kişiler bizim bir özelliğimizi bize yansıtmak için geldiler. Çok kıskanç ise siz de belki öylesiniz, aramıyor sormuyorsa belki sizdeki kaybetme korkusu durumu tetikliyor, patronunuz sizi eleştiriyorsa belki aslında siz o iş yerinden gitmeyi seçtiğiniz için. Yansıma yasasını derinlikli olarak keşfettikçe çok daha rahat ve mutlu olursunuz. Kişiyi değiştirmek diye bir şey yoktur; ya o aşk bitecek ya da siz değişip-dönüşüp daha doğru bir ilişki yaratmaya bakacaksınız. Değişmesi gereken o değil, en azından ilk etapta. Siz değişin çünkü bu yoğun mesaj size gelmiştir.

Kendinizde rahatsız olduğunuz ama bilinçaltınıza ittiğiniz özellikler yaşamınıza giren kişilerle bir mesaj olarak çoğu kez size iletilir. Bir sevgilinizin ya da eşinizin, iş arkadaşınızın hangi huyu ya da davranışı sizi çok rahatsız ediyorsa, tam da o konuda sizde çözülmemiş bir sır vardır. Gerçekten hoşlandığımız karşı cinsten kişiler de bizdeki olumlu özellikleri çağrıştırdığı için onları seçebiliriz. Her şey yansımadır, her şey yansır.

"KİMİ NEYLE İNCİTTİN... SEN DE AYNI YERDEN SINANIRSIN..."

Yaşamınıza giren kişinin neden geldiğini bulabilmeniz için sezgileriniz hep devrede olmalı. Yansıma yasalarını anladığınız anda, yaşamınız size neler anlatmak istiyor bunu bulacaksınız. Bu durum spiritüel anlamda da size büyük farkındalık katacak. **Dünyadaki yolculuğunuza Işık tutacak ve sizi geliştirecek "yansımaları" bulunca kendinize şaşıracaksınız. Size yansıttığı bir tutum veya tavır için başkasını suçlamayın, hele de benzer bir sorunu daha önce farklı bir zamanda yaşadıysanız.** Değiştirmeye de kalkmayın kimseyi: içe dönün siz değişirseniz o zaten değişir. Dünya, yani yaşam bize bizde olanı verir, sevmeyi bilmeyen biri doğal olarak gerçek aşkın merkezinde olduğu bir ilişkiyi de seçemeyecek. Bizim dışımızdaki her şey yine bizimle ilgili. Karşı tarafta kendimizi görürüz, duyarız, anlarız, eleştiririz.

"İSTE AMA ZORLAMA, NASİPSE SENİ BULUR"

Aşkta, iş alanında, ailesinde, bir ortaklıkta istenmediğini düşünenler kendini sevmeyenlerdir. Bazen de kendi içimizdeki olağanüstü güzel yanları göremiyoruz veya kabul edemiyor, kendimize konduramıyoruz. Bu durumda bu güzel özelliklerimizi fazlaca ve dışa vurarak taşıyan bir adam veya kadın bulup ona hayran olmaya çalışıyoruz. Ne olursa olsun, sonuçta "her şey bizimle ilgili". Kendisinden sorumlu olmayı başarabilmiş güçlü bir birey kendindeki her şeyi yansıtmaz, kendiniz ile yüzleşin. Toplumdaki çoğu kişi, seanslarımdaki çoğu danışan "kim olduğunu bilmeden" yaşıyor. Aşk koçluğu, Melek danışmanlığı, quantum ve diğer çalışmalar her zaman ve sadece aslında KENDİMİZİ TANIMAK için.

ENERJİYİ DOĞRU KULLANMAK...

Kısmet enerjisini kapatan ana konulardan biri "bağımlı olmak"... Bağımlı olmaya meyilli bir enerjiniz varsa karşınıza çıkan kişiler bunu seziyor, hatta sizden kaçıyor da olabilir. Bu özelliğiniz ayrıca sizi aşağıya çeker. Gereksiz ve zorlayıcı enerji geçişleri kişilerle aramızda gelişir, bunlara eterik kordon da denebilir. Kıskançlık, kin, öfke, suçlama anında aşkınızla aranızda bir bağ, kordon geliştiriyorsunuz. Bu bağ kesilmediği sürece ne o kişiyle iletişiminiz toparlanıyor ne de yeni ilişkiler düzgün gidiyor. Değişik bir bağ veya geçiş enerjisi ile Kuzey Kutbu'ndaki birini bile yaşamınıza davet edebilirsiniz. Olumsuzluk yaşadıktan sonra affetmek, yanlış bağı kesmek önemlidir. Bu bağ kesilince oradaki iletişim bitmez, sadece olumsuz geçiş şifa bulur. O kişiyle aranızdaki olumsuzluğu sürekli düşünerek o bağı çok kalın bir halat haline de dönüştüren ve olumsuz enerjinin içinde kendini boğan da yine sizsiniz. Yeni bir aşk ve ilişkiye başlarken eskiler ile veda şarttır. Eski ile kordon bağları kesilmediyse, yeni aşk yine aynı dersi vermek için de gelmiş olabilir. Geçmişten tüm yaşam dersleri alındıysa aynı tür aşık kapınızı çalmaz. Doğru olan gelir. Gerçekten affetmek (acı ve yoğunluğun bitişi) bu yanlış bağları keser. Geçmişi affetmek geleceği aşk ve ilişkilerde özgür, mutlu, huzurlu kılmak için şarttır. Gerçek sevgi "kabul etmektir", şart koymamaktır. Aşkınızı kabule geçin ve olduğu gibi görün, o zaman sizinle tüm muhteşem yanlarını sevgiyle paylaşacak. Bazı şart ve beklentilere bağlanan ilişkilerde gerçek aşk olamaz, barınmaz. Gerçek aşk olanı alır.

Aşkta ve tüm ilişkilerdeki tüm utanç, başarısızlık, yanlış anlaşılma, suçluluk duyguları bizi geçmişe bağlar, geçmişte tutar. **Geçmişteki siz'i affetmeden gelecekte yeni bir siz oluşmaz.** Geçmişin görevi bitti, yaşandı, dersler alındı, şimdi özgür ve mutlu olma zamanı. Bağlılık, bağımlılık temelinde korku taşır. Çoğumuz bağımlı olup birilerine, bunu gerçek sevgiymiş gibi hem çevremize hem de kendimize yutturmaya çalışırız. Bağımlılık koşullu sevgidir, yani gerçek sevgi değildir. Spiritüel anlamda yol alabilmiş biri gerçekten sever, koşullar onun menfaatine uydu diye değil. Ego ile gerçek sevgi bağını toplumda çoğu kişi birbirine karıştırır. İlişkilerdeki başarı ve başarısızlığın ardında gizlenen çocukluğumuzdaki anne-baba ile olan ilişkilerimiz de tabii ki çok mühim. İlk kadın ve ilk erkek olarak, ilk ilişki olarak hep onları gördük ve kod'ladık çünkü.

"DUA EDİN, VEREYİM İSTEDİĞİNİZİ" DEMİŞ ALLAH... O'NUN KAPISI BİZE HEP AÇIK

Samimi ve temiz bir kalp ile dikkatimizi neye verirsek o büyür. Hayallerinizin önünde duran tek engel SİZ'siniz. Çekilin hayallerinizin önünden de gerçekleşsinler; korkularınız, şüpheniz ve güvensizliğiniz ile siz çekilin artık. Odağınız nerede bunu bulun; kendinize mi acıyorsunuz, hep darbe mi aldınız, hep azla mı yetindiniz, hep son anda iptaller mi oldu... Bunların hepsi sizi bulduysa şimdi şükretme ve bırakma, yeniden yapılanma vakti. Kendini seven yine kendini sevecek yeni kişileri davet eder. Aşkta ve iş ilişkilerinde korkular hızlı hareket eder. **Korktuğunuz şeyler sizi bulur. Korkuları salın gitsin artık, onlar sizin gerçeğiniz değil. SİZ SEVGİ'SİNİZ.**

Olumlu tüm düşünceler daima olumsuzlardan daha güçlüdür.

Doğada, enerji yasalarında "boşluk" yoktur, her şeyin yeri dolar. Bu bir kanundur. Biri gittiyse başkası gelir, bir acı bittiyse yerine mutluluk gelir, hiçbir şey her zaman iyi veya kötü gitmez. Eskisinden daha iyi bir yaşam için, geçmişi şimdi ve tüm zamanlara doğru göndermenin zamanı geldi bile... Alışkanlıklarınızı değiştirmek sizin şimdiki yaşam amacınız olsun; bakalım neleri değiştirebileceksiniz ve bakalım yerine nasıl mutluluklar gelecek. Tüm ilişkilerde başarı ve süreklilik sevgi ile olur. Sevgi ise koşulsuzdur. Kalbinizi kapatmayın, her şeye inat açın, daha da çok açın hatta... Reddedilmekten korkmayın veya incinmekten çekinmeyin, korkuların sizi ele geçirmesine izin vermeyin. Zihin kontrolü ele geçirince sevgi bitebilir, siz sevgi'de kalın. Sevgi sihirlidir ve karşılık görür. Tüm yaşamınızı da ilişkinizin üzerine kurmayın, özgürlük alanınız da kalmalı. Ego ile sevgi olmaz, ego ve savaş başlayınca sevgi aradan çekilir. EGO: Düşük benlik ve korkudur. Ego sevgi akışını keser, sevmek kabul etmektir. Onun da Allah'ın bir kulu olduğunu, sevgi ile yaratıldığını bilmektir.

"SENİN OLAN HER ŞEY SENİ BULACAK..."

Sevince enerjimiz değişir, tutkumuz artar, yaşama bağlanırız, sevdiğiniz şeyleri daha sık yapın. Korku varsa sevgi olmaz, sevgi varsa korku biter. Mutluluk doğanın kanunu ve hepimiz bunu doğuştan hak ediyoruz. İstediğiniz aşkı ve bereketi, huzuru bulmak ve çekmek için tabii ki Melekler ve Rehber Ruhlarla da çalışabilirsiniz. İsteyin unutun, ben nasıl çektiysem siz de yapabilirsiniz. "Olacak mı?" demeyin, "Oldu" bilin. Niyet ve istekler tam olarak net değilse, evren ve enerjiler kafasına göre takılır. Net olun, ölçüp biçin, ne istediğinizi bilin. Netlik olmazsa evrene mesajlarınız karmaşık gidebilir, net olamamak ise psişik gücümüzü doğru kullanmamız gereken enerjimizi bağlar. Ne istediğinizi bilin, isteme ve dilek dileme bölümü ardından gelsin. Net olmak, ne istediğimizi çok iyi bilmek bizi aşkta üstün ve güçlü kılar. Yolunuzda ilerlemek ve yeni aşk kapıları açabilmek için şimdi ve tüm zamanlara doğru "net" olun.

Niyete girmek de başka önemli bir husus yaşamlarımızda, bazıları ister ama arkasından iptal enerjisine girer, ister ama korkar, ister ama hesap yapar, zaman kovalar. Niyete girmek konuyu, durumu sadece istemek veya ummanın üzerine taşır. Niyet etmek o çok istediğiniz şeyin gerçekleşmesi için atılacak spiritüel bir adımdır, gerçekleştirmenin başlangıcıdır, gücü iten etkidir. Gerçek ve saf sevginin önünde hiçbir şey duramaz. Melekler, yani yüksek frekanslı spiritüel varlıklar da bazen sevgi mesajlarını taşırlar, önemli anlarımıza rehberlik edip kaderimizi de taşıyabildikleri gibi... Sevdiğiniz kişi ile aranızda Işık'tan ve sevgiden köprüler kurmak için, niyete girmeli, ona Işık göndermeli, hep olumluyu çağırmalı ve karşılık beklememelisiniz. Sevgi, sevgi ise hesap olmayacaktır. İş ve aşk ilişkilerinde, az tanıdığımız kişilerle veya aile ile durum hep aynıdır.

"ÇOK UĞRAŞIRSAN, KOLAY KAYBEDERSİN. AKIŞA GÜVEN HAYIRLISINI İSTE..."

Karma kayıt tutar, hesap kitap yapar. Başkalarının mutluluğuna yan gözle bakmak, evli ve aslında evinde mutlu bir erkeği sizinle başka bir ilişkiye sürüklemek, haksızlık yapmak, yanlış şekilde terk etmek, yalan söylemek, yoldan çıkarmak, üzmek, başkalarının parasına kazancına göz dikmek, karma borcu yaratır. Karma değerlendirilirken, düşünce ve eylemler hesaba katılır. Bilanço değerlendirilir, kaçınılmaz hataları hepimiz yaparız, hatasız bir aşk hayatı imkânsız gibidir ki aşk çoğu kez yoğunluğu nedeniyle hata da yaptırır. Bu karma konusundaki en önemli husus "niyettir". Yaptın ama tam olarak niyetin neydi? Gerçekte ne olsun istedin ve başta tam olarak ne için yola çıktın? Niyet aslında iyi ise durumdan yırtabilirsiniz.

"TÜM KÖTÜ GÜNLERİN MUHTEŞEM YAŞAM DERSLERİ VAR."

Almanız gereken dersleri alana kadar karma ilginç plan, kayıp, sevgili, eş veya ölümlerle kapınızı çalabilir. Tüm bunlar bir imtihan, imtihana direnilmez, dertleri fırsata dönüştürmek tabii ki sizin elinizde. Ruhsal kayıtlarınızı kirletmeyin, her büyük adımınızdan önce düşünün, herkesin-her şeyin-bütünün hayrına olanı yapın. Yaşamınızın daha önceki yıllarında bilmeden veya bilerek kod'ladığınız aşka dair ne varsa bunlarla yüzleşmeden gerçek siz'i tanımış olamazsınız. HAYATTAN, GELECEKTEN korkmadığını söyleyen çoğu kişi aslında korkar; aşkın, paranın kendisini bulamadığından yakınan çoğu kişi aslında içinde yalnızlığı sever, parayı kirli bulur. Gerçek duruşunuz kadar gerçek iç dünyanız, his ve beklentileriniz, en önemlisi bilinçaltınız (bilinçdışınız) çok önemlidir. Dünyada olup biten her şeyin içinde "spiritüel" bir sebep var; bu bir çekim yasası, bir korku, bir plan, bir imtihan ya da bir mucize olabilir. Yanılsama dediğimiz konuyu aslında birçok ilişkide ne yazık ki görebiliyoruz, gerçek aşkın ne olduğunu unutmayan herkesin hak ettiğine bir gün kavuşacağına inanan ben, hayattaki en büyük zenginliğin aşkta sade ve gerçek seçimler olduğunu da biliyorum. Allah herkese gerçek, saf, tutarlı, sürekli aşkı nasip etsin.

KARAR VERİN, ENERJİLER SİZİ DESTEKLESİN.

Sakin olun ve kendinizi dinleyin... Ne istediğinizi şimdi içinize sorun ama sorarken kendinize karşı çok dürüst olun:

Bunlar gerçek duygu ve düşünceleriniz mi? Çok rahat edebileceğiniz bir pozisyonu alın; uzanın ya da yatın gözler kapalı... Tüm "ama, belki, olur mu ki"lerden uzaklaştınız şimdi; o hayalinizin, amacınızın en son sahnesine gelin... Olmuş'u görün, şu an siz sevgi'desiniz. Siz sevgi oldunuz çünkü en sevdiğiniz an'ın enerjisi ile sarmalandınız. Titreşiminiz o çok istediğiniz şeyin oluşu ile aynı frekansta. O şimdi yola çıktı, evren mesajı aldı, size doğru bir akış başladı. "Ve öyle de oldu" demeyi sakın ihmal etmeyin. Eğer gerekiyorsa şimdi bir adım atın.

SEVGİ konusu ile ilgili geçmişten, aileden, eski aşklardan ya da eski yaşamlardan gelen sorunlar var ise büyük ihtimalle bugün kendinize güzel bir sevgi dünyası kuramıyorsunuz. İlk önce kendinizi tanımak ve sevmekle başlıyor dönüşüm. OLUMLAMA ÖNERİLERİ: ben sevgiyim*sevgide kalıyorum*sevilmeye layığım*sevgi bana güven veriyor*sevgi alır sevgi veririm*bana sevgi gelir ve benden sevgi çıkar* sevgiyi paylaşırım*bereketim büyüyor*ben güvendeyim*geleceğim güvende*evrende bolluk sınırsız*içimdeki güçle işbirliği içindeyim

"KALBİN İSTEDİĞİNDE, DİLEĞİN GERÇEK OLUR."

Düşünceden çok daha etkili olan spiritüel yol, her zaman canlandırmaktır.

İmgele; hayal et. Öyle oldu bil.

Düşündüğünüz şeyi aynı zamanda canlandırmanız gerekir, hem de sık sık ve uykuya dalmadan önce. Alfa frekansında yani... Ayrılık, KAYBETME, yalnızlık, geçmişin olumsuz tekrarı imgelemesi yapan biri düşüncesinde "mutluluğu" yaşatsa da olumsuz bir son ile karşılaşabilir. Canlandırma düşünmenin bir tık ötesi olduğu için ne düşündüğünüz kadar gözünüzün önüne neleri getirdiğiniz de çok önemlidir. "Ya şöyle olursa'" dediğiniz şeyi evren bir emir olarak algılar ve yaşamınızda önünüze çıkarmak için çaba göstermeye başlar. Sessiz ve dingin anlarınızda sorular sorarken çok dikkat edin. Sorulara cevaplar gelir, olumsuz da olsa…

"BU KADAR ÇOK İSTEMEN, ASLINDA GERÇEKLEŞECEĞİ İÇİN..."

Karma'ya güvenin, sandığınız gibi kötüler kazanmıyor, iyilik gün gelip yerini buluyor. Bence iyilik yapın denize atın, kimse görmese evren her daim görüyor, biliyor. Bazen de çok tuhaf bir biçimde kendimize şaşırarak bir önceki ilişkimizde bize yapılan yanlış bir davranış şeklini model alıp mevcut ilişkimizde sergileriz. Kötü olanın enerji olarak üzerinde çok fazla durmak, olumsuzu enerji olarak büyütmek, onu oluşturmaya sebebiyet veriyor.

İyi olmak beklenmedik anlarda yaşamınızı destekler, hep iyi biri olmaya devam edin. İyiliğinizi sömürenlere de teşekkür edin, onlar sizi daha da bilge yapıyor, ayrıca onlar sizin iyiliğinizi anlamayarak size sevap kazandırıyor, kendileri ise sürekli karma yolunda puan kaybediyor. Allah her şeyi görüyor biliyor, her zaman kulların görmesi gerekmez. Herkes her şeyi bilebilseydi sınanmak için buraya da gelmezdik zaten. Enerji geri döner, dışarıya verdiğiniz enerji her zaman görülür, sorun yaşayan her zaman geriye dönüp bakmalı: Geçmişte başkasına mı sevgisizlik enerjisi yolladı, kendine mi değersiz davrandı? Ne verirseniz onu alırsınız, "korku" katmadığınız sürece büyük sorun çıkamaz. Bunları bulun, hatta yazın. **"Kul Hakkı" çok önemli bir konudur. Bilerek yapılan**

"can acıtma" karşılıksız kalmaz, eğer kendinize karşı bilerek kötülük yapıyorsanız bu da başka bir kul hakkı sayılır. Bazen kötü ve anlayışsız aşkları karma borcu ödemek için de yaşamımıza çekmiş olabiliriz. Bir şeyi yaşamak değil onu neden yaşadığınızı çözmek önemli.

Sizi mutlu etmeyen inançlarınızı hiç beklemeden şimdi değiştirin.

Sorun yaşadığınız kişiyi affedin, onun iyiliğini isteyin.

Başarısız olduğunuzu kod'lar buna inanırsanız, evren size olumsuzu sunmayı borç bilir.

Başkalarının yaşamlarına destek olun, şifa verin.

Kayıt Meleği gerçek niyetinizi ve eyleminizin iç yüzünü biliyor, saklanma diye bir şey yok.

Çok büyük bir evrensel bilgisayarda hepimizin YAŞAM kayıtları, karmik hesapları tutuluyor, ruhlarımızın bundan sonra neye ihtiyaç duyacağı da...

Sağlam bir gelecek için affedin, affedilin, karmadaki borçları ödeyin.

"SEVDİKLERİN İÇİN ONLAR HİÇ BİLMEDEN DUA ET"

Başınıza gelen felaketlerin bazı sebepleri var. Bunları siz de oluşturmuş olabilirsiniz, onları yaşamayı ruhsal gelişim için tercih ediyor da olabilirsiniz, bilinçdışınız böyle inanıyor da olabilir. Dünyada deneyimler ile derslerimizi alır, bu boyuttan mezun olmaya bakarız. Çok iyilik yapan kendine bir şekilde kredi de açmış olabilir. Gelecekte belki de bu kredileri kullanmak isteyebilirsiniz. Dünyadaki maddi manevi zorlu koşullar yansır, gerçekten mutlu olan az sayıda kişi görürüz. Bu da sınanmanın bir parçasıdır; bize büyük gelişim fırsatlarıı sunan ani kayıplar, eş ölümleri, aldatılma, ani terk edilmeler, işyeri haksızlıkları, dost kazıkları, düğüne 5 gün kala ortada bırakılmalar bize hep bir şeyleri öğretmek içindir. Direnç göstermeyin, isyan da etmeyin, tüm olan biten hayrınıza ve yaşam dersleri ile dolu. Başka türlü gelişim olmazdı...

Her düşüncemiz, inancımız, eylemimiz aşk yaşamlarımızda bir şekilde tezahür eder. Başkalarının aşk hataları, ahlaksızlığı, seçimleri, çokeşliliği sizi ilgilendirmez. Kim bilir bu şekilde o neyin dersini alacak. Yaşam yolculuğu süresince bir öğrenim görüyoruz ve kendimizi de tanıyoruz. Herkes aşk ile yolculuğunda sorunları kendi tarzı ile aşabilir, herkes tam olarak aynı yollardan geçecek diye bir şey yok.

"TÜM DERTLER SANA YOL GÖSTERİYOR, BAKMAYI BİL."

Levh-i Mahfuz

Evrensel hafıza, tüm bilgiyi kayıt etmiş olan...

Akaşa (AKAŞİK KAYITLAR), kâinatta meydana gelen tüm titreşimlerin tüm detayları ile kaydolduğu bir arşivdir. Dünyanın hafızası ve doğanın belleği gibidir. Kâinatın mekânizması ve dengesidir. Ruhsal yaşamımızda karşımıza çıkan, çıkacak olan her ne konu varsa burada, akaşada harmanlanır. Kâinatın varoluşundan bu yana meydana gelen hareketlerden, düşüncelerden, bilgilerden yansıyan ve tüm titreşimlerin kaydolduğu bir oluşumdur. Her varlığın ve olayın bir akaşası olduğuna göre bunların toplamı da akaşik arşivde toplanır. Akaşa varlıkların hem içinde olur hem de onlara cevap verir, aynalık eder. Akaşa sadece fiziki boyutta değil sonsuz sayıdaki boyutlarda da zaten bulunur. Boyutlar arası iletişimi de sağlar. Bilgi oluşum ve tesir gücüne sahiptir. Bize göre "tüm zamanların" kaydı oradadır. Akaşa, kendi kendini muhafaza eden ve hiç kaybolmayacak bilgidir, her an'ın içinde devam etmektedir. O her yerdedir ve de tüm evrendedir. Hangi boyuttan bakıyorsak biz o boyutun bilgisindeyiz. Geçmişin bütün bilgilerini, geleceğin olanak ve olasılıklarını bünyesinde barındıran Akaşa, karmik faktörleri, yüksek ilahi yasaları, insan düşünce ve eylemlerini, tüm enerjiyi içerir.

Bugün, insanın geçmişinin yansımasıdır, yarınını da bugünkü durumu ile belirler ve beyan eder insan. Bilinçli farkındalık içinde aklımızı ve enerjimizi bir ederek bulunduğumuz eylemler tekâmülümüzü hızlandırır ki amaç da bu olmalı. ***Yaşadığın ya da "kod" saydığın pek çok konu veya sorun da bu alan ile ilgili aslında, o nedenle bu bilgiye de yer vermek istedim.***

2. BEREKET VE AŞK SENİN DOĞUŞTAN HAKKIN

Bu bölümde okumayı ve TV'de izlemeyi çok sevdiğiniz bereket ve aşk ritüelleri sizi bekliyor. Unutmayın, ritüelin kendisinden çok sizin ona yüklediğiniz anlam önemli. Ayrıca en etkili ritüel aslında yapımı en kolay olandır. Ritüelden çok daha önemli ve etkili olan elbette ki "dualar". Onları da ilerleyen bölümde sizlere yine bu kitapta sunuyorum.

Ritüeller yapılmadan önce arınmak, geçmişi serbest bırakmış olmak, doğru zamanı seçmek, düşünce olarak başka bir noktaya takılı kalmamış olmak, sevgi'yi seçmiş olmak, odayı ve kendimizi enerjiye hazırlamış olmak, temizlik, mumlar, tütsüler, AY'ın durumunu öğrenmiş olmak da önemlidir.

Bu bölümde sizlere aşk ve bereket ritüellerini sunuyorum. Aşk ve bereketinizin önündeki en önemli engel SİZ'siniz. Diğer engeller de yine aslında sizinle ilgili olan geçmiş anılar, size hata yaptığını sandığınız kişiler, darbe indirmiş aşık görünen kişiler, karma yolculuğunuzdaki aynalık görevi yapmış kişiler.

Ritüele başlamadan önce geçmişi kısaca bir arındırmak için kimleri tek tek affetmiş ya da olumsuz bağlarını kesmiş olmanız gerekiyorsa onları not edin. Bu kişileri tek tek karşınıza getirin ve onlardan size uzanan "eterik kordon" yani sevgi olmayan bağları ışıkla, mutlulukla, hayırlısıyla, altın bir makas/kılıç imgesi ile kesin. Tüm geçmiş yaşam derslerini de alarak bu kişileri ve kendinizi serbest bırakın.

Şimdi ona bunları söyleyin:

"Sana kızgın değilim. Sen benim imtihanımda vardın, ben de senin. Sen bana kötülük yapmadın, bana o konuyu idrak etmem için aynalık ettin. Gerekmeseydi gelmezdin. O yaptığın bana gücümü gösterdi; dayanabileceğimi, katlanabileceğimi gördüm. Neyi keşfetmem gerektiğini anladım. Sen, beni ben yapan anılardan biri oldun. Sen düşmanım olamazsın, sen benim oyun arkadaşımsın. O kötü olayı iyi olarak görüyorum artık, iyi ki öyle oldu. Yaşam dersimi aldım. Ben, seni de seviyorum. İlahi anlaşmayı biliyor ve kabul ediyorum. Sana teşekkür ediyorum. Hiçbir şey tesadüf değil, seni de ben seçmiştim. Sevgiyle şimdi tüm bağları koparıyorum; sen ve ben yollarımıza şimdi ve tüm zamanlara doğru..."

Ritüellerde kullanılabilecek taş önerileri...

AMETİST: Aşkı çeker. Tutkuyu anlatır. Eğer tutkulu aşkları seviyorsanız ametist kullanın.

MIKNATIS: Aşık olduğunuz kişiyi size yakınlaştırır, çeker, aranızdaki cinsel yaklaşımı destekler. İnsan vücudunu çok hızlı etkileyen mıknatıs, tutku katsayısını da artırır.

ZÜMRÜT: Size asalet ve gizem verir... Takan kişi aşka ve sevmeye açık hale gelir, ilişkiye yön verir.

YAKUT: Yoğun ve sarsıcı bir enerjisi vardır. rengi ise baştan çıkarıcıdır. O gece, hem arzulanan hem de korkulan biri olmayı seçerseniz bu taş uygundur. Tılsımlı bir enerjisi vardır...

SAFİR: İlişkinize ve kendinize olan inancınızı güçlendirir, güven verir. Ruhsal ve aşksal olarak sizi daha istekli ve duyarlı kılar. Bilgelik taşıdır aynı zamanda…

AYTAŞI: İhtirasları körükler. Durağan geceyi daha tutkulu boyuta taşır. Bu taş aynı zamanda sezgiyi kuvvetlendirir. Taktığınız takdirde karşı tarafın aklını da okuyabilirsiniz... Spiritüel gücün taşıdır.

LAL: Duyarlılığı arttırır. İlişkiye iyimserlik de katar. İlişkide yaşanabilecek olumsuzlukları ortadan kaldırır. Size, bir sinyal vermek istediği zaman taşın rengi değişebilir...

Burçlara göre enerjiyi artıran tütsü önerileri…

KOÇ- karanfil, rezene, nane

BOĞA- hanımeli, leylak, orkide

İKİZLER- yonca, bergamot, lavanta

YENGEÇ- yasemin, gül, menekşe

ASLAN- biberiye, ayçiçeği, hindistan cevizi

BAŞAK- bergamot, yosun, nane

TERAZİ- gül, sümbül, elma

AKREP- zencefil, menekşe, gardenya

YAY- portakal, limon, adaçayı

OĞLAK- mimoza, manolya, adaçayı

KOVA- lavanta, akasya, nane

BALIK- yasemin, gül, fesleğen

AŞK ENERJİSİ YAĞI

Lavanta yağı

Sandal ağacı yağı

Gül yağı

Yasemin yağı

Aşk enerjisini açığa çıkarmak için, bu yağ karışımını pembe bir mumun üstüne sürün.

Her gece 1 saat yakın. Karşı tarafa telepatik mesaj gönderdiğinize ikna olana kadar, bu ritüeli sürdürün. Mum yanarken kendi 3. Göz noktanızdan ondaki aynı noktaya mor bir ışık hortumu geçirin imgeleyerek ve bu hortumun içinden ona istek ve sevgi enerji/cümlelerinizi aktarın.

Mumu üfleyerek söndürmeyin, ritüelin etkisi azalır.

Bu ritüeldeki etkiyi artırmak için mumun üstüne hedefinizdeki kişinin ve sizin isimlerinizi üst üste gelecek şekilde kürdan ile kazıyıp o şekilde de mumu yakabilirsiniz. Çalışma esnasında sol avucunuzda daha önce üzerine olumlama veya niyet enerjisi çalışılmış pembe kuvars kristali de bulundurabilirsiniz. Mumun bittiği hali bir şekil alacaktır, bu şekil size gidişat ile ilgili ipucu da verir...

MIKNATIS RİTÜELİ

Sevdiğiniz kişinin ve sizin resimlerinizi yüz yüze gelecek şekle getirin ve ortasına bir mıknatıs, biraz çörek otu, bir küçük ametist taşı koyun. Kenarlarından zımbalayın resimleri. Bir Dolunay gecesinde bu zımbalanmış ve ortasında mıknatıs bulunan resimleri karanfil ile tütsüleyip (yağı ya da sadece tütsüsü ile) kırmızı ipek bir kumaşın içine koyun, kumaşı kenarlarından dikin.

Evinizde enerjilerin en yoğun olduğu oda, yatak odası olduğu için bu hazırladığınız ipekli ritüeli gizli bir çekmecede bekletin... Bu ritüelin hazır olduğu geceden başlayarak, 7 gece boyunca karşı tarafı imgeleyerek ona "seni seviyorum-sana teşekkür ediyorum-seni kabul ediyorum" deyin. Yine 7 gece boyunca bilinçaltınıza görev verin ve komut ederek bu kişi ile ilgili ne mesaj almanız gerektiğini sorun. Kalbinizden çıkaracağınız yeşil-pembe ışığı onun kalbine gönderin, ondan gelen ışıkları da her gece yine sevgi ile kabul edin, kalbinize doldurun.

KRİSTALLİ RİTÜEL

Karşı tarafın ilgisi azaldıysa ya da gidişatı daha da canlı kılmak isterseniz, O'nun resmini, bir kristal, kırmızı bir mum, bir elma alın.

Kristali (ARINDIRILMIŞ VE OLUMLAMASI YAPILMIŞ) sevdiğinizin resminin üstüne koyun.

Odada ışıkları kapatın. Mumu gül yağına bulayıp yakın, mum alevinde resme bakın (kristal resmi görmenize engel olmayacak bir parça olmalı). Elmayı soymaya başlayın, ara vermeden soyun tek parça halinde kabuk kalsın. Kabuk HANGİ HARF şeklinde düşerse ilişkiniz adına bundan bir anlam çıkarın. A aşk, K kıskançlık, B barışma gibi...

Bu esnada inanç, odaklanma, istek ve enerji gönderme çok önemlidir. Sonuç alana kadar geceleri ritüele devam edin. Mum ışığı devam ederken, resme odaklandığınızda, kalbinizden çıkaracağınız mor ışığı güçlenme enerjisi için sürekli karşı tarafa gönderin.

BAĞLILIK RİTÜELİ

Ay'ın aşk ve enerji yükseltme üzerinde çok büyük etkisi vardır. Yeni Ay döneminde, aşkınızda yeniden güzel enerjileri çağırmak için bu çok özel tılsımı kullanın.

Malzemeler:

İpek kırmızı bir kumaş

1 kırmızı 1 siyah mum

Ylang ylang yağı

Aşk kartları

2 kırmızı kurdele

İpek kumaşı yatak odanızdaki yatağın ortasına serin.

1. muma yağı sürün ve yakmaya başlayın... Bu muma dikey olarak, sevdiğiniz bir aşk kartını yaslayın.

2. muma da yağ sürüp yanarken başka olumlu bir aşk kartını yaslayın.

Ayışığı bu esnada ritüeli yaptığınız odaya düşmeli, oda ayışığını alacak konumda olmalı.

1. mum burada sizi, diğer mum da aşkınızı temsil ediyor. Bu şekilde odaklanın.

İki kurdeleyi birbirine 7 kere düğüm atıp bağlayın, en son bunu yatak odasındaki kapı kulpuna bağlayın (dilekler gerçekleşince çıkarılabilir). İlişkinizin geleceğinde istediğiniz detayları, yaşanacakları, dileklerinizi kod'layın. Bunlara inanın. Olmuş gibi imgeleyin.

ELMALI, AŞKTA MESAJ ALMA RİTÜELİ

İlişkide ya da baştan çıkarma sürecinde tıkandığınız bir anda, kötü giden bir şeyler olduğunda bu ritüeli uygulayabilirsiniz.

Malzemeler:

1 elma

2 toplu iğne

Kırmızı ip

Kırmızı kalem

Kırmızı kâğıt

Yasemin tütsüsü

Kırmızı gül yaprakları

Bir elma alın ve tam ortadan kesin. Elmanın içindeki çekirdekleri alın. Kırmızı bir kâğıda yine kırmızı bir kalem ile sizin ve aşık olduğunuz kişinin isimlerini art arda daire çizecek şekilde, kâğıdın kenarlarına yakın gelecek şekilde yazın. Bu kâğıt küçük ve ince olsun. Kâğıdın tam ortasına bir kalp çizin ve iğnelerden birini o kalbin içinden geçirin. Kâğıdı kestiğiniz elmanın içine koyun. Elmayı kapatın diğer parçası ile… Yasemin tütsüsünü yakmaya başlayın…

Elmayı kapadıktan sonra, ikinci iğneyi elmaya batırın (buradaki eylem; hamle yapmak, son noktayı koymak, tamamlamak anlamında) hem de kırmızı bir ip yardımı ile bağlayın elmayı açılmasın diye. Tek parça haline gelen elmayı 7 gece bekletin bu şekilde. Aynı 7 gece gül yapraklarını içinde bulundurduğunuz suyunuz olsun. Ritüel bitimi bu su ile yıkanın.

Her şey bitince elmanın içindeki kâğıdı sevdiğiniz bir kitabın size göre anlamlı olan bir sayfasının arasına koyun.

Enerji balonu ve TELEPATİK BAĞ KURMA

İki elinizi birbirine sürterek bir enerji yaratın. Ellerinizi omuz hizasında açmaya başlayın ısı yükselince.

İki kolunuzu/elinizi omuz hizasında açtıktan sonra, kapatmaya başlayın. Direnci hissettiğiniz anda durun ve elleri alta, üste, yana döndürerek iki avuç arasında bir enerji balonu yaratın. Şimdi balonun içine aşık olunan kişiye iletmek istediğiniz mesajları koyun... (seni seviyorum, beni affet, beni ara vb...)

O kişi o saatte nerede olursa onu orada imgeleyin, avucunuzun üzerinde duran topu üfleyin ve ona doğru gönderin. Onun kalbinden içeri girdiğini imgeleyin. İki elinizi birbirine tekrar sürtün ve sonra elleri kalbinizin üzerine koyun "Ve öyle de oldu" deyin. Çalışmaya cevap alana dek devam edin. Gece yapılırsa daha etkili olur.

AŞKTA ARINMA RİTÜELİ

Aşkınızla ilgili ya da ilişki ile ilgili neleri istemiyorsanız ince, uzun, beyaz bir kâğıda siyah kalem ile not alın aşağıdan yukarıya doğru... (kıskançlık, ilgisizlik, yalan, aldatma vb...)

Bu kâğıdı su dolu bir kaba koyun, kabı buzluğa 21 gece orada kalacak şekilde bırakın.

22. günün sabahı deniz, göl, dere nasıl uygun olursa, bu çalışmayı "aksın gitsin bizden çıksın" anlamında suya bırakın.

Eve gelince ikinizi sarılmış, bir olmuş, kenetlenmiş olarak mavi bir ışık topunun içinde imgeleyin. Her bir nefes ile mavi ışık topundan açacağınız deliklerden olumsuzlukların çıkıp sizi terk ettiğini imgeleyin. En sonunda ikinizi sarılırken yok edip bir beyaz ışık topu yapın ve bu son topu da odada kalbinize alın.

19 BAŞAK BEREKET RİTÜELİ

Bereketin sembolü kurutulmuş 19 adet başağı altın sarısı (başarı, bereket, şöhret) ip ile bağlayın. Bu ipin ucundan kesip para cüzdanınıza koyun. Başaklar 7 gece ev veya ofisteki bereket köşenizde dursun. 8. günün sabahı bu başakları zengin, ünlü, başarılı, bereketi bol olan kimselere dağıtın.

KRİSTALLİ BEREKET SUYU

Yeni satın alacağınız akik ve beyaz kuvars kristalinizi bir gece toprakta bekletin. Ertesi gece bunları sol avucunuza alıp bereket-para-iş-kariyer ile ilgili ne istiyorsanız, bunları taşlara kod'layın, gerekli imgeleme ve olumlamaları yapın. O gece yastık altında bu taşlarla uyuyun.

Ertesi gün cam/kristal sürahiye önce taşları, sonra suyu koyun. 3 gece beklettikten sonra, bu suyu 7 gün içinde azar azar içip bitirin. (Eklenen su Yeniay ışığı altında beklemiş su olursa daha iyi olur, az miktarda yağmur suyu da eklenebilir...)

BEREKET KÂSESİ

Kristal kâseye çörek otu, yeşim taşı, akik taşı, pirinç ekleyin...

Üzerine defne yaprakları serpin, biraz top karabiber (güç için) biraz da oluşturma enerjisi için karanfil koyun. Mor ince bir ipe bu çalışmadan dileklerinizi düşünüp sonsuzluğu anlatan 8 adet düğüm atın. İp de kasenin için de kalacak. En son tarçın çubuğu koyun. Bu çalışmanın tam yanına saksıda çiçek alınıp koyulacak. İpi ucundan çok minik kesip çiçeğin toprağına gömün. Çiçeğe çok iyi bakın, asla solmamalı veya ölmemeli.

BEREKET YASTIĞI

Yeni satın alacağınız yastığın içine defne yaprağı, kurutulmuş gül yaprağı, kişniş tohumu ve demir parayı mor ipek kumaşın içine koyun. Bu kapalı kumaşı da yastığın içine yerleştirin. Yastık 1 gece Yeniay ışığı alacak şekilde bekletilir.

Bu yastık ile en az 21 gece uyuyun… Gelen mesajcı rüyaları mutlaka Melek günlüğünüze not alın. Dilekler gerçekleşince o para toprağa gömülür…

BEREKET SAKSISI RİTÜELİ

Yeniay zamanı turuncu bir saksı satın alın.

Saksının dibine o gün yaptığınız alışverişin üzerine verilen demir parayı koyun.

Bir adet akik ve bir adet kehribarı da ekleyin. Tüm bunların üzerine toprak koyun. Bu saksıda bereketi sembolize eden fesleğen yetiştirin. Burada yetişen ürün sevilen yemeklerde/karışım ve içeceklerde kullanılır. Her ay Yeniay – Dolunay ışığı altında bu saksı düzenli şarj edilir. Ev dışında ofiste de kullanabilirsiniz.

BEREKET HAMURU

Yeniay ışığı altında bir gece unu bekletin.

Hamuru ertesi sabah, su (saflık) – yumurta (oluşturma) – tuz (güç) ile yoğurmadan önce tüm niyetlerinizi elinize doğru okuyun. İki eli birbirine sürtüp enerji alanı açın. Şimdi elleri açıp tekrar niyet ve beklentileri ellere doğru sesli olarak söyleyin. Hamuru yoğurun. El enerjisi hamura geçecek… Hamur hazır olunca dinlenmeye alınacak. İçine dereotu-maydanoz gibi doğa ve yine bereket, kök salma, bolluk enerjisini simgeleyen bitkiler katılabilir. Hamuru yuvarlak olarak tam ortaya koyun. Daire çizecek şekilde hamurun etrafına demir para - akik taşı – çörek otu – kişniş tohumu koyun. 1 saat bekledikten sonra hamuru pişirin. Hamur pişince mavi kalem ile "di'li geçmiş kullanarak (oldu bitti, yaptım ettim şeklinde)" dilekleri kâğıda yazın. Pişmiş hamuru ortadan kesin ve kâğıdı içine koyun. Bir gece bu şekilde beklesin. Ertesi gün hamur yenecek, kâğıt ise yakılıp külü ev girişine serpilecek. Bereketiniz bol olsun (ve öyle de oldu).

BOLLUK KARIŞIMI

Adaçayı yaprağı, ıhlamur yaprağı, demir para, kehribar taşı, karanfil parçalarını altın rengi ipek bir keseye koyun. Kesenin ağzı sıkıca bağlanırken niyete odaklanın. Keseyi pencere veya balkonun dış tarafında ip yardımı ile bağlayın/sarkıtın. Dışarıdan beklenen haberlerin gelişini hızlandırır, daha çok bereketi bolluğu eve/ofise davet eder…

KÜP ŞEKER RİTÜELİ

Küp şeker de kristaldir. Kristallerin gücünü ve enerjisini artık hepiniz çok iyi biliyorsunuz diye düşünüyorum. Kendi odanızda meditasyon müziği ile gece hazırlanın ve adaçayı yağı ile tütsü yaparak enerjiyi açın. 13 kere burnumdan nefes alıp veriyorum… Tuz ile odada bir daire çizin ve siz ortasına geçin. Sonra, küp şekeri sol avucunuza alın. Elinizi kapatın ve bereketinizin önündeki engeller nedir bulun. Her bir olumsuzluğu düşünürken kalbinizden yeşil ışık çıkarıp karşıya doğru gönderip oradaki bu olumsuzluğu anlatan canlandırmış olduğunuz imgeyi silin. Sonunda küp şeker kod'lanmış olacak. Gece küp şeker yastığınızın altında olacak. Bu şekilde uyuyun... Ertesi sabah çok erken saatte küp şekeri denize bırakın... Işıkla...

ENERJİNİ DOĞRU KULLAN...

Niyetlerin net olmalı ve asla başkalarının özgür iradesine müdahale etmemeli, sen enerjini sevgi ile gönder, gerisi zaten Allah'ın takdiri. Niyetinin önündeki engel sadece sen'sin; bir enerji, bir blokaj, bir eski kayıt ya da fark etmediğin bir kod. O dönüşünce ritüellerin de seni daha çok destekler. Her şey sadece enerjidir ve her şey belirli frekansta titreşir. Enerji gücü zaman ve mekândan bağımsız çalışır. O istediğin sana verilmeyecek olsaydı sen de bu kadar çok istemezdin... Evrende ve enerjiler dünyasında sınır yok ve her dilek gerçek olabilir; geçmiş yaşam ve eski kod'lar size olmayacağını söyler sadece ve ego engel koyar. Her birey isterse bunları aşabilir. Ana noktadan ve odaktan ayrılmayın. Akışa da güvenin. Yüksek titreşimli frekanslarla bağlantıda olmalısın. Enerji alanını temizle, sen bir mıknatıssın ve her şeyi çekebilecek güçtesin. Çakralar açık olmalı ve aura'n da temizlenmeli, ön hazırlığın tam olsun. Tekrar eden sorunun varsa sevin: Bu senin elinde, sen onu değiştirebilirsin. Karma ile ilgili eski blokaj yüzünden yaşanıyorsa sorun, yine dönüşüme açık olmalısın. Hayatındaki herkes ve her şey sana enerji verir, bazen de

enerjini çalar; bunları bul ve sapta, yanlış ise gönder. Negatif enerji ve düşünceler bazen seni ele geçirir, korku hızlı ilerler; bunları bul, yüzleş, iptal et. Yaydığın enerji net mi berrak mı bunu bul... Her türlü blokajın en kök noktasına indiğimizde de sadece "sevgi" eksikliği ile karşılaşmış oluruz. Başka korkuları da doğuran ilk korkudur, nerede ilk korkmaya ve kendi blokajını yaratmaya başladın bunu bul. Olmuş gibi davranmayı unutma, bilinçaltın buna inanırsa zaten o sonucu sana çeker. Her olumsuz düşünce, cümle, anını iptal ettikçe yeni kapılar açılacak... İsteklerini daha çok yaz, yazmak beyan etmiş olmaktır; bu, enerjini katlar. Her zaman peşin peşin teşekkür et; bu, korkuyu siler, konuyu şimdiki zamanda tutar. İşaretleri doğru takip et; bir niyete girince evren seninle işbirliği yapacak ve sana ilahi mesajlar sunacak.

NİYETE GİRİYOR, ENERJİ ÇALIŞMASI YAPIYORSUN... AMA SONUÇ ALAMADIĞINI DÜŞÜNÜYORSUN. O ZAMAN YAŞADIĞIN MEKÂNI DA GÖZDEN GEÇİR, BLOKAJ ORADA DA KALMIŞ OLABİLİR...

Mekâna girildiğinde negatif enerji alma, sürekli tekrarlanan tartışma ve kavgalar

Mekânda kasvet, huzursuzluk ve depresif his

Mekâna girildiğinde enerjinin düşmesi, bir anda eski olumsuz olayları hatırlama

Mekân içerisinde umutsuz olma

Depresyon, rehavet, üşengeçlik, karamsarlık, öfke, huzursuzluk

Uyku problemleri ya da sürekli uyuma eğilimi

Bolluk bereket tıkanıklıkları

Mekândan birinin haksız yere ayrılması

Negatif titreşimli müzik ve TV yayınlarının etkisi

Aşırı sigara ve benzeri maddelerin tüketimi

Kul hakkına girmiş kişilerin mekâna gelip gitmesi

Sık sık tekrar eden hastalıklar

O mekânda anısı olan birinin ölümü

Sürekli dağınıklık ve eşya kalabalığı, eski ve kullanılmayan veya yanlış kişilerden gelen hediyeler, artıklar

Hırsızlık ve şiddet olayları... BUNLARI YAŞADIYSANIZ MEKÂNINIZI ARTIK ENERJİSEL OLARAK TEMİZLEME VAKTİ. Aşk ve berekette yaşadığınız sorunların da kökü burada yatıyor olabilir.

ENERJİSEL MEKÂN TEMİZLİĞİ

İlk olarak tuzlu suyla her yeri sildirin ve her odaya bir KAYA tuzlu su kabı koyun. Bu sulara önceden FELAK, NAS, KALEM SURELERİ, AYRICA BAKARA SURESİ VE AYET'EL KÜRSİ de okunmuş olabilir. Evi sirkeli su ile silecekler de suya dua okuyabilir.

Havaya enerji veren, dönüşüm sağlayan ve doğal aromatik yağlardan oluşan özel karışımlar hazırlayarak tütsü buhur yapın:

Canlandırma için: Adaçayı, Lavanta ve Nane, Biberiye yağları

Sakinleştirmek için: Lavanta, Papatya, Gül ve Ylang Ylang

Biraz olumlu ses yaratın. Ses enerjiyi canlandırır, özellikle köşelerdeki bloke olmuş enerjiyi ortadan kaldırmak için iyidir. Okyanus sesi, doğa sesleri CD'si yardımcı olacaktır.

Adaçayının gücü negatif enerjiyi emer. Adaçayı yakıp dumanı tüm odalardan geçirin. Bu esnada mavi ve beyaz olacak şekilde tüm odalarda mum yakın.

Odalara üstü açık kaplarda çörek otu/un/şeker/kişniş tohumu bırakın.

Enerjisel mekân temizliğine ek olarak, taze çiçekler alın veya saksıda asla solmadan bakacağınız bir çiçek edinin ve hoş enerjisi olan müzikler çalın. Gerekmeyen, eski, kötü kişilere dair eşyalardan kurtulun. Ellerdeki şifa için: İki elinizi sürtün ve açın, içine olumlama ve dua okuyun, tüm yer ve duvarları bu elleriniz ile arındırın her köşeyi dikkate alarak... Sevgi ve şükür frekansında kalmaya, güzel sevgi sözleri ve olumlama cümleleri kullanmaya dikkat edin. Eşyaları yerinden az da olsa oynatın, gerekirse yer değiştirin. Evde, ofiste mutlaka Melek ve bereket köşeleriniz olsun. Kırık ve yarım kalan ne varsa sevgi ile dışarı atın; tamamlanma enerjisini bloke etmesinler. SEVGİ VE IŞIKLA...

BEREKETLİ olabilirsin...

Para ile ilgili olumsuz konuşma yapmayın. Başkalarına da maddi olarak destek olun.

Kul hakkına girmiş kişi sizin de enerji dengenizi bozar.

Bolluk bereket sembolleri evde, ofiste daha çok kullanılmalı, olumlama cümleleri artmalı.

Umutsuz olma çünkü rızık Allah'tan gelir, umut dolu olun.

Bereketinizin önündeki tüm blokajlar geçmişle, bilinçaltınızla ilgili ve hepsi de dönüşebilir.

Bereket geçmiş yaşam borçları ödenince bazen de kapınızı çalar.

Yaptığınız iş ve eylemler herkesin hayrına olsun.

Şükür enerjisinde kalın.

ATM önünden geçerken, banka kapısından girerken soğuk bir yerle ilişkiliymişsiniz gibi yapmayın, oralara da sevgi saçın, Işık gönderin.

Kendinizi şimdiden bereketli olarak kabul edin; olacak ve olmuşlara, peşin peşin teşekkür edin.

Para titreşen bir enerji, onunla ilişkiniz kötü ise sizden kaçar.

Para araçtır, amaç olursa korku enerjisi yerleşir ve para zaten sizden gider.

Para verirken "benden bir şey eksiliyor" duygunu bırakın...

Sana sunulanları al, aldıkça yeni fırsatları çekersin.

Vermek daha çok almaktır: Bağış yapın, zekât verin.

Size sunulan her şeyi alın, "istemem" demeyin, almak yeni bereketin kapısını da açar.

Yalan, kul hakkı, sevgisizlik, bağımlılık, isteksizlik bereketi tıkar. Sevgi'de kalın.

Hep vererek devam edilen ilişkiler kıtlık enerjisi getirir.

Bereket azı çok yapmaktır, bolluk ise senin doğuştan hakkın.

3. YAŞANMIŞ MUCİZELER

Bana gönderdiğiniz mail ve mesajları bu bölümde sizlerle paylaşıyorum. Hem umut hem de Işık olsun diye... Unutmayın, bir mucizeye ne kadar inanırsanız o kadar çok size yaklaşır.

BEBEĞİMİN ADI "IŞINSU" OLACAK...

Çok sevgili Melek...

Seninle TV aracılığı ile tanıştım, son 2 yılım seni TV'de izleyerek geçmişti... Ben mutsuz bir ailenin çocuğuyum. Rusya'da büyüdük, aslen Azeri'yim. Anne ve babamın kavgaları nedeniyle tüm hayatım hem evlilik aşkı hem de korkusu ile geçti. Sonunda senin kitaplarındaki çalışmaları da yaparak ruh eşimi yaşamıma çektim. Ama şimdi büyük bir sorunum vardı; çok istememe rağmen hamile kalamıyordum... Eşim de ben de çaresizdik. Defalarca kere tüpbebek denedim, çevremdeki insanların önerdiği yolları uyguladım, sonuç olmadı. Bu durum beni bunalıma itti, her geçen gün daha da çok "Acaba hiç anne olamayacak mıyım?" korkusu sarıyordu beni. Zamanla benim bu halim yüzünden eşimle de sorunlarımın arttığını fark ettim. Sonunda seni aramaya karar verdim. Sen bana sorun "bilinçaltında" ve ruhsal hafıza kayıtlarında deyince seninle çalışmayı denemek istedim. Seninle sadece bir seans yaptık; o bir saat içinde vücudumda ısı değişimleri, kalbimde de bir yumuşama hissettim. O gün ilaçları kesmeye karar verdim, doktorumu bile ikna ettim. Dualara sarıldım, manevi olarak güçlendim, geçmişten kaçmaktansa geçmişle yüzleşip onu serbest bırakmaya karar verdim. Senin bana verdiğin 21 günlük ödevlerin bittiği gece rüyamda Başmelek İsrafil'in yeşil şifa ışığını gördüm. Bunu bir mesaj olarak algıladım. 2 ayın sonunda, ayın 28'inde (senin Melek sayın) hamile olduğumu öğrendim. Kızmış... Senin soy ismini vereceğim kızıma, senin gibi Işık olsun, manevi olsun, insanlara uzansın diye. İyi ki varsın, artık aramızdaki bağ ile ölene dek beraberiz.

MERYEM T.

HİÇ YÜRÜYEMEM DERKEN...

Tuğçe Abla...

Sana ilk geldiğimde ailem bilmiyordu. Benim bir kez daha hayal kırıklığına uğramamı istemediler. O sabah sana gelirken metrobüste bir kuş tüyü kucağıma düştü. Bunu bir ilk adım, bir ilk işaret olarak gördüm kendimce. Melekler konusunu zaten senin anlatımlarından biliyordum. Sana geldiğimde yürüme zorluğu çeken, erkek arkadaşı tarafından aldatılıp terk edilmiş, sürekli ağlayan, gelecek umudu olmayan bir kızdım. Seni umut olarak görsem de sonuç alacağıma inanamıyordum. Diğer danışanlarından konu farklıydı, benim işim çok zordu. Ama işin adı "mucize" olunca bir şey beni sana yönlendirdi. Geçmiş yaşam şifası çalışmamızda karma borçlarım ortaya çıkınca, neden bu sıra dışı hayat anlaşmasını da yaptığımı anladım sayende. O anıları kabul ettim, yüzleştim, inandım, serbest bıraktım. Benim için hazırladığın o özel kristali her zaman yanımda taşıdım, gece gündüz taş ile çalıştım. Enerjim dönüşmeye başladı. Bana ayrıca bazı dua ve ayetler önermiştin seans dışında. Ben daha önce isyan eden, belki de tam anlamıyla inanmayan biriydim. Beni bu yola da soktuğun için ayrıca çok mutluyum. Birkaç ay sonra ayağımdaki uyuşmalar yoğunlaştı, adımlarım netleşti. Bu gelişmeler olunca aileme artık söyledim seninle çalıştığımı, o an annem ağladı. Önce sevinç ve şoktan sandım. Meğer iç yüzü farklıymış... Annem bundan 4 yıl önce aslında rüyasında seni görmüş bir gece istihare çalışması yapınca. Rüyaya "Kızım için ne yapmalıyım?" diye niyet edip yatmış. O gece rüyada bulutların üzerinde seni görmüş, anneme mavi bir zarf vermişsin. Annem buna şaşırmış, aslında sana gelmemiz gerektiğini de anlamış ama TV'de seni sarışın ve gereğinden fazla abiye kıyafetlerinle de görünce sana güvenmemiş. O an o da hem pişman oldu hem de sana olan tüm bakış açısı değişti. Seni ailece çok seviyor ve herkese tavsiye ediyoruz. Sana gelecek çok arkadaşım var. Ben ise artık daha emin adımlarla ayaktayım, sağ ayağım her gün bana daha çok umut veriyor. Yakında o çok istediğim, herkesin ayağında gördüğüm ayakkabıları bile almayı umuyorum. Allah senden razı olsun.

DİLRUBA D.

İFLASIN EŞİĞİNDEYKEN...

Tuğçe Hanım, ben hayatım boyunca sizin yaptığınız işi yapanlara hiç inanmadım. Birkaç kere da etrafımdaki insanlar bu işlere dalıp sonuç da alamayınca tamamen sırtımı döndüm... Ben zengin bir ailenin tek erkek çocuğu olarak büyüdüm,

Doğulu bir aileyiz. Sizi bir arkadaşım önermişti. İlk kez size telefon açıp telefon seansı için bilgi istediğimde sizi biraz ters ve soğuk buldum, "Bu kadın mı benim işimi çözecek?" dedim... Ama eşim sizi sosyal medyadan takip ettiği için bana çok baskı yaptı ve denemeye karar verdim. Sizinle telefonda yaptığımız seansta defalarca iş kurmama ve büyük çaba içinde olmama rağmen neden hep battığımı bulmak için çalıştık. İlk işimiz üretim üzerineydi, orada büyük bir iflas yaşamıştık. O kayıp yaşanınca bu olumsuz etki aileme de yansıdı. Küslükler, ayrılıklar, suçlamalar hepimizi dağıttı. Sonra kurulan işlerden de hayır görmedik. Ben haram yemem, yedirmem. Ailem de çok inançlıdır. Ne yapsak kurtulamadık sorunlardan. O gece yaptığımız geçmişe dönme çalışmasında benim ilk işimi kurduğum lokasyonda çok uzun yıllar önce suçsuz bir çocuğun öldürüldüğü kaydına ulaştık. O çocuk ölünce aile tüm paraya rağmen çok mutsuz olup dağılıyordu. Bu anıyı bulup şifasını yapınca o gece bile rahat bir uyku uyudum. O gece rüyamda o çocuğu gördüm, bana bir an için el salladı ve sonra yok oldu. Verdiğiniz ödevleri harfiyen yaptım. 3 ay içinde bazı ödemeler aldık, teklifler geldi, ailede küsler barıştı, ben de daha inançla işe gitmeye başladım. Sizin sayenizde öğrendim ki bir işi nerede, hangi topraklarda, hangi mekânda yaptığın da çok önemliydi. Orada yıllar önce yaşanan o acı olayın enerjisi, karma'sı bizi etkilemişti, ta ki sizinle çalışana kadar. Şimdi size duacıyız. Yeni ürünlerden bir paket hazırladı eşim, yakında adresinizde olur. Işıkla...

SADİ O.

GERÇEK RUH EŞİ

Sizinle tanışmamız bir tartışma ile başlamıştı. Hem seansa çok geç gelmiştim hem de size karşı çok güvensiz tavırlar sergileyince seansı iptal etmiştiniz, "Bu şekilde enerji geçmez ve sonuç alınmaz" diyerek... O gün eve döndüğümde annemin yatak odasında bir kristal ve kurdele ritüeli gördüm. Hemen sordum; size ait bir çalışma olduğunu, Youtube'da görüp yapmaya başladığını öğrendim. Aynısını ben de yapmaya karar verdim iş için. 7 gün sonra bir iş teklifi alınca size inandım. Sizi ikinci kez aradığımda beni kabul etmediniz, seans yaptığınız yere geldim sonra size sormadan. O gün ben oraya kadar gelince bana tekrar inandınız ve bir şans daha vermeye karar aldınız. O gün 3 saat bekledim seanslarınız bitene kadar. Ben size aslında sevdiğim ama beni çok da önemsemeyen ilişkimi şifalandırmaya gelmiştim. Önce astrolojik haritama baktık, ayrıca tarot ile konuyu yorumladınız, "Bu çocukla olmaz" dediniz. Ağlamıştım ve durumu kabullenmek çok zordu benim için. Ben bu ilişkiye yönelik çalışma yapalım dedikçe siz bana "arınma" çalışması yapmayı önerdiniz. Sonunda sizi dinledim, "bağımlı" olduğum ilişkimin artık bana hizmet etmediğini, hayrıma olmadığını kabul ettim. Ayrıldık... Ayrılmamızdan çok kısa süre sonra onu başka bir kızla gördüm. Demek ki ben varken başlamışlar diye düşündüm. Siz bana eskiden tanıdığın biri ile yolun kesişecek demiştiniz. Bir ay sonra nefes almak, kafa dağıtmak için İngiltere'ye gittim. Babamın eski ilk ortağının oğlu da tesadüfen oradaydı. Bir gece kulüp çıkışı üzerine içecek döktü. Önce kızdım, sonra güldük halimize. O gece beni kaldığım yere bıraktı, başta hiç istemeden buluşuyordum. Diğer kişiyi unutmak için gibiydi. Her gece yine stalk yapıp eskisini de sosyal medyadan yeni kız arkadaşı ile ne yapıyor diye takipteydim. Zamanla yeni erkek arkadaşıma ısındım, alıştım, sevgim arttı. Zamanla da aşık olunacağını, yanlış yerde direnmemeyi, bittiyse başka kapılar açılacağını sizden öğrendim. İkimiz de Akrep burcuyuz. Ayrıca yeni aşkımla bir ortak noktamız daha var; ikimizin de annesi bütün gün instagram'dan seni takip ediyor. Işığınız daim olsun.

YASMİN T.

BORÇ ALARAK SANA GELDİM...

Tuğçe Hanım, sizi uzun zamandır takip ediyordum. Gelmeye cesaretim de param da yoktu. Ben çok acı ve yıkık bir geçmişten geliyordum. Kendi öz babam bana küçükken tecavüz etmişti ve ben ortaokula giderken bizi terk etmişti. Bu konuyu anneme, ailemden birilerine anlatsam da bana kimse inanmadı ve konuyu hep kapattılar. Ben birçok spiritüel kitap okudum küçüklüğümden beri, insanlara sığınmaktansa Meleklere sığındım. Dualar ve inancım olmasa ayakta da kalamazdım. Sizin huzur ve güven veren bir ses tonunuz, ayrı bir ışığınız vardı. 10 saat yolu göze alıp, komşudan da borç alıp size gelmeye karar verdim sonunda. Tüm bunlar neden beni bulmuştu, bu yıkık hayatımda bir gün Işık beni de bulacak mıydı, ben ne olacaktım... Yolda gelirken hep sizi düşündüm, sizi bir kurtarıcı olarak görüyordum. Ama seansta siz bana "Tek kurtarıcı sensin" dediniz. Her şeyin bir yaşam dersi olduğunu kavradım. Çok zor da olsa isyan etmek yerine onarmayı seçmeye karar verdim. Ruhsal hafıza kayıtlarımda çok eski bir çağda ölümüne sebep olduğum bebeğimi gördüm. Bu ister benim anım olsun, ister kolektif bilinçaltından doğum anında çekmiş olayım fark etmezdi. Bu bana ait bir anıydı. Neyin neden olduğunu anlamaya başlamıştım. O yaşamdaki manevi bir borcun bedeli bu yaşamda kapımı çalmıştı. O gün oraya borç para ile gelmiştim, bugün eğitmenlikten kazandığım param bana çok şükür yetiyor. Birkaç kişisel gelişim eğitimi aldım, mağdur çocuk ve kadınlar için çalışma yürüten iyi insanlarla yolum kesişti. Dernek ve sığınma evlerine gidiyorum. Güzel ve faydalı işler yapıyorum. Bir on sene sonra sizin gibi ben de kitap yazmak istiyorum, paylaşınca geçmişteki acıların azalacağını biliyorum. Sizi seviyorum...

MİHRİBAN S.

GÖZLERİM GÖRMESE DE...

Sizi kalp gözü ile görebilen bir danışanınızım. Aslında ses telepatisi yöntemini kullandığınız için sizinle telefonda da çalışabilirdik. Ama ben sizi hissetmek için yanınıza gelmiştim. Doğuştan görme engelliyim. O nedenle yaşam boyu, duyu ötesi ilgimi çekti. Kendimi o yolda geliştirmek istedim. Ben zaten görünenle değil onun ötesi ile yaşayan biriydim. Sizin gibi, yaşam öyküsünden dolayı Kâhin Vanga hayranıyım, o da benim gibi göremiyordu ama ruhu her şeye yetişiyordu. Size ilk gelip elinizi sıktığımda değişik bir enerji hissettim. Titredim ve değişik bir şeyler olacağını anladım. Benim saf ve hesapsız yanım nedeniyle siz bana gelişmek istediğim yolda Melek enerjilerini önerdiniz. İlk seansta zorlandım, ikincide konuya daha iyi yoğunlaştım. Uyumlanmanın ardından, spiritüel mesaj alma katsayım arttı. Melek mesajları almam kolaylaştı, arkadaşım Melek günlüğüme benim adıma notlar almaya başladı. Melek köşemdeki kartlarım, taşlarım, tütsülerim yaşamımın merkezinde olmaya başladı. Meditasyon ve Işık çalışmalarımı hiç aksatmadım. Zamanla çok yol aldım, enerjim değişti. Bazı yanlış kişiler yaşamımdan çıktı, yeni ve olumlu olanlar girdi.

Uyumadan önce sizin sesinizi duymak için videolarınızı açıp dinlerdim. Bana son seanstan sonra "Artık kendi yolunu çiz, iç sesin senin rehberin" dediniz. Aslında benim size daha uzun süre ihtiyacım vardı bence ama siz beni ben yapmak için bıraktınız. İyi ki de öyle oldu... Yedi ay yalnız çalıştıktan sonra bir arkadaşımın benim adıma yazışma yaptığı yurtdışındaki çok önemli bir okuldan teklif aldım. Orada hem metafizik eğitimi alıp hem de çalışabileceğim. Benim şimdi mükemmel bir yaşamım var. Yaşam amacım netleşti; gözlerim ben kalbimle, ruhumla görebileyim diye görmüyor. Bana şimdi çok daha büyük bir Işık yolu açıldı. Siz olmasanız kendimi keşfedemezdim. Biraz daha yol aldıktan sonra sizi oralardan bir gece ansızın arayacağım ve size bu sefer bir bilgi ile ben ışık tutacağım. Siz her şeyin en iyisine layıksınız.

SERAP U.

KÖTÜ ENERJİLER BENİ ELE GEÇİRMİŞTİ...

Tuğçe... Seninle tanışmadan önce bir girdabın içindeydim. Küçük yaştan itibaren mutsuz ve birbirinden nefret eden insanların olduğu bir ailede yetiştim. Anne ve baba tarafım arasında kişiler birbirine negatif enerji yayıyordu. Ben çok küçük yaşta olmama rağmen beni hiçe sayan ailem beni de hocalara, falcılara sürüklüyordu. Bu tarzın içinde büyüdüm ve gün gelip 17 yaşıma basınca artık göz alan bir genç kız olduğumda aynı dert beni de köşeye sıkıştırıyordu. Halamın kızının benimle uğraştığını öğrendim. Bu işlerden arınayım, kurtulayım derken yanlış kişilerin elinde oyuncak oldum. Gün geldi isyan ettim, gün geldi ben de yanlış şeyler yaptım. Artık çıkış yolum yoktu. Evde duramıyordum, işlerim hep ters gitmeye başlamıştı, okulu bırakmıştım, bir erkekle tanışsam üç gün sonra beni aramamaya başlıyordu. Nasıl kurulacağımı bilmiyordum. Bir arkadaşım Urfa'dan seni görmeye İstanbul'a giderken benim konumu da ona anlatır mısın demiştim... Beni kırmadı, o gün onunla olan seansın bitince ikiniz beni arayınca dünyalar benim oldu. Ben telefonda ağlayınca bana biraz kızmıştın, "Kendini bırakma" demiştin. Seninle telefonda görüştükten sonra o gece ilk defa huzurla uyudum. Bana kitabından önerdiğin duaları okuyup uyudum. Durumumdan kurtulmak istiyordum. Ben alt enerjilere yenik düşmüştüm, sen bana zamanla Melek enerjisini, yüksek frekansta olmayı, bir şeyden korkmadığımda benim enerji alanıma giremeyeceğini öğrettin. Zamanla kendimi korumayı, olumsuz bağları kesmeyi, sevgi'de kalmayı öğrendim. Tabi ben değişince benimle daha çok uğraşıldı ama artık o etkiyi ben almıyordum. Bizim oralarda bu yanlış işlere dalmış çok insan var. Ben herkese seni, kitaplarını, çalışmalarını öneriyorum. Bunları daha güçlü olmak için yaşadığımı da biliyorum, sadece Allah'a sığınmam gerektiğini de... Eskiden enerjilerin etkisindeyken dua bile edemezdim, şimdi namaza başladım. Hayatımda biri var, her gece senin enerji balonu ritüelini yapıyorum ona karşı, hayırlısı... Allah tuttuğunu altın etsin. Ve öyle de oldu.

MERYEM NİSA Y.

Bir dilek neden gerçekleşmez...

Gerçekten arınmamış olabilirsiniz.

Gerçek kök sebep bulunmamıştır.

Hâlâ hayrınıza olmayanı istiyor olabilirsiniz.

Sonuca güvenmeme enerjiniz fazladır.

Kuşku katıyorsunuz belki de...

Etraftaki olumsuz etkilere ve yorumlara açık davranıyor olabilirsiniz.

Gereken yaşam dersi alınmamış olabilir.

Ruhsal hafızadaki eski ve olumsuz kayıtlar dönüşmemiştir.

Konu ile ilgili olan karma borcu ödenmemiştir.

Kendinizi layık görmüyor olabilirsiniz...

İnanmıyorsunuzdur...

Bir şeyi istemek değil, ona inanmak sonucu getirecektir.

Siz elbette isteyeceksiniz, Allah isteyin vereyim der. İsterken de şart koyulmaz, dua ediliyorsa muhatabı Allah olduğu için gelen her son ve sonuç zaten beğenilir.

Enerjiyi büyütmek için bazen de başkalarını mutlu etmeniz enerjiyi ve kapıyı açar. Herkes mutlu olursa biz daha çok mutlu oluruz çünkü. Düşüncelerinizi daima ilahi olana, ruhun ihtiyaç duyduğu şekilde yönlendirin. Şükran içinde olun, sevgi enerjisinde kalın. Her yerde her şeyde Allah'ı gören, elindekine de daha çok şükredecektir. Hepsi zaten Allah'tan geliyor. Sınanma evresinde blokajlar çıkarsa bunları bile sevmeyi zamanla öğrenirsiniz. Bir dert büyütülürse kalıcı olur, dikkate alınmazsa çeker gider. Hayat bile geçici, dertler zaten geçicidir.

Tatsızlıklar egzersizdir, sürekli olumlu yaşayıp dönüşüm olmaz.

İyi ki oldu diyebilmek gerekir. Bu neden başıma geldi... Bunu bulmak önemli, yaşam dersini alıp geçmek de önemli, tekrar etmesin diye sorun... Öte âlemden bize her gün enerji ve rehberlik gelir, bunları doğru alan kişiler bu dünyadaki yolunda daha güçlü ilerler. Arındıkça Meleklere de yaklaşırsın.

Doğru frekansa çıktığında rehberliğin de artar. Arınınca adım atman kolaylaşır, sana ait olanı olmayanı görürsün.

Düşünce ya da duygu geldiğinde sana sevinç veriyorsa doğru; hüzün, huzursuzluk, şüphe veriyorsa olumsuzdur. Sezgine güven, ilk gelen bilgi doğru. Seninle irtibat kurmak isteyen rehber ruhlar isterse titreşimini düşürüp hızını indirir, nasıl yapacağına çok takılma, su yolunu bulur. Yolun elbette açılacak. İçinde olduğun durum herkese hitap ediyor mu, onların da hayrına mı, bunu bul. Genel amaçların da olsun, sadece kendine yaşama. Başkalarından, ayrıca duyduğundan, gördüğünden sorumlusun. Bir iş ne kadar zor olursa olsun, sana yardım eden Allah ve Melekler o nedenle başaracaksın. Allah bildiği gibi yapar, sen de bu sonuca sevinmelisin. Allah'ın senin için istediği senin belki de şu an istediğinden üstün, fark et. Melekleri evet göremezsin, yaptıkları iyiliği her zaman görebilirsin.

Dua ettiğin zaman bir frekans oluşur.

Bir kapı aralanır. Bunun karşılığı sana çevren, enerjiler, ilahi rehberlik veya mistik yollarla mutlaka zamanı gelince sunulur. Yüksek enerji âlemi sen saflığını ortaya çıkar diye bekliyor. Gerçekten kalbini açtığında oluyor. Yüksek ve temiz enerjiye sahip olmalısın. Doğru bir yol hüzün vermez, sevinç getirir. Ruh geliştikçe üzülmez ama başkalarının üzüntüsünü dönüştürmek için de çalışır. Işık Âlemi'nin varlıkları Melekler sen ışığı seç diye hazır bekler, sen ne yaparsan yap seni sever, bir gün doğruyu seç diye umar. Sen birine tüm saf sevginle yardım ettiğinde o kişinin de Meleği bunu bilir. Geçici olanı artık bırakmalısın, biteceğini bile bile aynı yerde kalarak tekâmülünü tıkıyorsun.

Sen, bu dünyaya gelirken diğer âlemin elçileri Melekler sana eşlik etti. Şimdi de özüne dönmek için onların yoluna ihtiyacın var. Melekler kendileri için çalışmaz, onlar kendini Allah'a ve iyiliğe adar. O yola girince, sen de Meleksileşebilirsin. Dünyanın daha çok "Meleksiye" ihtiyacı var.

Dileğinin olması için arınırken "Melek enerjisine" de uyumlanabilirsin; bu, sana farklı bir ışık ve sevgi yolunu açar... Görevli olan bir Melek güçlü bir ışıkla birlikte görülür ya da hissedilir. Onu hissettiğinde dünyan ve bakış açın kesin olarak değişir. Kötülüğün ve diğer olumsuz duyguların anlamsızlığı sende netleşir. Asla kibir ve korku enerjisi taşımayan bu tanışma senin içindeki ihtiyacın olan saf çocuğu da ortaya koyar. Bir Melek, unutma ki bir grubun da elçisidir, onun arkasında ve yanında başka Melekler de olabilir. Allah'ın izni ile Güneş Sistemi üzerine var etme anlamında emeği olan Melekler elbette ki insanlar ile ilgili de etki ve görevlere sahip. Sen bu dünyada yalnız kaldığında, yolun tıkandığında, yardım istediğinde, bir Melek seni duyuyor. Bazen de çoğu sonucu onlara borçlu oluyorsun ama onlar saf enerji varlığı olarak seni rahatsız etmemek için bunu sana belli bile etmiyor...

Bilinç uyanınca görünmez diye bir şey kalmaz. Her şey görünür ya da fark edilir, anlaşılır. Sen bir birey olarak, önce arınmalı, kalbini açmalı ve geçmişi bırakmalısın. Allah'ın sana verdiği üstün tüm özellikleri doğru kullanmalısın. Duanı eksik etmemeli, Meleklerin enerjisini de hissetmelisin. Hepsi bir bütün ve hepsine ihtiyacın var. Düşük seviyeli enerjilerden ve insanlardan uzak durabilmelisin, mesela saf enerji varlıkları Meleklerin âleminde eğlence veya zarar veren herhangi bir şey yok. Gelişen bir ruh da artık zararı yararından çok olan her şeyden bilinçli olarak uzak durur. Zaten dileklerinin gerçek olması için de izlemen gereken yol bu.

İnsan gelişince binlerce yıl sonra, kötülük ortadan kalkacak, sadece iyilik olacak. Melekler nasıl minicik bir iyiliği bile kaçırmaz, sürekli iyilik yapar, insan da bir gün bu frekansa yakın olmak isteyecek. Yaptıklarının sana ve herkese ne hayrı var? Bunu bul... Dünya üzerindeki yaşam "kötülük" olmasa evet bozulur. Dünya iyi-kötü dengesi üzerine kurulu. Burası kusursuz cennet değil. Ama yine de inatla gidilen yol iyilik olacaktır bir gün tüm sınanmalar bittiğinde. Yaşamın gelişmesi için kötülüğe ihtiyaç var burada, o nedenle isteklerini engelleyen bir kötü durum var ise bunu sınanma olarak algıla, yola devam et.

Olumlamalar:

Bugün dileklerim gerçek oluyor.

Saf enerji varlıkları Melekler benim ışığım.

Niyetim güzel, her şey hızlı ve olumlu gelişiyor.

Benim Koruyucu Meleklerim var, her an sevgiyle korunuyorum.

Sevgiyle verir ve alırım.

Dileklerimin gerçekleşmesi benim elimde.

Allah bana ruhundan üfledi, özel ve güçlüyüm.

Çok şükür her şey mükemmel bir dengede.

Yaşadığım her şeyi çok seviyorum.

Ruhani yönden güçlüyüm.

Saf ve temiz bir enerji ile donatıldım.

Yüksek bilince sahibim, yaşamım güzel ilerliyor.

Ben iyi bir öğrenciyim, yaşam her gün bana güzel şeyler öğretir.

Bize Işık ve enerji gönderen yüce Melekler ile korunuyorum.

***

Bu olumlamaları sıkça tekrar edebilir, suyun oluşturma gücü nedeniyle suya da okuyup içebilirsiniz. Kod'lama gücü için kuvars kristaline okuyup ayrıca taşıyabilirsiniz.

4. HASTALIKLARIN SPİRİTÜEL VE DUYGUSAL SEBEPLERİ

Hastalık, enerjinin bozulmasıdır. Yaşamın, ruhun, enerjin artık sana bir "mesaj" vermek zorunda kalır tüm o yaşananlardan sonra ve bunu bir hastalık yolu ile yapar. Daha önce olumsuz bir şey olur, bunun sonucu kişide bir hastalık olarak sadece yansır. Şifa içinse kaynağa geri dönülmeli, aslı sebep bulunmalı. Cevap her zaman "geçmiş"le ilgili…

Kendinizi sevmiyorsanız hastalanırsınız…

Kendinizi onaylamamış, sevmemiş, ifade edememiş, yansıtamamış, korkular içinde yaşayan biriyseniz bu tıkanmış enerji size hastalık olarak geri döner. Geçmişi bırakabilmelisiniz, bırakamıyorsanız bu size olumsuz yansır ki toplumdaki çoğu kişinin asıl sorunu da budur.

Olumlama: "Geçmişi sevgiyle serbest bırakıyorum. Geçmiş ve ben tam olarak özgürüz artık. Gerekli yaşam dersini aldım. Teşekkür ederim."

Birçok hastalık var elbette ama ben bu bölümde yaygın olan ve sebebi daha çok merak edilenlere yer vermeyi seçtim. Kendi yaşamımdan da örnekler verdim. Zaman içinde kendinizi tanıyarak, konuyu geçmişte ve bilinçaltınızda şifalandırarak kendi hastalığınızın sebebini görebilecek ve belki de şifalandırabileceksiniz. Şifa olsun (ve öyle de oldu).

Âdetle İlgili Rahatsızlıklar: Kadınlığını reddetme. Cinselliği sevememe... Suçluluk, korku hissetme. (Üreme organlarının günahkâr ya da kirli olduklarına inanma, geçmişteki cinsel olumsuz deneyimler)

Olumlama: Kadınsı tüm gücümü kabul ediyorum, tüm bedensel süreçlerimi seviyorum. Kendimi onaylıyorum.

Âdet Görememe: Kadın olmayı istememe. Kendini kabul edememe, gelişimden korkma. Kendinden hoşlanmama.

Olumlama: Kendimi seviyorum, doğal akıştayım. Kadınlık bana güç veriyor. Ben her zaman mükemmel biçimde akışla bir'im.

Ağız İltihapları-Kokusu-Rahatsızlıkları: Öfke, kin ve intikam düşünceleri, dar ve sınırlı düşünmek. Yeni fikirleri kabullenememe.

Olumlama: Kendimi sevilmeye layık buluyorum. Sevgi dolu olumlu deneyimler içindeyim, her şey olması gerektiği gibi. Geçmişi sevgiyle bırakıyorum. Yalnızca sevgiyi seçiyorum, yeni fikirlere hazırım.

Ağlamak: Üzülmeye programlı olmak, hak etmediğine inanmak, acı programı.

Olumlama: Tüm duygularımla ve yaşamımla huzur içindeyim. Kendimi seviyorum, olduğum gibi olmakla gurur duyuyorum.

Ağlayamama-Kuru Gözlülük: Öfkeyi silememe... Sevgiyle görmeyi bilmemek. Kinci olma.

Olumlama: Bağışlıyorum kendimi, her şeyi, herkesi. Dünyayı şefkatle, anlayışla yaşıyorum.

Ağrılar, Sızılar: Sevgisiz yaşam, olumsuz deneyimler. Dokunulmayı istemek, özlemler...

Olumlama: Kendimi seviyorum ve ben çok seviliyorum.

AIDS: Kendini yetersiz bulmak. Kendini umutsuz hissetme.Güvenmemek. Kendinden vazgeçme, kendini onaylamama. Cinsel suçluluk duygusundan kopamama.

Olumlama: Ben evrenin ve enerjinin bir parçasıyım. Ben değerliyim ve seviliyorum. Güçlü ve Işık'tayım, şifaya inanıyorum. Hayatın güzel ve Işık dolu bir yansımasıyım. Cinselliğimden haz ve gurur duyuyorum.

Akciğer Sorunları: Hayatı olduğu gibi kabul etmemek. Depresyon mayili. Üzüntü. Hayatı kısıtlı yaşama.

Olumlama: Hayatım mükemmel, her şey dengede ve olumlu. Hayatı dolu dolu yaşamaya layığım ve yeterince isteğim var.

Akıntı: Partneri sevememe, suçlama, kötüyü açıkça ifade edememe. Cinsel suçluluk, cinsellikten haz alamama. Kendini cezalandırma.

Olumlama: Partnerimi ve kendimi seviyorum, ilişkim güzel. Cinselliğimin coşkusunu yaşıyorum.

Akne-Ergenlik Sivilceleri: Kendini beğenmeme, suçlama. Kendinden emin olmama.

Olumlama: Ben hayatın verdiklerine layığım. Kendimi olduğum gibi seviyor ve kabulleniyorum.

Alerjiler: Kendi gücünü bilmemek, sevilmeyen kişilere mecbur hissetmek.

Olumlama: Dünya güvenli, insanlardan eminim. Güvendeyim. Hayat istediklerimi sunuyor.

Alkolizm: Gelecek kaygısı. Kendini sevmeme. Yararsızlık, suçluluk, yetersizlik. Kendini işe yaramaz bulma.

Olumlama: Şu anda yaşamak bir şans. Her an yeni bir fırsatla dolu. Değerimin farkındayım. Kendimi seviyorum, ben üretkenim.

Alzheimer Hastalığı: Hayatı terk etme kararı. Hayatı olduğu gibi kabul edememek, sona geldiğini düşünmek

Olumlama: Her şey doğru zamanda beni bulur ve fırsatlar yeniden yaşamımda gelişiyor. Her şey olması gerektiği gibi.

Anemi-Kansızlık: Haz alamama. Yaşama korku ile yaklaşma. Yetersizlik.

Olumlama: Hayatın her alanında kendimi kanıtlıyorum, yaratıcı ve neşeliyim. Zevk alacağım çok kapım var. Hayatı seviyorum.

Anjin-Boğaz Ağrısı-Bademcik İltihabı: Yeterince konuşamamak ve ihtiyaçlarını karşılayamamak, isteklerini yerine getirememek.

Olumlama: İfade etmek benim doğuştan sahip olduğum hak. İsteklerimi sevgiyle talep ediyorum.

Anksiyete-Kaygı: Hayata, geleceğe güven duymama.

Olumlama: Kendimi seviyorum ve onaylıyorum. İlahi akışa güveniyorum. Güvendeyim.

Anoreksi-Aşırı İştahsızlık: Hayatı ve kendini reddetme. Aşırı korku, onaylanmama, kendinden nefret ve reddedilme korkusu. Kendini beğenmeme.

Olumlama: Ben olduğum gibiyim. Olduğum gibi olmaktan mutluyum. Yaşamayı seçiyorum. Hazzı ve kendimi kabul etmeyi seçiyorum. Ben olmak güzel.

Anüs: Atamama, olumsuzu bırakamama, içini boşaltamama.

Olumlama: İhtiyaç duymadığım şeyleri kolaylıkla ve rahatlıkla atıyorum. Sadece gerekenler benimle.

Sevgiyle geçmişi tümüyle özgür bırakıyorum. Ben: Sevgiyim.

Apandisit: Yaşam korkusu. İyi şeyleri baltalamak.

Olumlama: Güvendeyim. Kendimi rahatlatıyor ve hayatımda her şeyin zevkle akmasına izin veriyorum.

Apse: İncinme, küçümsenme, intikam, kin, içe atma

Olumlama: Düşüncelerim özgür, mutluluğa yaşamımda izin veriyorum. Geçmişi sevgiyle gönderdim. Huzurluyum.

Arpacık-Göz Rahatsızlıkları: Öfkeli gözlerle bakma. Olumluyu iptal etme. Kızgınlık duyma.

Olumlama: Herkesi ve her şeyi neşe ve sevgiyle kabul ediyorum.

Araba Tutması: Korku. Kontrol edememe. Kandırılma korkusu, ilerleyememek.

Olumlama: Zaman ve mekân içinde ben güçle, inançla ilerliyorum. Sevgi beni kuşatıyor, yaşamım güvende.

Astım: Bağımsızlığını hissedememe. Kendini bastırılmış, boğulmuş hissetme. Başkalarına boyun eğme.

Olumlama: Hayatımın sorumluluğunu alabilirim, insanların sevgisini ve güvenini hissediyorum. Özgür olmayı seçiyorum.

Astım nöbeti: Korku. Hayata güvenmemek. Geçmişi kabul edememe.

Olumlama: Ben güvendeyim, ben sevgiyim. Hayatıma ve kendime güven duyuyorum.

Aşırı Kiloluluk-Şişmanlık: Korkma. İncinme, aşağılanma, korunma ihtiyacı duyma. Duygulardan kaçış. Güvensizlik, kendini reddetme. Arayış.

Olumlama: Duygularımı seviyorum. Güven içindeyim, sevgideyim. Kendi istediklerimi yaşıyorum. Kendimi seviyor ve onaylıyorum.

Ateş: Bastırılmış öfke.

Olumlama: Ben sevgideyim ve sükûnet dolu bir yaşamım var.

Ayak Mantarı: Hayal kırıklığı, kırgınlık, ilerleyememe ve sinirlilik. Geride bırakıp ilerleyememe, geçmişte kalma, geçmişten iz taşıma. Olumlama: Kendimi seviyor, beğeniyor ve onaylıyorum. İlerlemek için sebebim çok. İlerlemek benim için çok güvenli.

Bağımlıklar-Tiryakilikler: Kendinden ve yaşamdan kaçmak. Korku. Kendini sevmemek.

Olumlama: Güçlü olduğumun farkındayım. Kendimi sevmeyi ve haz almayı seçiyorum.Kendimi seçiyorum.

Bağırsak Sorunları: Geçmişi bırakamama... Eski ve ihtiyaç duyulmayan şeyi atmaktan korkmak.

Olumlama: Kolaylıkla eskiyi bırakıyor, güven içinde yeniyi yaşamımda kabul ediyorum.

Basurlar-Makat: Geçmişe duyulan öfke ve sevilmediğine inanma. Bırakmaktan ve kurtulmaktan korkma. Kendini değişime açık görememe, gereksizi biriktirme.

Olumlama: Geçmişe dair her şeyi bırakıyorum.Yapmak istediğim her şey için en doğru şartlar daima beni bulur.

Baş Ağrısı-Migren : İstenmeyene katlanma. Korku. Kendini eleştirme, sevmeme.

Olumlama: Kendimi seviyor ve olduğum gibi onaylıyorum. Kendimi ve yaptıklarımı doğru buluyorum. Seçimlerim doğru.

Baş dönmesi: Kaçma eğilimi. Olumsuz düşünce. Yüzleşmeyi reddetmek.

Olumlama: Hayatla uyum ve ahenk içindeyim. Hayatıma hâkimim.

Bayılmak: Korku enerjisinde kalma. Vazgeçme isteği.

Olumlama: Ben güce ve olgunluğa sahibim. İstediklerimi gerçekleştirebilirim.

Beden Kokusu: Yaşama korkusu. Kendini sevmemek. İnsanlardan korkmak, onaylanmayacağını düşünmek.

Olumlama: Her şey olması gerektiği gibi. Kendimi seviyorum ve onaylıyorum. Güven duyuyorum hayata.

Belsoğukluğu-Zührevi Hastalıklar : Kötü enerjide kalma, suçluluk duygusu, kendini kabul etmeme, cezalandırılma.

Olumlama: Bedenimi seviyorum. Cinselliğimi seviyorum. Kendimi seviyorum. Kendimi onaylıyorum.

Bereler-Kesikler, Yaralar: Kendinden intikam alma, öfkelenme ve suçluluk duygusu.

Olumlama: Kendimi bağışlıyor ve kendimi sevmeyi seçiyorum. Ben olduğum gibi değerliyim.

Bellek yitimi –Unutkanlık: Korku ile yaşama. Hayattan kaçma eğilimi. Yaşamına sahip çıkamama.

Olumlama: Cesarete sahibim ve ben çok değerliyim. Yaşamak bana mutluluk veriyor.

Beyaz Akıntı, Kadın Hastalıkları, Dölyolu İltihabı : (Kadınların güçsüz veya korunmaya muhtaç olduklarına inanma.

Bir sevgiliye, eşe karşı öfke duyma, kin veya intikam duygusu, cinsel gücünü reddetme.)

Olumlama: Tüm deneyimlerim doğru. Kadın olduğum için güçlüyüm. Aşkı seviyorum

Beyaz Saç: Gerilim enerjisinde kalma. Hayatın onu fazla zorlandığına inanma. Değişimde zorlanma

Olumlama: Hayatımın her alanında huzur içinde ve güçlüyüm. Özgür olmak güzel.

Beyin Felci-Uru: Aileden alınamayan sevgi. Bilinçaltına yüklenmiş eski olumsuz kod'lar. Eskide kalma ve değiştirmeyi reddetme.

Olumlama: Birlik içindeyim, sevgi dolu ve huzurlu bir yaşamım var. Her şey mükemmel. Yaşamımı yeniden programlayabilirim. Hayat değişimlerime olumlu cevap verir.

Beyin-Omurilik Menenjiti: Hastalıklara odaklanma, olumsuz düşünme biçimi ve hayata karşı güçsüz duruş.

Olumlama: Ben mutluyum, yaşam derslerini alarak dönüşüyorum.

Bitkinlik: Bırakma isteği, başa çıkamama. Yaptığı işi, ilişkiyi, yaşamını sevmemek.

Olumlama: Hayattan zevk alıyorum. Enerji ve coşkuyla her işim halloluyor.

Boğaz Sorunları: Kendini ifade edememe. İçe atılan kızgınlık. Tıkanmış enerji. Değişmeyi reddetme.

Olumlama: Kendimi özgürce, içten, sevgiyle ifade ediyorum. Yaratıcılığım yüksek. Değişmeye inanıyorum.

Boyun Ağrıları: Soruna odaklanmak. Eskide kalmak, çözüm sunamama. Esnek olmamak.

Olumlama: Kolayca ve en rahat halimle her konuyu çözerim. Mutlaka bir çözüm yolu bulurum.

Boyun Tutulması : Kararları yanlış almak, direnç, çıkış yolu bulamama.

Olumlama: Her an çözümle doluyum, her şeyin üstesinden geliyorum.

Böbrek Sorunları: Yargılama, sevgisizlik, düş kırıklığı, kendini sevmeme, eskide kalma

Olumlama: Doğru yoldayım. Her an çok yararlı. Hayatımda daima hayırlı ve yararlı sonuçlar elde ediyorum. Güvenle yol alıyorum.

Böbrek Taşları: Halledilmemiş eski konular, çözülmemiş negatif sorunlar.

Olumlama: Geçmiş geçmişte kaldı, gereken güzel yaşam dersini aldım. Işıktayım.

Bronşit: Huzursuz bir aile ortamında büyüme. Tartışmalar ve bağrışma, yenik hissetme. İçe atma.

Olumlama: Herkesle ve her şeyle uyum-barış içindeyim.

Bunama – Alzheimer Hastalığı, Dementia: Çocukluğun dünyasına geri dönme eğilimi. Aşırı ilgi talep etmek. İntikam isteği ve güncel olanı reddetme.

Olumlama: Günü ve anı kabul ediyorum. Olması gereken zamandayım. Ben seviliyorum ve gereken ilgiyi alıyorum. Yaşamımda en güzel dönemdeyim. Güven hissediyorum.

Burun akması: İçsel ve ruhsal ağlama. Saf enerji nedeniyle çöküş. Kurban rolünü alma.

Olumlama: Hayatım güzel ve gücün bende olduğunu kabul ediyorum. Hayattan zevk almak benim hakkım.

Burun kanaması: Etraftan onaylanmama. Önem verilmeme duygusu. Sevgi boşluğu.

Olumlama: Değerimi biliyorum, benim hayatımda en değerli varlık benim.

Cilt rahatsızlıkları – Kurdeşen, Sedef hastalığı,İsilik: Kaygı, korku. Güvenmeme, eski acılar. Dokunulma yoksunluğu. Ödün vermek.

Olumlama: geçmişi sevgi ile hatırlıyorum, ben kendimle barışığım.

Cinsel hastalıklar: Yanlış yargı, günah olduğu inancı. Suçluluk duygusu. Cinsellikte yanlış insanları seçmiş olmak, sömürmek, taciz-tecavüz etmek.

Olumlama: Cinselliğim sevgiyle harmanlı. Bana iyi duygular hissettiren insanları seçiyorum. Kendi bedenimden zevk almam güvenli ve doğru.

Cüzam: Hayatın haksızlık sunduğuna inanmak. Temiz olmadığına dair inanç. Dışlanma.

Olumlama: kabuğumu kırıyorum, yaşama açılıyorum, ben güzelim. Sevgi tüm hayatımı sarıyor.

Çürükler-Ezikler: Yaşamdaki küçük engeller. Kendini cezalandırma isteği, başaramama korkusu.

Olumlama: Yapabilirim.Kendimi seviyorum ve güçlü buluyorum. Kendime iyi davranıyorum.

Dalak: Saplantılar.Tedirginlik ve endişelere sarılma.

Olumlama: Kendimi seviyor ve onaylıyorum. Yaşam beni destekliyor. Her attığım adım şans dolu.

Delilik – Cinnet : Aileden ve olaylardan kaçış. Hayatı zor bulma, uyum sorunu.

Olumlama: Hayatım güzel ve ben toplum için gerekliyim. Uyuma inanıyorum, doğru enerjideyim.

Depresyon: Başaramayacağına inanma, hak etmeme duygusu. Umutsuzluk.

Olumlama:Herkesi ve her şeyi kabule geçiyorum. Her şeyin iyisi benimle, hak ediyorum. Kendi hayatımı güvenle yaratıyorum.

Diş Sorunları: Kararsızlık. Gerekeni ortaya koyamama.

Olumlama: Kolayca kararlarımı veriyorum. Doğru kararlar verirken yaşamım dönüşüyor.

Dişeti Kanamaları: Kendini hatalı bulma.

Olumlama: Aldığım kararların doğruluğuna güveniyorum. Doğru yoldayım.Huzuru seçtim.

Dişeti Sorunları: Kesin ve net olamama, hayat karşısında güçsüz hissetme.

Kararlı bir enerjideyim. Kendimi sevgiyle destekliyorum ve onaylıyorum.

Diş Rahatsızlıkları: Uzun süren kararsızlık ve bekleme. Kararlar verememe, yetersizlik.

Olumlama: Kararlarım doğru. Güvenilir biriyim, en doğru zamanda en doğru kararı verebilirim.

Diyabet-Şeker Hastalığı : Geçmişte kalma, pişmanlık duymak. Hayatı kontrol altına alamama. Derin yaralar. Hayatı sevmeme.

Olumlama: Hayat güzel. Birçok olumlu yanımı görebiliyorum, yaşamayı seviyorum.

Diz Sorunları: İnatçılık, ego ve gurur ile kendini zedeleme. Uyum sorunu. Esnek olmama, anlayışsızlık.

Olumlama: Affediyorum önce kendimi sonra herkesi, sevgiyle. Anlıyorum ve onaylıyorum. Şefkat görüyorum. Kolayca her konuda uyum sağlarım.

Doğuştan gelen sakatlıklar: (Karma ve kadersel yaşam dersleri. İlahi bir plan ve seçim ile geldiniz bu boyuta. Aile ve yakınlarınıza bir şey öğretiyorsunuz.)

Olumlama: Her deneyim mükemmel yaşam dersim, ilahi plan mükemmel. Olduğum gibi olmaktan gururluyum.

Doymama-İştah: Kendinden nefret etmek, utanma, kendini onaylamama, bastırılmış nefret.

Olumlama: Ben seviliyorum, yaşam beni destekliyor ve ben hep doğru enerjideyim. Ben güzelim ve olduğum gibi olmaktan gurur duyuyorum.

Dudak uçuğu: Yanlış konuşmak.Kendini ve başkalarını aşırı eleştirme. Olumsuz ifadeler...

Olumlama: Hayatla ve kendimle barışığım. Kendimi ve başkalarını seviyorum. Olumlu bakıyorum her şeye.

Düşük: Gelecek korkusu. Yanlış ilişki, sevgi boşluğu.

Olumlama: Hayatım olması gerektiği gibi. Gelen doğru zamanda gelir.

Egzama: Kendini beğenmeme, ifade edememe, içe atma. Nefret ve kin. Zihinsel yorgunluk.

Olumlama: İçimde mutluyum ve etrafıma uyum, barış, sevgi enerjisi sunarım. Güvendeyim.

Epilepsi-Sara: Acı çekme eğilimi. Hayatı reddetme. Büyük zorluk. Kendine yönelik sevgisizlik.

Olumlama: Hayatımı sorunsuz ve haz dolu olarak görmeyi seçiyorum. Ben sevgi'deyim ve huzurluyum.

Felç: Korku. Direnç. Gelecekten endişe duyma. Bir durumdan kaçış. Kendini kapama.

Olumlama: Tüm hayatla birim ve enerjim yoğun. Ben her alanda yeterliyim. Geleceğim umutla bana geliyor.

Fıtık: Aşırı ödün verme,olumsuz ilişkiler. Gerginlik. Yanlış ifade. Kopmuş, uyumu bozulmuş ilişkiler. Sorumluluklarda hata.

Olumlama: Kendimi seviyorum ve onaylıyorum. Kendim olmaktan mutluyum.

Frijitlik-Cinsel Soğukluk : Korku. Hazzı sevmeme, seçmeme, günah sayma. Cinselliğin kötü olduğuna inanmak.

Olumlama: Bedenimden zevk duyarım. Ben güvendeyim. Cinsel gücüm yüksek.

Gastrit-Mide Rahatsızlıkları : Olanı kabul edememe, hazmedilemeyen hatalar. Kararsızlık. Belirsizlik. Kötü beklentiler. Kaygı ve korkma.

Olumlama: Kendimi seviyorum ve onaylıyorum. Olan hayrımaydı.

Gaz Sancıları: Sıkı tutma. Korku. Bırakamama.

Olumlama: Gevşiyorum ve güvende olduğumu biliyorum ve hayatın sunacaklarını almaya hazırım.

Göğüslerde Kistler, Yumrular, Ağrılar: Aşırı merhamet. Aşırı koruma. Dengede kalamama. Yaşamda engellenmek.

Olumlama: Kendimi özgürleştiriyorum, başkalarına saygı duyuyorum. Alma verme dengem mükemmel. Herkese yeteri kadar vericiyim.

Göz Sorunları-Arpacık : Görmezden gelmeyi seçmek, hayatta gördüğü şeylerden hoşlanmamak.

Olumlama: Görmekten hoşlanıyorum, gördüklerim beni mutlu ediyorum.

Göz-Astigmat: Kendini onaylamama, olduğu gibi kabul edememe korkusu. "Ben"lik sorunu. Kendiyle yüzleşmekten korkma.

Olumlama:Ben güzelim. Kendi güzelliğimi onaylıyorum ve başarımı görmeyi seçiyorum.

Göz -Katarakt: Geleceği karanlık varsaymak. İleriye güvenle ve umutla bakamama. Karanlık gelişme beklentisi.

Olumlama: Hayat fırsat ve haz doludur. Her anın tadını çıkarıyorum.

Göz – Hipermetrop: An'da kalamama, kaygı ve yakın olandan korkmak.

Olumlama: Şimdinin gücüne inanıyorum ve bu anda mutluyum. Güvende olduğumu biliyorum.

Göz – Miyop: Gelecek korkusu.

Olumlama: Gelecek benim için son derece güzel ve güvenli. İstediklerim gerçekleşir. Akışa inanıyorum, ilahi plan mükemmel.

Grip: Karamsar düşünme ve inançlarda sorun yaşama. Korku. Olumsuza inanmak.

Olumlama: Olumlu düşünüyorum, olumlu yaşıyorum.

Guatr – tiroit : Üzerinde baskı kurulmasına izin vermek, nefret. Kurban rolü. Acı çektirildiği, cezalandırıldığı için nefret duyma. Engellenmiş hissetme.

Olumlama: Hayatımın gücü benim elimde. Kendim olmakta özgürüm, ben en iyisini yaparım. Özgürce karar veriyorum.

Hazımsızlık: Korku, kaygı, başa çıkamama. İfade edememe, katlanma.

Olumlama: Tüm yeni deneyimleri güvenle yaşamımda kabul ediyorum.Olanı hazmediyorum, olan hayrıma.

Hemoroit: Geçmişte kalma; duyulan kızgınlık. Geçmişin sorumluluğunu alamama.

Olumlama: Zamanım var. Sevgi olmayan her şeyi bırakıyorum. An'dayım.

Horlama: Direnç, geçmişte kalma, sorunları tutma, inat etme ve sürekli reddetme.

Olumlama: İçimde sevgi ve haz büyüyor, olumsuz düşüncelerimi sevgiyle bırakıyorum. Yeniyi ve arınmayı seçiyorum.

İdrar Sorunları: Endişe. Eskide kalma, düşüncelere saplanma. Sevgi açlığı.

Olumlama: Eskiye teşekkür ediyorum, hayat akıyor ve yeniye güzelce alışıyorum, kabul ediyorum.

İdrar Yolu Enfeksiyonu: Karşı cinse veya sevgiliye duyulan öfke. Başkalarını suçlamak. Bastırılmış ilişkisel öfke, içe atmak.

Olumlama: Geçmiş bana güzel yaşam dersleri verdi, her şey olması gerektiği gibi, o kişi de benim oyun arkadaşımdı. Olan her şeyi kabule geçiyorum. İyi ki öyle oldu. Ben cinsel ve aşksal anlamda huzurlu ve güvendeyim.

İktidarsızlık: Cinsel baskı, beğenilmeme korkusu, gerginlik, suçluluk duyma. Topluma güvenmeme. Önceki partnere duyulan bastırılmış öfke. Anne-baba korkusu.

Olumlama: Cinsel gücümü biliyor ve onaylıyorum. Cinsellikten zevk alıyorum.

İntihar eğilimi: Sevgisizlik. Karmasal etkiler.Başka bir çıkış yolunu reddetme.

Olumlama:Her zaman bir çıkış yolu bulurum. Allah beni eşsiz yarattı. Her yaşanan bir imtihan; her zorluk sonunda bir Işık sunar. Sevgi enerjisindeyim.

İshal: Korku. Reddetme. Kaçış. Çıkış yolu bulamama.

Olumlama: Yaşam sistemim düzenli işliyor. Hayatla barış içindeyim, istediklerim oluyor. Kendime güveniyorum.

İştah: Korkuyu hapsetme. Korunma ihtiyacında olma. Duyguları yargılamak.İnsanlara güvenmeme

Olumlama: Güvendeyim. Her şey yeteri kadar yaşamımda. Duygularım beni doğru yönlendiriyor.

İştahsızlık: Korku. Kendini koruma. Alamama. Hayata ve geleceğe güvenmemek.

Olumlama: Kendimi seviyorum ve her zaman onaylıyorum. Güvendeyim, akıştayım. Hayat zevkli ve güven dolu, her şey olması gerektiği gibi.

Kabızlık : Vazgeçmeyi reddetme. Eskiye hapsolma. Geçmişe saplanıp kalma. Fazla tutmak - cimrilik.

Olumlama: Geçmişi bırakıyorum, yeni ve güvenli olanı kabul ediyorum. Hayatın akışına ben izin veriyorum.

Kadın Sorunları–Âdet Görmeme, Âdetle İlgili Rahatsızlıklar, Ağrılı Âdet Görme, Beyaz Akıntı, İltihap, Urlar : Kendini, cinsel gücünü, dişiliğini reddetme. Eski bir aşka öfke. Aldatılma, terk edilme sonuçları…

Olumlama: Kadın olmak muhteşem. Bedenimi ve cinsel gücümü seviyorum. Kadınlığımdan haz ve gurur duyuyorum.

Kalça Sorunları: Büyük kararlar alamama, denge kuramama, korku. Bir alternatif olmaması.

Olumlama: Hayatım dengede, her şey ile uyumluyum. Her yaşta kolaylıkla fırsatları yaşamıma çekiyorum ve hayatımda büyük ilerleme gösteriyorum.

Kalp: Sevgi ve güven enerjisinde noksanlık.

Olumlama: Kalbim ve ben sevgi enerjisindeyiz, hayat güzelce akıyor, hayatın ritmini yakalıyorum.

Kalp-sorunları: Duygusal sorunlar. Sevgiden yoksunluk. Kalbin kırılması. Fazla çaba, korkuda kalmak. Aşırı duygusal olma ya da gerilim altında olmak, kötü sözler işitmek, katılaşmayı seçmek.

Olumlama: Coşku, sevgi, haz, mutluluk benimle. Sevgi ve ışığın bedenimi doldurmasına izin veriyorum.

Kalp Krizi: Haz duygusunu kaybetme, sevgisizlik, parayı fazla önemseme, mevki için kendini hırpalama.

Olumlama: Huzur ve sevgi yaşamımda öncelikli. Hayattan haz almayı seçiyorum. Ben sevgi'deyim.

Kalp Trombonu-Damar **Tıkanması :** Kendini yalnız ve anlaşılmaz hissetme. Yetersizlik duygusu…

Olumlama: Her şey bir ve bütün, ben yeterliyim ve eşsizim. Evren beni coşkuyla destekliyor. Her şey olumlu.

Kalp Damarlarının Daralması: Zihinsel ve duygusal katılık, sevgiye inanmama, fazla güçlü olma isteği, esnek olmama. Korku.

Olumlama: Mutlu bir dünya yaratıyorum, güvendeyim. Huzurlu ve özgürüm.

Kan: Zevk ve mutluluğun azalması, özgürce akamama.

Olumlama: Hayatım mükemmel ve ben her anından haz alıyorum ve haz veriyorum. Işığım yüksek.

Kan Sorunları – Lösemi : Sevinememe, duygu sorunları ve düşüncelerin özgür olmaması.

Olumlama: Sevinç içindeyim, verici enerjideyim, alıyorum da… Yeni yapıcı düşünceler içimde.

Kan-Pıhtılaşma: Haz duymaya kapalı olmak. Utanma, açılmama

Olumlama: Olumluya dönüyorum, içimde enerjim yüksek, her olumlu gelişme beni bulur, rahatça dönüşürüm.

Kanama: Haz alma duygusunu yitirmek. Kızmak, öfke, bastırma.

Olumlama: Haz alıyorum, haz benim hakkım.

Yüksek Kan Basıncı: Duygusal sorun, haksızlığa uğramak, kırılmak.

Olumlama: Geçmişi huzurla bırakıyorum. Geçmiş güzeldi. Geleceğe açığım.

Kanser: Derin acılar ve çöküşler. Uzun süre sır taşımak. Nefreti içinde tutmak. Olumlama: Geçmişle ilgili her şeyi sevgiyle affediyorum. Yaşam dersini alıp enerjiyi serbest bırakıyorum. Yaşamımı mutlulukla dönüştürüyorum. Kendimi seviyorum.

Karaciğer Sorunları-Hepatit, Sarılık : Sürekli şikâyet etmek. Kendini onaylamamak, kandırmak. Aşırı eleştiri, saldırganlık. Kötü hissetmek.

Olumlama: Kalbim sevgi dolu, sevecen olarak yaşamayı seçiyorum. Baktığım her yerde ışığı görüyorum.

Karın ağrıları – Kramplar: Korku, başlamış bir olayı kabul edememe, emin olamama.

Olumlama: Hayatın akışına güveniyorum. Güven veren her şey beni bulur. Kabul ediyorum.

Kas Sorunları: Aşırı korku. Kabul edememe. Aşırı kontrol etme çabası. Güven duyamama.

Olumlama: Hayatta olmak güzel. Kendim olmak muhteşem. Her an'a güveniyorum.

Kaşınma: Yanlış karar almak. Pişmanlık. Doyumsuzluk. Vicdan azabı duyma. Kaçmak ya da kurtulma ihtiyacı.

Olumlama: Ben huzurluyum. Hayat bana mükemmel bir plan sunuyor. Her şey olması gerektiği gibi.

Katarakt: Gelecek korkusu, olumlu görememek. Karanlık bakış açısı.

Olumlama: Hayat sonsuz huzurla dolu ve mutluluk benimle. Her an yeni ve güzel bir deneyim demek.

Kazalar: İstediğini dile getirememe. Kapalı olma. Boyun eğme, haksızlık.

Olumlama: Özgürüm ve her şeyi net ifade ederim. Huzurluyum, değerliyim.

Kekemelik: Güvensizlik. Kendini ifade edememe. Bastırma, içe atma.

Olumlama: Düşündüklerimi ifade etmekte başarılıyım. Kendimi güven ve sevgiyle insanlara ve evrene kemmelce müsunuyorum.

Kellik: Korku. Gerilim. Beğenilmeme korkusu.

Olumlama: Kendimi seviyorum ve onaylıyorum. Ben güzelim.

Kemikler: Yanlış tepki, dayanamama, baskıyı kabul etmeme.

Olumlama: Dengeli ve sağlam yapılıyım. Sadece güzel şeyler oluyor. İçimden geleni yapabilirim. Hayatıma ben yön veriyorum.

Kıllanma : Eski bir öfkeyi kapatma. Devam eden korku. Suçlama arzusu. Kendini sevmeme.

Olumlama: Ben kendi kendimin sevgi dolu enerjisiyim, yaşam güzel ve ben her zaman her şeyin en iyisine layığım.

Kısırlık: Korku ve direnç. Gelecek kaygısı. Tepki vermek. Aileye inanmama, geçmiş acılar.

Olumlama: Hayata güveniyorum. Ben geleceğe güvenle bakıyorum. Üremek güvenlidir. Kendimi seviyorum ve onaylıyorum.

Kistler: Acı verenden kurtulamama. Acı ile beslenmek. Sahte insanlara denk gelmek.

Olumlama: Zihnimin sinemaları güzel filmler gösteriyor. Çünkü ben seçiyorum. Kendimi seviyorum.

Kolesterol – Damarların Tıkanması : Haz almama, yaşamı kabul edememe. Hayat korkusu.

Olumlama: Hayatı güzel görmeyi seçiyorum. Şans ve yenilik ardına kadar açık.

Kolit: Aşırı derecede geçmiş olumsuz anılara tutunmak. Eziyet çekmiş olma ve yenilgi. Şefkatsizlik, sevgiye duyulan büyük ihtiyaç. Güvensizlik.

Olumlama: Kendimi seviyorum ve onaylıyorum. Mutluluğu hak ediyorum. Her şey ilahi planda mükemmel ve hayrıma.

Koma: Korku. Güvende olamama ve kaçmak.

Olumlama: Ben sevgi'yim. Tüm hayatla bir'im. Evren beni tümüyle destekliyor.

Kramplar: Gerginlik. Korku. Yanlış enerjide uzun süre kalma, katlanma.

Olumlama: Huzur doluyum.

Kronik hastalıklar: Değişimi reddetmek. Gelecek kaygısı. Güvende hissetmeme.

Olumlama: Gelişmeye ve değişime hazırım. Şimdi güvenli ve mutlu bir gelecek yaratıyorum. Değişim benim hayrıma.

Kulak Ağrısı – Kulak iltihabı: Dış-Orta Kulak Kanalı-İç Kulak: Kızgınlık. İşitmek istememek. Fazla kavga, olumsuzluk, negatif geçmiş. Kavga eden anne baba. Eskiye kendini artık kapatma.

Olumlama: Duyduğum her şey güzel ve bana mutluluk veriyor, her güzel şeye açığım. Sevginin merkeziyim.

Makat – Basurlar, Makat Ağrısı, Apsesi ,Fistül Kanaması, Kaşınması : Eskiyi bırakamama. Yükleri taşımak, Suçluluk duygusu ve gelecek kaygısı. Cezalandırılma ve yaşamı iyi bulmama. Öfke ve hayal kırıklığı. Geçmişe ilişkin suçluluk duygusu. Vicdan azabı.

Olumlama: Bırakmak iyidir ve benim için güvenlidir. Artık ihtiyaç duymadığım şeyler bedenimi ve hayatımı terk ediyor, yeniye yer açıyorum. Geçmişi sevgiyle ve güvenle bırakıyorum. Özgürüm ve olumluyum. Ben sevgi'yim.

Mantar Hastalığı : Başkalarının olumsuz enerjisi ile yaşama, kendini net veya temiz bulmama, başkalarına hayır diyememe. Kendinizi yeterince iyi veya doğru hissetmemeniz.

Olumlama: Kendimi seviyor ve onaylıyorum. Kararlarımı en doğru şekilde alabiliyorum. Özgürüm. Hayatım olması gerektiği gibi. Arınıyorum ve yaşamın saf ve temiz olduğunu kabul ediyorum.

Meme Rahatsızlıkları : Kendini beslemeyi veya geliştirmeyi reddetme. Alıcı olamama, değersizlik hissi...

Olumlama: Ben önemliyim ve yaşamımda çok değerliyim. Artık kendimi sevgiyle kuşatıyorum.Hepimiz bir'iz ve ben bütünün önemli bir parçasıyım.

Meme Kistleri, Şişleri, Ağrıları : Aşırı annelik enerjisi. Aşırı ve yanlış koruma. Baskılama ya da aşırı müdahale.

Olumlama: Gereken yerde gerektiği gibi enerjimi kullanıyorum. Başkalarının yaşamına saygılıyım. Hepimiz yeterli ve özgürüz.

Menopoz Sorunları: Artık istenmediğine inanmamak, sevgi eksikliği. Yaşlanma korkusu. Kendini kabullenmeme. Cinsel güç kaybı, kendini onaylamama...

Olumlama: Hayatın tüm evrelerinde dengeli ve cazibeliyim, ben istenen biriyim. Bedenimi sevgiyle kuşatıyorum, tüm zamanlara doğru her şey olması gerektiği gibi.

Mide Ekşimesi : Korku. Sıkışıp kalma.

Olumlama: Rahatça akıyor yaşamım ve bütünle işbirliği içindeyim. Emin olarak yaşıyorum, ben ilahi plana çok güveniyorum.

Mide Bulantısı: Korku. Olanı hazmetmeme. Bir fikri ya da gelişmeyi kabul edememe.

Olumlama: Güvendeyim. Hayatın bana daima iyilikler getireceğine inancım tam.Olan hayrıma.

Mide Ülseri : (Korku. Yetersizlik. Başkaları için yaşama.) Olumlama: Kendimi seviyorum, yaşamımı beğeniyorum ve olanları onaylıyorum. Kendimle mutluyum. Her şey yolunda ve ben gerekeni alıyorum.

Migren – Baş Ağrıları : Kalma, durma, ileri gidememe... Kusursuz olma isteği, fazla kontrol, kendi üzerinde aşırı baskı yaratma. Bastırılmış öfke. Hayatın akışına güvenmeme.

Olumlama: Kendimi hayatın akışına güvenle bırakıyorum ve hayatın beni Işık'la donatmasına izin veriyorum. Hayat benim için mükemmel.

Müzmin Hastalıklar : Değişmeyi reddetme. Gelecekten korkma. Kendini güvende hissetmeme.

Olumlama: Değişim bana çok iyi geliyor. Şimdi kendime ışık dolu, yeni ve şanslı bir geleceği seçiyorum.

Nasırlar: Katı bakış açısı, eskimiş kavram ve düşünceler. Eskide kalmak ve korkulara tutunmak.

Olumlama: Yeni düşünceleri seçiyorum ve yeniyi denemeyi güvenli buluyorum. İyi olan bana gelir. Yeni fikirleri yaşamımda güzelce uyguluyorum. Hayırlı olana açığım ben Işık'tayım.

Nefes Kokması: Kızgınlık, öfke, söylenmemiş sözler ve intikam dolu olmak, içe atmak.

Olumlama: Geçmişime teşekkür ediyorum, sevgiyle kabule geçiyorum. Sadece sevgiyi alıyorum.

Nefes sorunları: Hayatı dolu dolu yaşamama, gelecek kaygısı, korkular. Yaşamda yeri olmadığını hissetmek.

Olumlama: Hayatı dolu dolu ve özgürce yaşamak en doğal hakkım. Sevgi bana akar. Mutlu ve enerjili yaşamayı seçiyorum.

Narkolepsi – Uyku Bozukluğu : Her şeyden kaçış. Aşırı korku ve yüzleşememe. Hayatı istememek.

Olumlama: Işıktayım, hayat güzel, hayatın tam merkezindeyim, her şey bana zevk veriyor..

Omurga Eğriliği: Hayata güvenmeme. Kimseden destek alamama. Desteksizlik. Gereken cesareti gösterememe. Yalnızlık…

Olumlama: Yaşam sürecine akışa güveniyorum. Hayatım benim için doğru planda akıyor. Sevgiyle, kendinden emin ve akıştayım. Doğru kişiler benimle.

Ödem – Şişkinlik, Su Toplaması : Bırakamama, özgür olamama, kendini sevmeme.

Olumlama: Geçmişi güzelce ve sevgiyle geride bırakıyorum. Bırakmak iyi ve güvenlidir. Artık özgürüm, yeniye yer açıyorum.

Öksürükler : İçe atma, yanlış şekilde biriktirme, dolmuş olmak, insanlar tarafından dinlenmemek…

Olumlama: Ben ve seçimlerim takdir ediliyoruz. Seviliyorum.kendimi en özgür şekilde ve her zaman ifade ediyorum.

Parkinson Hastalığı: Korku. Akışa güvenmeme: Herkesi, her şeyi aşırı kontrol etmek.

Olumlama: Güvende olduğumu biliyorum. Hayatım ve yarınım güvende. Hayat benim için en sevgi dolu haliyle akıyor.

Pis Kokan Soluk : Yanlış ifadeler, pis dedikoduculuk, çirkin düşünme ve insanları söz ile kırmak...

Olumlama: Sevgi doluyum, nazik ve sevgi dolu ifadelerle kendimi anlatıyorum. Ağzımdan çıkan güzel ve doğru enerjide.

Prostat Sorunları: Zihinsel korkular, cinsel korkular, erkekliği bırakma. Vazgeçme eğilimi. Cinsel baskıya maruz kalma ve suçluluk yaşamak. Yaşlanma korkusu.Kedini bırakmak.

Olumlama: Kendimi seviyorum ve onaylıyorum. Gücümü kabul ediyorum. Cinsek gücüm tam.

Rahim Hastalıkları: Yaratıcı olamama, yaşamı reddetme, dişi enerji yoksunluğu.

Olumlama: Bedenimle barışığım. Ben güzel ve cazibeliyim. Cinsel gücümü onaylıyorum.

Raşitizm: Duygusal eksiklik, sevgi eksikliği. Cesaret ve güven yoksunluğu.

Olumlama: Güvendeyim. Ben sevgiyle besleniyorum. Sevgi oluk oluk yaşamıma akıyor.

Romatizma: Kurban rolünü seçmek. Hep haksızlığa uğradığını zannetmek. Sevgi yoksunluğu, yanlış iletişim. Kendini ikinci plana atmak. Acı ile beslenme. İçerleme ve içe atma.

Olumlama: Deneyimlerim benim mükemmel yaşam derslerim. Kendimi seviyorum ve başkalarının bana hep yararı dokunuyor, olumlu bir gelecek yaratıyorum.

Safra Taşı: Olumsuz düşünceler.Kibir, negatifi tutmak, öfke. Gurur.

Olumlama: Geçmiş sevgiyle benden çıktı, yeniye yer açtım, huzur doluyum.

Sağırlık: Reddedilme, ilgisizlik. İnatçılık. Neyi istemiyorsa onunla yüzleşememe. Kaçış eğilimi.

Olumlama: Herkesi güvenle dinliyorum. İşittiğim her şey bana sevgi ve yaşam dersi veriyor. Her şeyle birim ve ben güvendeyim.

Sara : Aşağılanma duygusu. Hayatı ve yeniliği reddetme. Büyük acılar. Kendine karşı zararlı olabilme.

Olumlama: Hayatı sevgiyle görmeyi seçiyorum. Ben mutluyum, sevinçliyim ve kendimle barış halindeyim. Ben özelim.

Sarılık: İçte sevgisiz enerji ve dış dünya ile uyum sorunu. Denge sorunu.

Olumlama: Kendimi onaylıyorum ve herkes için sevgi, anlayış ve şefkat enerjisindeyim.

Sedef Hastalığı : İncitilmekten korkma. Kendinden kaçmak, kaybetme korkusu. Duygularının sorumluluğunu alamama.

Olumlama: Hayata ve ilişkilere karşı çok istekliyim. Benim için en iyi ve sevgi dolu olanı hak ve kabul ediyorum. Kendimi seviyor ve onaylıyorum. Kendimi olduğum gibi seviyorum.

Selülit: Yanlışa ve geçmişe takılı kalmak. Unutamamak. İlerlemeyi güvenli bulmama. Kendi yolunu bulamama. Biriken öfke ve suçluluk.

Olumlama: Herkesi affediyorum. Kendimi affediyorum. Özgürce ve net şekilde ilerliyorum.

Sırt Sorunları: Duygusal ve manevi destek yoksunluğu. İlgi görmeme. Sevilmediğini hissetmek. Sevgiyi göstermemek.

Olumlama: Kendimi seviyorum ve onaylıyorum. Yaşam beni destekliyor ve etrafım verici insanlarla dolu.

Sıtma : Doğayı reddetme ve hayatı sevmeme, iletişimde dengeyi yitirme.

Olumlama: Hayatı bütünüyle seviyorum, birlik enerjisindeyim ve dengeliyim..Seçimlerim doğru.

Siğil: Küçük nefretler ve öfke-kin duyma. Çirkin olduğuna, istenmediğine inanma.

Olumlama: Hayatın sevgisi bana akıyor ve güzelliğim etkileyici.

Sinir Krizi: Ben merkezci olma, bencil enerji, yanlış ilgi çekme isteği. İletişim yollarını bilmeme.

Olumlama: Yüreğimde herkese yer var, güvenli ve sevgi dolu iletişim kuruyorum.

Sinirlilik: Korku, abartılar, mücadelenin tükenmesi, acelecilik. Hayata ve kendine güvenmemek.

Olumlama: Hayat yolum doğru. Her şeye zamanım ve gücüm var. Yaşam bene ihtiyacım olanı veriyor.

Sinüs Sorunları: Gerilim, dolu dolu hayatı kabul edememe, yakını olan bir insandan darbe almak.

Olumlama: İçimde huzurluyum ve çevrem bana faydalı, güvendeyim.

Sinüzit : Yakınlardan darbe almak, sinirlenme – öfkeyi içeride tutmak

Olumlama: Huzurluyum ve uyumluyum, her zaman içimi sevginin kuşattığını biliyorum. Her şey yolunda. Çevremde iyi insanlar var.

Sistit: Endişe. Eski fikirleri bırakmaktan korkma. Kızgın olma, haksızlık.

Olumlama: Eskiyi rahatça ve kolayca bırakıyor ve yeniye güvenle yer veriyorum. Her şeyi özgürce ve doğru şekilde ifade ediyorum.

Sivilce: Kendini kabul etmemek, isyan. Kendinden hoşnut olmamak, direnmek.

Olumlama: Hayatım güzel. Kendimi şu anda olduğum gibi seviyorum ve kabul ediyorum.Ben güzelim. Kabule geçtim.

Siyah Noktalar: Kirli olmak ve kendini sevgisiz hissetmek. Değersizlik.

Olumlama:Kendimi seviyorum ve onaylıyorum.

Soğuk Algınlığı: Aynı anda gelen sorunlar. Zihinsel ve duygusal karışıklık. İncinme, darbe, öfke. Hasta olunacağına dair eski inançlar.

Olumlama: Zihnim berrak ve düşüncelerimin beni doğru yönlendirmesine izin veriyorum. İçimde mutluyum ve çevremde uyum ve sevgi enerjisi var.

Spazmlar : Korku hissi, ifade edememe, gerilimle enerjiyi sıkıştırma, içte tutma.

Olumlama: Serbest bırakıyorum, kabul ediyorum, iletişimimde rahatlıyorum. Eminim ve güvendeyim.

Şeker Hastalığı : Pişmanlık. Şefkate büyük ihtiyaç duyma. Derin keder ve darbeler. Geçmişte kalma, kayıplar.

Olumlama: Bu anı kabul ediyorum. Sevgiyi ve geleceği onaylamayı seçiyorum. Her şey hayrıma, hep umut doluyum.

Şişmanlık: Korunma isteği. Aşırı duygusallık. Korku ve korunma ihtiyacı, gizli öfke ve affedememe. Dış dünyayı güvenli bulmama.

Olumlama: Ben korunuyorum. Daima seviliyorum. Büyümeye ve hayatımda güçlü olmaya hazırım. Her şeyi bağışlıyorum ve geleceği doğru biçimde yaratıyorum. Güven içindeyim. Sevgi benimle.

Tansiyon: Geçmişin izi, çözülmemiş duygusal sorun. Acı...

Olumlama: Geçmişi geride bırakıyorum. Geçmiş gerekeni verdi, yaşam dersimi seviyorum. Huzur içindeyim.

Tırnak Yeme: Çaresizlik ve geçmişi kabul etmeme. Kendini sevmeme. Anne babaya öfkeli olma, kincilik.

Olumlama: Büyümeyi seçiyorum. Ben olgunum. Kendi hayatımı en olumlu şekilde tanzim ediyorum. Kolaylıkla ve zevkle seçim yapıyorum.

Tikler: Korku. İfade edememe. Başkalarından darbe alma korkusu.

Olumlama: Tüm hayatım güven içinde, herkes beni beğeniyor ve onaylıyor. Her şey yolunda. Güven ve sevgi içindeyim.

Tiroit : Aşağılanma. Kendi olamama. Başkaları için yaşama.

Olumlama: Eskiyi bırakıyorum. Ben yaratıcıyım, sevgiyi kabul ediyorum. Ben özelim, kendi değerimin farkındayım.

Tutulmalar : Katı hisler, inatçı olmak, yanlış veya eski düşünce biçimi.

Olumlama: Esnek düşünebilirim, yeniyi seviyorum, sonuna kadar güvenlik içindeyim.

Tüberküloz: Bencillik, kendi kendini baltalama. Hükmedici olmak, geçersiz-zararlı düşünceler. Öç alma ihtiyacı, kin tutma.

Olumlama: Kendimi seviyorum ve onayladıkça kendimi kapılar açılıyor, daha huzurluyum, barış içindeyim.

Uçuk ve Kabarcıklar: Kırgınlık. Söyleyememe. Duygusal açıdan korunma isteği. Öfkeli olma, insanlardan korkma.

Olumlama: Ben yalnızca huzuru seçiyorum, güç verici deneyimler benimle, kendimi seviyorum. Her şey yolunda. Hayatın akışında, her yeni yol benim hayrıma.

Urlar -Tümörler : Eski yaralar, darbeler, haksızlık ve şokları bırakamama. Vicdan azabı, suçluluk, pişmanlık birikimi.

Olumlama: Geçmişi sevgiyle bırakıyor ve verdiği yaşam dersini kabul ediyorum. Her şey hayrıma.

Uyku hastalığı – Narkolepsi : Hayat sürecinde darbe almak, hayata güvenmemek. Suçluluk duygusu. Başa çıkamama. Aşırı darbeler ve korku. Kaçıp kurtulmayı seçme, yarım bırakmayı isteme.

Olumlama: Her gün bana sevgi ve ışıkla, yeni çözümlerle gelir, yaşam beni kucaklar kuşatır. Doğru rehberliğin beni her zaman koruduğuna güveniyorum. Eminim ve her şey akışta.

Uykusuzluk : Korku. Yaşam sürecine güvenmeme. Geçmişinden utanma. Kaçış. Suçluluk duygusu.

Olumlama: Sevgide kalarak geriye bakıyorum. Hayat ve gelecek benim için mükemmel planlarla dolu. Her şeyle yüzleşebilirim.

Uyuşma: Başkalarını umursamamak. Sevgi verememek. Yanlış duyarsızlık.

Olumlama: Duygularımı ve sevgimi paylaşıyorum. İnsanlar ve hayat benim için güvenlidir. Sevgiyi alıyorum. Herkesin sevgisine karşılık veriyorum.

Ülser: Korku. Yetersiz olduğuna dair güçlü inanç. Geçmişten kalan iz bırakan acılar, hazmedilemeyen eski darbeler.

Olumlama: Kendimi seviyorum ve onaylıyorum. Barış ve huzur doluyum.Olmuş olan hayrıma.

Ürperme: Geriye çekilme ihtiyacı. Uzaklaşma arzusu, güven arayışı. Anlaşılamama.

Olumlama: Her zaman güvendeyim, yaşamım emniyette ve ben sevgi içindeyim. Sevgi beni koruyor.

Üşüyüp Titreme : Güvenmeme, içe çekilme, büzülme, dış darbelerden korunma ihtiyacı. Geri çekilme, pes etme, bir kenara çekilme arzusu.Yalnızlık duygusu.

Olumlama: Her an benim için güzel ve güvenli. Sevgi beni kuşatıyor ve koruyor. Her şey yolunda ve hayrıma.

Varis: Bulunduğun durumu onaylamamak, yaşamından nefret etmek. Cesaretsizlik. Aşırı acılar, acı enerjisinde kalma. Nefret edilene katlanma.

Olumlama:Hayatı seviyorum ve kendim olmayı seçiyorum. Ben özgürce yaşarım. Hayatı seviyorum ve sadece beni mutlu olanı alıyorum.

Vitiligo – Ciltte Beyaz Noktalar : Ait olmama. Kendini dışlanmış hissetmek. Bu dünyaya ait hissetmemek.

Olumlama: Hayatın tadına varıyorum, ben güzelim. Herkese ve yaşamıma sevgiyle bağlıyım.

Yanma – Beden Isısının Yükselmesi: Kızgınlık. İçe atmak.

Sevgi ve şefkat doluyum. Herkes için sevgi ve uyum yaratıyorum. Kendimi barış içinde görüyorum.

Yanıklar: Kızgınlık. Asilik, direnç, sevilmeme, aşırılık ve öfke.

Olumlama: İçimde huzurla doluyum ve çevremde sevgi, Işık yaratıyorum. İyi olmayı sonuna kadar hak ediyorum.

Yaşlılık Sorunları: Toplumsal inançları reddetme. Eski düşüncelerde kalma. Dışarıda olma korkusu. An'ın tadını reddetmek.

Olumlama: Kendimle barışığım. Her yaşta kendimi seviyorum ve onaylıyorum. Hayatın her anı mükemmel. Her yaş bana mükemmel fırsatlar sunuyor.

Yatağı Islatma – Uykuda İdrar Kaçırma : Ebeveyn korkusu, şiddet, aşağılanma. Genellikle anne-babaya öfke duyma.

Olumlama: Çocuğuma (hayatıma) sevgi, şefkat ve anlayışla bakıyorum. Onu olduğu gibi onaylıyorum, seviyor ve kabul ediyorum.

Her şey yolunda.

Yorgunluk : Direnme, katlanma, mecbur hissetme, can sıkıntısı. İnsanın yaptığı işi veya ilişkisini sevmemesi.

Olumlama: Hayat bana şan, fırsat ve coşku veriyor; istek ve enerji dolu halimle her şeyi başarabilirim.

Yüz Felci : Öfkeyi atamama, yaşam üzerinde aşırı kontrol. Duygularını ifade etme konusunda tutukluk.

Olumlama: Duygularımı ifade ederken mutluyum, benim için iyi ve güvenli olan her şey rahatça bana geliyor. Kendimi onaylıyor ve bağışlıyorum.

Zatürre: Umutsuz hissetme. Hayata güvenli bakamama. Duygusal sorunlardan kurtulamama.

Olumlama: Yeni düşünceleri güvenle yaşamımda kabul ediyorum. Hayata ve yeni gelişmelere güveniyorum.

Zona: Korku ve gerginlik. Dışa vuramama. Aşırı duyarlılık. Kabul edememe

Olumlama: Dinginim, mutluyum ve huzurluyum. Hayatın akışına ve getirdiklerine güveniyorum.

Zührevi Hastalık – AIDS, Belsoğukluğu, Uçuklar, Frengi : Cinsel suçluluk duygusu. Cezalandırılma ihtiyacı duyma. Cinsel yaşamın pis veya günah olduğuna inanma. Birisine karşı cinsel suç işlemiş olma. Suçluluk.

Olumlama: Cinselliğimi onaylıyorum. Kendimi iyi hissediyorum, güzel ve mutlu eden şeyleri hak ediyorum. Ben aşkta ve cinsellikte mutluyum.

Kendi özbenliğinle bağlantıda olmalısın, kendini sevmeli, tanımalı ve gerçekten anlamalısın. Çoğu kişi kim olduğunu bilmeden yaşar. Varlığının tüm parçalarına ulaş, evrensel gücü tanı ve işbirliği yap.

Evet tüm sağlık sorunlarının düşünsel, geçmişle ilgili ve duygusal, hatta bazen karma'sal sebepleri var. Fiziksel, bilimsel ve klinik iyileşme sürecinize devam ederken işin enerjiler dünyasındaki karşılığını da merak ederseniz bu bölümdeki bilgiler size ışık tutacak. Bu bölümün başında hastalıkların sebeplerini anlatırken size sunduğum "olumlamalar" tabii ki bilinçaltı dönüşümü veya kuvvetli bir şifalandırma yapılmadan kullanılırsa hafif kalır. Olumlama yapmak sizi o an rahatlatır ama konunun kökte dönüşmesi gerekir.

Hastalık, zamanında gelişmiş bir olumsuz enerjinin, bir çöküşün, duygusal darbenin sizin yaşamınızda kendini gösterdiği son halidir. Kaynağı ve oluşması eskiye dayanır. İnsan çok karmaşık, detaylı, çok bilinmeyenli, hatta gücünü küçümseyen bir bilgi-enerji-ruh birleşimidir. Fiziki beden, bilinçaltı denen "bilincimiz dışında" kalan alanın yanında çok küçük bir kısımdır. Bir hastalığın geride bırakılması için, onun "asıl" ortaya çıkma sebebi incelenmelidir. Hastalık önce fiziksel olarak ortaya çıkmaz, "enerjinizde" ortaya çıkar, enerji bedenle yaratılır... Spiritüel şifacılar da o nedenle enerji bedenle çalışır. Evrende her şey titreşim halinde, bedeniniz de öyle. Kişi kendi gücünü küçümsediği ve bazen de katlanmayı, kaybetmeyi seçtiği için hastalanır. Oysaki birçok kişi kendi kendisinin şifacısı olarak zaman içinde iyileşebilir, yol alır. Ruhunuza yaptığınız haksızlıklar en sonunda fiziksel bedeninizde de izler taşır. Herkesin yükünü taşıyan gereksiz fedakâr bir anne kambur olur, kıtlık korkusu olan bir adam yediklerini depolar obez olur, kendini beğenmeyen bir kız gün gelir gerçekten de akne dolu bir cilt yaratır kendine... İnsan bilinçaltı ve düşünce gücü ile enerjileri doğru da kullanmazsa hastalanır. Bloke olan yaşamsal enerji kişiyi hasta eder, yaşamsal enerji akamaz ise bu sizi tıkar. Bedeninizin titreşimini dengeleyebilmeniz gerekir. Buradaki ana husus, aslında hastalığın değil kişinin ve o kök sorunun iyileştiriliyor olmasıdır. Konu ile ilgili enerjisel doğru tespitin yapılması gerekir.

Spiritüel şifa genel bir çalışmadır.

Spiritüel şifa sadece kişiyi değil, konuyu da ele alır.

Enerjisel bedeni iyi tanımak gerekir.

Çakralar da ilgili bölümle ilgili yardımcı olur.

Doğru enerji kullanımı tüm yaşamınızı olumlu etkiler.

Bir hastalık iyileşirken kişinin bereketinden ilişkilerine diğer blokajlar da kalkar.

Önce blokaj saptanır, ardından arınma gelir, konu dengelenir, dönüşüm başlar.

Bir sağlık sorunu deneyimliyorsanız, önce bunun ilk nedenini bulmanız gerekir. Aileden geçen enerji mirası, kötü soy geçmişi, karma borçları, geçmiş uğursuzluklar bu alanda da bazen kendini gösterir. Dünyada iki enerji var: sevgi ve karşıtı korku. Korku bazlı sevgi olmayan enerjiler bizi hasta ediyor. Belki binlerce yıl sonra dünyada hastalık olmayacak; insan enerjisini daha çok kullanacak, beyninin sırlarını da çözmüş olacak ve böylece dönüşümü de hızlı olacak. Savaşlar bittiği gün dünyada hastalıklar da ya olmayacak ya da hızla iyileşecek. Enerji alanları yolu ile nesilden nesile kod'lar, kaygılar, olumsuz karma, negatif enerji mirası geçiş yapar. Bazen bir kadın kanserle ölür, onun hikâyesini tekrar tekrar dinleyen torunu da aynı yola sürüklenir. Dedesi felçli olduğu için bundan korkan çocuk yetişkinlik çağında aynı sorunu deneyimleyebilir. Enerji kod'ları ve sırları keşfedilmeli bu anlamda, genetik kod'lar önemli ama bazen kader bilgisi daha önemli.

Bazen kader veya karakter özellikleri (değişmez etkiler) aynı kaldığı sürece hastalık veya olumsuz enerji aşılamaz. Sürekli olumsuz düşünmek, kötü kadere kayıtsız şartsız inanmak, hastalıktan korkmayı asla bırakamamak gibi durumlarda şifa yapılsa da enerji geriye sarabilir. Bu dönüşüm yolculuğunda, hayat ve enerji tümden değişmeli. Kişi inanç sistemini gözden geçirmeli. Bu tarz uygulamalarda bazen uzaktan bile etki olur. Birçok şifacı zaman-mekân sınırı dışında uzaktan da etkili oluyor; inanmak, sonuca bağımlı olmamak, konsantre olmak, doğru imgeleme yapmak, doğru kayırlara ulaşmak, vizyonu alabilmek, şüphesiz olabilmek yardımcı olacaktır. Karmik enerji alanında size dair tüm gerekli bilgiler aslında eksiksiz mevcut. Kader, karakter sağlık durumunuz üzerinde etkilidir, dolayısıyla da geçmişiniz... Bazen talihsizliklerin kökü anne karnındaki zamana, bazen de daha eskisine dayanır. Önce kökten bir değişime açık olmak şarttır, şifacı ile danışan arasında mutlaka güven ve doğru enerji alışverişi. Öte yandan, bu alandaki araştırmalarda "suçluluk" duygusu ve çokça suçlanmış olmak da hastalıklar üzerinde etkili.

Geçmiş için üzülmek yanlıştır, değersizlik yaşayan kişi bunu yapar. Enerjiyi asla değişmeyecek konular üzerinde tutmayın. Geçmiş sadece gereken yaşam derslerini verdi ve gitti. Geçmiş için sürekli üzülmek hasta edicidir. An'da kalın, gelecek için üzüntü duymak ve peşin kaygı taşımak da son derece enerji çalan bir yanlıştır. Hastalığı önce kabul etmek gerekir, yüzleşmek... Sonra da kesin bir değişim kararı verebilmeyi gerektirir süreç. Hastalık zaten bir alarmdır; artık bir şeyler değişmeli diyen bir enerjidir size. Hastalık yapmış olduğunuz yanlışlar için size son uyarıdır.

Karma detaylı incelenir...

Bireysel karma kadar aile karma'sı da etkilidir.

Aura ve enerji bedenleri konu hakkında önemli yer taşır.

Bu esnada, durugörü yöntemleri de kullanılabilir.

Şifacı bazen hislerini, bazen ellerini kullanır.

El ile bazen manyetik etkiler ortaya çıkar.

Anne ve baba arasında sevgi olmadan dünyaya gelen insanlar da bazen enerji yükü taşır.

Sevgi bazlı manevi suçlar işlemiş kişi bunun gelip de bir gün bedelini ödeyebilir.

Geçmiş geleceği yaratır, geçmişi bilmeden arınma olmaz.

Yapılan her hata geleceğe olumsuz yatırımdır, sizi bir gün bir yerde yakalar.

Şifacılar bazen sizin hastalık sebebinizi bilinçdışı olarak da yakalar...

Siz siz olun gerçekten iyileşmek istemeyen birine yardımcı olmaya da kalkmayın. Bazı kişiler hastalığı ya da sorunu sever. Bazen de hastalığı aracılığı ile kişi yeni bir yaşam dersi alır, olgunlaşır, onun o darbeyi yaşaması gerekir... Şifa sadece samimi bir kalp ile dönüşümü kabul eden için gerçekleşir. Şifacı kendi karma'sını bir uzman olarak mutlaka dışarıya kapatmalıdır uygulama anında, danışan ondan negatif geçiş almamalıdır. Seans başlangıçlarında özel teknik ve metotlarla arınma şarttır. Konu meditasyon, dua, sevilen şeylerin yapılması, ilahi olandan vazgeçmeme ile desteklenmeli.

Enerji alanları da ortak bir noktaya bağlı olduğu için, yapılan iyi ve kötü her şey size geri döner. Zaman koymayın ama, ektiğinizi biçeceksiniz. Bedeninizde ne varsa o ruhunuzda ilk oluştu... İnsan bir zamanlar yaşadığı gezegene, kardeşine, kendine, doğaya zarar vermeye başladı. Bunun bedelini bir nevi şimdi de hastalıklar ile ödemekte... Topraklama çalışmalarını rutine bindirin. Korku ve endişe çok hızlı ilerler ve korktuğunuz şey hızla sizi bulur. Olumsuzu daha hızlı ve net iptal eder hale gelin. Her çocuk doğarken anne-baba ve geçmiş nesillerden karma kaydı alarak gelir buraya... Eylemler bir kenarda dursun, düşüncede bile kimseye kötülük yapmayın. En büyük tehlike dışarıdan değil içeriden gelir, yani sizden... "Sadece kendine kötülük yaparsın yani."

Şifacı sizden aldığı negatifi o haliyle salmamalı, onu dönüştürüp pozitif yapmalı. Yoksa, o yaşayan negatif başka bir yeri, bir kişiyi, bir olayı bozar. Bunu yapamıyorsa, şifacı aldığı olumsuz etki ile kendi güç kaybı yaşar. Siz hastayken bazen evcil hayvanınız da aynı etkiyi alır. Çok sevdiğim bir dostum meme kanseri olmuştu, kedisi her gece onun göğsünde uyurdu... Sonunda kedi de aynı hastalığı aldı. Hastalık bazen de işte böyle aktarılır sahibini çok seven evcil hayvana. Bu tarz çalışma ve seanslardan önce ağır yemek yenmez, alkol alınmaz, gereksiz sözlerden uzak durulur, kaygı varsa bundan arınılır. Şifacıya güvenmeyen bu tarz çalışmalara inanmayan kişilerde sonuç zor gelişir. Sorunlu veya sevgisiz insanlar şifacı olamaz. Güzel şeyler bir bedel ödendikten sonra elde edildiğine göre, bu yolculuğun da zaman içinde sonuç vereceğine kişi ikna olmuş olmalıdır. Ruh, her şeyin üzerine çıkabilmeli, konuya dışarıdan bakabilmelidir. Acıya dayanmak acıdan üstün olabilmekle başlar...

Hastalık da ruhtaki bir sıkıntıyı ortaya koymak için belirir.

Aradığınız ideal şifacı başkaları için de yaşayan, üreten, verici biridir. Bir şifacı ile uzun süre çalıştıysanız ve sonuç yoksa o sizin aradığınız kişi değil. Uyum varsa danışan ve şifacı arasında, bu ilk tanışmada bile görülür. Şifacı sıradan biri değildir, aşırı hırslı biri de olamaz. Şifacı enerjisi tarzı ve aurası ile ilk bakışta bir fark zaten ortaya koyar. Şifacı korkusuz biridir, evrensel enerji yasalarına da hakimdir. Seansta mutlaka yayılan bir enerji vardır, bunu anlarsınız... Bazen ihtiyacı olan/olmayan kişiler bu tarz çalışmalara ilgi duyar fakat kendi enerjileri burada uygulanan enerji ile hiç uyumlu olmadığı için, uyum sağlayamazlar. Fazla gelen enerjiyi anlamaz, değişimden de korkarlar.

Tarihteki birçok karmik bağ ve bağlantı da öte yandan "kadın" üzerinden ilerler, kadın doğurur ve hayat verir. Geçmişte (ortaçağda haksız yere yakılan cadılardan tutun da...) birçok olumsuzluğa maruz kalan kadınlar, bugün bile o olayların kod ve enerjilerinden maalesef nasibini alıyor. Yüzyıllardır biriken enerji hâlâ daha yeni doğan bir kız çocuğuna da aktarılır. Şiddet kayıtları, haksızlık, aşağılanma, ikinci planda kalma. Bu kod'lar ve geçişler bile yeri gelir hastalığa zemin sağlar.

Tıbbi olarak ilerlenecek yolda, kişinin kendi başına gerçekleştireceği en etkili şifa yolu duadır. Dua her şeyin mümkün olduğuna olacağına inanmaktır, sınırsız çareleri olan Allah'tan istemektir. Zaten sizi iyileştirecek olan doktoru da vesile kılan Allah. Dua zaman, mekân ve tüm sınırların dışına çıkmaktır, tüm isteklerin özgür olduğu yer ve enerjidir. Dünyadaki tüm sınırların üzerine çıkarız dua anında; hissederek ve gerçekten kalple dua edin. Hayat sizi kayıp ve olumsuzluklarla imtihan ediyorsa ve kadersel bir konu ise, bunu aşmak da en yoğun ve belki sadece dua ile olacaktır. Bir umut ışığı olacaksa bu yolu Allah size açar şifa/sonuç için, Melekler de O'nun izni ile size eşlik eder. Başmelek İsrafil şifanın Başmeleğidir, Allah'ın izni ile hemşirelere, şifacılara, doktorlara ışığını verir. Zamanından önce bu boyuttan ayrılma tehlikesi ile karşılaşan insanları da yine Koruyucu Melekler korur, kurtarır. Başmelekler o olayın önünü keser, tekrar şifa sunar. Dünyevi olan her daim ilahi olandan güçsüzdür. Dua ilahidir. Güç nerede ise şifa için de onunla çalışmak en iyi sonucu getirir.

Dua et.

Tövbe et.

Ruhsal olarak arın.

Kabule geç, gerçek sebepleri bul, kaçma-yüzleş.

Hepsine teşekkür et.

İsyan etme, karma'da yol al.

Her hastalık ruhta başlar.

Konu en derinde "bilinçdışı" ile arınmalıdır.

Konu aileden enerji mirası ile geçtiyse köke inilmeli.

Bakış açısı kesin olarak değişmeli.

Fiziksel görünen her şey en derinde ruhsaldır.

İnsanın enerji alanında, kendine ait olan-başkalarına (aileye) ait olan davranış ve inanç türleri de kod'ludur. Karmik kod'larından dolayı öfkeli, depresif, mutsuz, sürekli olumsuzu yaşayan birçok kişi vardır. Hastalık en son gelinen noktadır; kökünde, derininde pek çok başka detay yolculuk açıklama bulunabilir. Yapılan hiçbir kötülüğün enerjisi kaybolmaz; bir gün bir yerde başka bir formda size ulaşır. O nedenle akıllı, mantıklı ve önce kendini seven biri asla kötü olmaz. Enerji kaybolmaz, formlara dönüşür, olan her şey şimdi ve tüm zamanlarda vardır. Sürekli hesap kitap yapan karma da zaten her şeyi kayıt altında tutar. Bilinçaltı seviyesinde görünmeyen negatif kayıtlara bilinçaltı kanalında ulaşılır. Açıklama ve sebepler orada yatar. Duygu frekansının yüksek olduğu zamanlarda, olumsuz yükleri çoğaltırsak hasta oluruz. Bazı olumsuz aile/geçmiş kayıt/programları sona erdirilmezse, karma diğer nesile geçebilir. Bu arınma yani sırf size değil geleceğe de yarar. Birinden arınmak için onu affetmek de yetmez bazen; onu neden çektiğinizi de bulun... O durduk yere size kötülük yapmadı, konu iki kişilik. İkinizle de ilgili, karmik açıdan sizin de o olayı hak etmiş olduğunuz bir detay vardır...

Bazı olumsuzlukların üzerini örtmek, onu tam olarak bilinçaltına indirmek, yani kök salmasını sağlamaktır. O anda yakalayıp, onu dönüştürmek daha doğru olacaktır. O nedenle kaçmak daha kötüdür. İçtenlikle pişman olunmalı, konu objektif ele alınmalıdır, kendinizi sevmediğinizde bunu size kanıtlamak için evren harekete geçer; bir dizi olumsuz olay size çekilir. Kürtaj da o dünyaya gelecek bebeği sevmemektir, çok büyük karmik sorumluluk yaratır ki bu sadece anneyi değil tüm soyu da bozar. Bir canı dünyaya gelirken öldürmek en ağır suçlardandır. Bunu bilinç seviyesinde aştım atlattım sanan birçok kadın büyük suçluluk duygusundan dolayı sonra başka acı deneyimler yaşıyor, birçoğu yaşadığı kadın hastalığının kökünün burası kaynaklı olduğunu sonradan anlıyor. Buna yakın karma yaratan bir başka olumsuzluk da evlatlık vermektir. Bir ailede eski nesillerde bu tarz geçişler olduğu zaman, bu, gelecek nesillere de yansır.

Geçmiş kesin olarak değişmez ama yükü atılabilir. Af dilemek, spiritüel arınma, dua etmek, karmik temizlik yapmak, içten olarak pişmanlığı deneyimlemek önemlidir. Geçmiş bugünü etkiler, gelecek de bugünü etkiler. Gelecekten iz veya etkileri bugünün içinde saklı olarak görebiliriz.

SEVGİLİ BİLİNÇALTIM...

BU GECE UYKU ÖNCESİ BUGÜNE KADAR YAPTIĞIM VEYA YAPMAYI DÜŞÜNDÜĞÜM HER OLUMSUZ HAREKET İÇİN SENDEN BANA MESAJLAR VERMENİ İSTİYORUM. Neden yaptım veya bunlar neyin köküydü? Neyi aslında öğrenmem şart arınmak için? Bu gece uykuya dalmadan önce sana "ortaya çıkarma" görevini veriyorum. Bana ışık ol. Bana gerçek beni göster; bilmem gereken sırları, olayların kök sebeplerini... Rüyalarım, gün içinde mesajlar, semboller, kişilerle bana bu bilgiyi en kısa zamanda aktar. Teşekkür ederim.

Biri hakkında bir şey düşündüğünde düşüncenin içindeki enerjiye uygun olan bir bağ kurarsınız o kişi ile. Ayrıca ondan alırsınız da... Ona karşı kullandığınız kelimeler onu/sizi iyi veya kötü edebilir. Kelimeler yazılı veya sözlü olsun hem canlıdır hem de tılsımlıdır. Sık tekrar edilen olumsuz ifadeler de hasta edicidir. Bazı kişiler kelimelerin gücü ile, beden dilleri ile, geçmişleri ile sizin enerjinizi çalarlar. Zaten bu yaşamda enerji alma-verme dengesini koruyamayan kişiler hasta olur. Enerji hırsızlarının çoğu maskeli tiplerdir; başta gayet dost ve sevecenmiş gibi yaparlar. Başta güven vererek sizi ele geçirir, o güven olmazsa çünkü zaten size yaklaşamaz. Güven çok iyi bir bağ kurucudur onlar için. Onlar kendi enerjileri dışında başkalarının enerjisi ile beslendikleri için aslında gizliden gizliye de güçsüzdürler; güç kaybı yaşadığı için sizinle işi bitince başka bir enerji kaynağına gereksinim duyar. Yeniden enerji çalmak zorundadır artık o... Bu tarz kişileri sezgilerinizi kullanırsanız en başta tanırsınız zamanla değil; bir tuhaflık olduğunu sezersiniz. Farkında olmadan siz de enerji çalıyorsanız bunu bir an önce bırakın.

İnsan doğuştan şifacıdır, kendini iyileştirme gücüne sahiptir:

Kürtaj yapma. Sevgiye ihanet etme. İntiharı düşünme bile.

Aile köklerini, enerji geçmişini tanı. Dönüştür.

Nefret etme çünkü bunu yaparak kendini zehirliyorsun, hasta ediyorsun.

Nefsini terbiye et.

İçten ol, birlik bilincinde kal. Bencil olma.

Yediğin içtiğin de bir enerji, yediklerine dikkat et.

Konuştuğun-düşündüğün şeyler arasında seni bloke edenleri iptal et.

Geçmişe ait artık seni olumsuz etkilediğini sezdiğin eşyaları tutma.

Bilinçdışı ve enerji bedeninle çalış, değiştirilebilir kaderini doğru yönet.

Enerji süreçlerini tekrar yapılandır.

Kendi yaydığını evren sana geri sunar.

BAŞMELEK İSRAFİL ŞİFA ÇALIŞMASI

Güzel bir meditasyon müziği açın, dik bir şekilde oturun, derin derin nefesler alıp vermeye başlayın. Önünüzde, bağımlılığından kurtulmak istediğiniz durum, kişi ya da madde duruyormuş gibi imgeleyin/canlandırın. Oradan size kordonlar, ağlar, halatlar geçtiğini hissetmeye çalışın. Bu sağlıksız durumların eterik kordonları genellikle karın kısmı çevresinde olurlar; olayı hazmedemediğimiz için...

Kendinizi hazır hissettiğinizde derin bir nefes alın, niyetinizi net ve kendinizden emin bir şekilde sesli olarak 7 kere söyleyin:

"Sevgili Başmelek İsrafil; ben şimdi ve tüm zamanlara doğru bu bağımlılığımı ışığa bırakmaya hazırım. Lütfen Allah'ın izni ile, bu bağımlılığıma ait bütün kökleri, kordon ve ağları kes. Ve onları dönüşüm ve iyileşme için ışığa yükselt. Çok teşekkür ederim."

Odayı yeşil ışık ile doldurduğunuzu imgeleyin. Başmelek İsrafil'in ışığı yeşildir.

Bir süre daha gözleriniz kapalı olarak oturmaya ve nefesinize yoğunlaşmaya devam edin.

Durugörü-vizyon alma yeteneği olanlar çevrelerinde Başmelek İsrafil' in zümrüt yeşili ışığını görebilirler. Hatta o olayla bağının koptuğunu, bu dönüşümün ardından yaşanacak güzel gelişmeleri de hissedebilirler.

Hiçbir şey hissetmeseniz bile bu şifalanma gerçekleşecektir. Çünkü ortaya net bir niyet koyulmuştur; şüphe ve kaygı katmadan çalışın.

İçinizden geldiği, çalışmanın bittiğini hissettiğiniz zaman dikkatinizi bulunduğunuz ortama verebilir ve gözlerinizi açabilirsiniz. Bu çalışmaların ardından uyku ve dinlenme daha iyi gelecektir.

Bu çalışmayı ihtiyaç duydukça tekrar edebilirsiniz. Zamanla artık içinizden yapmak hiç gelmeyecek ve o zaman işte konu tam olarak şifalanmış olacak.

Zamanla ve çalışma yaptıkça da bu bağımlılık tamamen ortadan kalkacaktır. Sevgi ve şifa olsun (ve öyle de oldu).

ŞMELEKLER VE AMETİST ÇALIŞMASI

Allah'ım, sana layık ve sevgi dolu bir kul olabilmek için, ruhumdaki bütün olumsuzluklardan ve beni aşağıya çeken her türlü negatif duygu ve düşünceden kurtulmaya şimdi niyet ediyorum. Temizlenmeyi ve arınmayı, dönüşmeyi, şifayı seçiyorum. İçimdeki sana ait o muhteşem parçamın farkındayım, ben sevgiyim, senin sevgili kulunum, sevgiyle niyet ettiğim konumu iyileştirmek istiyorum. Lütfen daha fazla şifa için bana izin ver, yardım et. Sevgili Başmelek Mikail, o nazar boncuğu rengindeki kalkanınla beni ve enerjimi koru lütfen. Enerji alanımdan ve bütün eterik bedenlerimden olumsuz enerjileri vakumlayarak temizlemeni rica ediyorum. Sevgili Başmelek Jeremiel, (...)'i şimdi ve tüm zamanlara doğru affetmeme yardım et lütfen. Sevgili Başmelek İsrafil, lütfen şimdi senden rica ediyorum. (.....)'i bağışlamaya istekliyim ve bugüne kadar biriktirdiğim bütün öfkeyi fiziksel, zihinsel ve duygusal bedenlerimden bırakıyorum, şifaya kapılarımı açıyorum. Bana sevgi gelir ve bizden sevgi çıkar. Yaşamımı şifalandır."

Gözleriniz kapalı sakince nefesler alıp verin.

Melekler nefesler aracılığıyla bizlere yardımcı olurlar.

Bu esnada; gözyaşı, esneme, titreme gibi belirtiler olabilir, şifayı anlatır.

Birkaç dakika nefes alıp vermeye devam edin.

Zamanı gelince içinizde bir ferahlık, bir hafifleme hissedeceksiniz, o an sol elinize önceden üzerine olumlama/enerji çalışmış olduğunuz yeni bir Ametist taşını alın.

7 kere: "Ve öyle de oldu" deyin.

Sonra Allah'a şükredin. Meleklerinize teşekkür edin.

Bu çalışmayı ihtiyaç duyduğunuz bütün kişi ve olaylar için yapabilirsiniz.

O kişiyi tamamen affedemediğinize kanaat getirirseniz, istediğiniz kadar tekrar edebilirsiniz.

Taşı sizden başkası ellememeli, her çalışmada tekrar ederken aynı taş kullanılmalı.

BAŞMELEKLER VE RÜYA ÇALIŞMASI

"Yüce Allah'ım! Beni eşsiz ve tek yarattığın için sana çok teşekkür ederim, bugüne kadar beni getirdin, sana binlerce kere şükürler olsun. Bugüne kadar bilerek ya da bilmeyerek işlediğim bütün hata ve günahlarımı affet. Temiz ve samimi bir kalp ile bu gece karşındayım. Yaşadığım olayı kökten şifalandırmaya niyet ediyorum. Beni doğru yoldan ayırma. Sana daha iyi bir kul olabilmem için, daha iyi bir insan olabilmem için bana yardım et ve yolları aç Rabbim. (Bu bölümde Ya Şafi Esması'nı çekin, Ayet'el Kürsi okuyun, Fetih Suresi ile devam edin, 11 kere de İnşirah Suresi'ni okuyun...) Eğer bugüne kadar farkında olarak ya da olmayarak ettiğim beddua varsa hepsini geri alıyorum, iptal ediyorum, siliyorum, boşaltıyorum. Bugüne kadar (....) ile aramda geçen olumsuz olayların sorumluluğunu da üstleniyorum. İkimiz adına da senden özür diliyorum. Onu affediyorum, çünkü biliyorum ki onun da görevi bu, o bana aynalık etmeye geldi, o da benim oyun arkadaşım. Beni ne kadar üzseler de, yıpratsalar da iyi ki hayatımda oldular. İyi ki onları tanıdım. Hepsini sevgiyle affediyorum, onlar da senin sevgili kulun. Hepsine sevgilerimi ve iyi dileklerimi yolluyorum. Yollarında özgür ve mutlu olsunlar. Şimdi onlar yoluna ben yoluma (onları ve kendinizi beyaz

güvercinler olarak imgeleyin, ayrı yönlere doğru kuşları serbest bırakın) Sevgili Başmelek Mikail, Sevgili Başmelek İsrafil, Sevgili Başmelek Raziel, Sevgili Başmelek Jeremiel lütfen bu gece rüyamda benimle çalışın ve geçmiş kayıtlarımda bu yaşadığım olayı tetikleyen bütün kayıtları şifalandırın. Allah'ın o saf, sevgi ışığı bu gece ve tüm zamanlara doğru beni yukarıya çeksin, ve öyle de oldu. Teşekkür ederim.'

Bu çalışma uyku öncesi yatağın içinde başlamalı. Abdest almış olmalısınız okuyacağınız dualardan dolayı. Çalışma öncesi odada lavanta yağı ile tütsü de yapabilirsiniz. Çalışma esnasında sözleri söylerken sol avucunuzda bulunduracağınız Kuvars taşı uyurken de yastığınızın altında olabilir.

Dua sadece Allah'a gider, Melekler onun izni ile elçi olabilir. Bu tarz çalışmalarda niyet, netlik, tam olarak istemek çok önemlidir. Gerekirse çalışmayı devam ettirin.

ŞİFA ÇALIŞMALARI esnasında görülen renk ve ışıklar

Bazı renkler hem çakraları hem de Başmeleklerin enerjisini veya aura renklerini ifade eder.

Kırmızı Renk

Kök çakra rengidir. Konunun hızlanmasına işaret eder.

Kırmızı, duygularımızı ve tutkularımızı harekete geçirir.

Yaşam enerjisini simgeler.

Dalga boyu yüksek, titreşimi kısadır.

Canlandırıcı ve umut verici bir etkisi vardır. Motivasyonu, girişimi, coşku ve yaşama sevincini, sıcaklık ve aşk duygularını, kan basıncını ve vücut ısısını harekete geçirir. Olumlu etkiyi anlatır.

Fiziksel enerji, güç, atılganlık, dayanıklılık, cinsel enerji, büyüme konularında çok etkilidir.

Turuncu Renk

Sakral Çakranın rengidir.

Neşenin ve yapıcılığın rengidir. Bu rengin vücut içinde en çok etkin olduğu yer, adale sistemimizdir.

Turuncu enerjik aktiviteyi de arttırır.Coşkuyu geri getirir.

Turuncu bilge ve derinlikli bir renk olup şifa seanslarında güçlü akımları da anlatır.

İsteklilik ve ilham verir.

Konuları olumlu platforma taşır.

Neşe verici bir renktir. Canlılık ve heyecan verir, cinsellik duyguları harekete geçirir.

Sarı Renk

Solar Pleksus çakra rengidir.

Sarı, Başmelek Jophiel'in rengidir; aydınlanma ve bilgeliği ifade eder.

Başelek Uriel'in enerjisi ise mumun alevi gibi sapsarıdır, altın rengidir; huzuru temsil eder.

Sarının altın, bal, bakır tonları akış istenen konularda yaşam enerjisi yükleme gücüne sahiptir. Akıl ve zekâ rengidir.

Umut, ilham ve yöneticilik, başlama inancı duygularını tekrar ortaya koyar.

Bu renk kişinin zihinsel faaliyetlerini her yönüyle etkiler. Moral bozukluğunu ortadan kaldırıp kişiye yeni yaşama sevinci, gücü verir. İyimserlik duygularını artırır. Sarı renk mide, bağırsak ve mesane rahatsızlığının tedavisinde önemli rol oynar. Sarı vücut fonksiyonları, zihin ve zekâ üzerinde çok olumlu etkisi vardır.

Güneş ışığının, gençliğin, memnuniyetin ve büyük düşünmenin altyapısıdır.

İyimserlik sağlar, dikkat çekmek istenen konularda enerji sağlar, ticarette başarı, maddi ve manevi gelişim etkisi vardır.

Ruhsal olarak gelişimi etkilediği gibi, bereket konusunu da destekler.

Yeşil Renk

Kalp çakranın rengidir.

Başmelek İsrafil' in şifa veren rengi zümrüt yeşilidir; şifayı ve gerçeği ifade eder.

Yeşil renk, enerjimizi arttırır. Pozitif akımıyla yeşil; yatıştırıcı, iyileştirici, huzurlu ve etkilidir.

Yeşilin iyileştirici gücü büyüktür. Yeşil yaratıcılığın, yaşamın, sakinliğin, gücün, huzurun, yeniliğin ve ahengin rengidir. Baharın gelmesiyle doğa uyanır ve canlanır. Güvenin rengi yeşil bize doğanın gücünü de hatırlatır. Paylaşma, cömertlik, huzur, istikrar, sakinlik, zihinsel ve duygusal benlikte etkindir. Sağlık, para, istikrar, güven ve alıcı enerjinin rengidir. Enerjisi hayatınıza bereket, istikrar, denge ve güven getirir, yeni kapıları açmaya teşvik eder.

Mavi Renk

Başmelek Raguel'in aura rengi açık mavidir. Başmelek Mikail'inki de çivit mavisidir.

Başmelek Sandalphon'un aura rengi türkuvazdır.

Mavi renk; huzuru, sonsuzluğu, sessizliği, dinginliği, serinliği, başlamayı ve suyu ifade eder.

Umudun rengidir. İç dinginliği, sevgi, huzur, sakinlik ve barış duygularını pekiştirir.

Mavi, enerji sistemimizi serinletip dinlendirir, yeniler, yapılandırır.

Yüksek tansiyonun düşürülmesi ve çeşitli boğaz sorunlarının giderilmesinde etkilidir.

Söylenmemiş sözler ve ifade edememe konularında şifa etkisi taşır.

Mavi, birliğin, gerçeğin, uyumun, sakinliğin ve bilgeliğin rengidir.

Uyum, sakinlik, iletişimde başarı, mutluluğun, adalet ve psikolojik rahatlığın rengidir.

Enerjisi hayatınıza uyum, başarı, rahatlama ve iletişim yeteneği getirir.

Mor Renk

Tepe çakranın rengidir.

Başmelek Zadkiel'in rengidir; özgürlüğü temsil eder.

Başmelek Jeremiel' in aura rengi patlıcan morudur.

En hızlı titreşime ve en kısa dalga boyuna sahiptir. Mor iyi niyeti ve gücü temsil eder.

Vücudun iskelet yapısını etkiler, fiziksel ve ruhsal dünyamız arasında sağlıklı bir denge kurmamızı sağlar.

Ayrıca mor, insanların rüya aktivasyonunu geliştiren meditasyon rengidir.Birçok şifa seansında kullanılır.

Ruhsal dünyanın rengidir. Asilliği, dengeyi, kendine güveni, sakinleştirici ve dinlendirici duyguları pekiştirir.

Manevi büyüme, ruhsal gelişim, kendini ve başkalarını affetme, derinlik ve ruhsal güç veren bir etkisi vardır.

Psişik yeteneklerin, yükselişin, metafiziğin rengidir.

Beyaz Renk

Genel şifa, masumiyet ve korunmayı temsil eden ışığın, yeniliğin rengidir.

Başmelek Cebrail' in rengidir; uyum ve saflığı ifade eder.

Başmelek Haniel' in aura rengi mavimsi beyazdır.

Saflık, korunma, yenilik, arınma, ruhsal temizlik anlamına gelir.

Enerjisi hayatınıza güven, dönüşüm gücü, yeniye yer açma, içsel olarak arınma gibi etkiler getirir.

Gümüş; sezgileri simgeler, psişik yetenekleri güçlendirir, astral seyahat-durugörü-şifacılık için kapı açar.

Aynı zamanda koşulsuz merhameti, manevi yükselmeyi, Melek enerjilerine de uyumlanmış olmayı anlatır.

Pembe Renk

Kalp çakranın renklerinden biridir.

Başmelek Chamuel'in rengidir; sevgiyi ve saflığı ifade eder.

Başmelek Ariel'in aura rengi toz pembedir.

Başmelek Jophiel'in aurası gül pembedir.

Sevgi, şefkat, ilişkilerde uyum, dengeli olma, romantizm ve istemenin rengidir.

Enerjisi hayatınıza olumlu bakma, kabule geçme enerjisi ve ferahlık getirir.

Renklerin fiziksel ve eterik bedenlerimizde önemli görev ve işlevleri vardır.Gelen renge göre aldığınız yolu tahlil edebilirsiniz.

Bir şifa seansında hiçbir renk göremeyeceğimiz gibi, birden çok renk görmemiz de mümkündür.Her seferinde gelişime göre renk değişebilir.

Bu tamamen tekâmül, algı ve duru görü düzeyimizdeki hassasiyet ile ilgilidir, zamanla da değişim gösterir.

Bir şifa seansında en çok hangi organ, rahatsızlık ya da durumumuzun şifalanması öncelikli ise, o konuda çalışan enerjiler devreye girer ve biz de o renkleri görürüz.Yaşanılan acı, tıkanıklık, bağımlılık, blokaj seans esnasında vücutta belirli noktalarda uyuşma, titreme, yoğunlaşma, karıncalanma ile kendini belli ederken, enerji geçişlerinde de konu ve akış renklerle desteklenir.

Gelen rengi al ve sevgi ile kalbine koy... Ne zaman hasta veya enerjisi düşmüş birini görsen, unutma ki ondan sorumlusun. Kalbinden yeşil ışık çıkar, onu sarmala ve onu sen de şifalandır. Tüm zamanlara doğru herkes ve bütün için şifa olsun. Ve öyle de oldu...

DUALARLA ŞİFA ÇALIŞMASI – ALTIN IŞIK FREKANSI

** HAZIRLIK **

Çalışma öncesi duş ya da namaz abdesti alınmalıdır.

Kötü ve olumsuz tüm düşünceler dışarıda bırakılmış olmalıdır.

Allah'ın huzuruna çıkılacağı için bayanlar başlarını örtsünler, durumun anlam ve önemine göre kıyafetler giyilsin. Odada rahatlatıcı tütsüler yakılabilir.

Çalışma süresince rahatsız edilmeyeceğiniz bir ortamda bulunun.

Enerji açısından en doğru yer uyuduğunuz yatak odasıdır.

Cep telefonlarınızı kapatın ya da sessize alın.

Üzerinizdeki takıları ve metal aksesuarları çıkarın.

Daha önceden enerjisi çalışılmış KUVARS taşı da çalışma esnasında eşlik edebilir.

Önümüze bir kristal kasede su, şeker, un ve tuz alalım.

** BAŞLANGIÇ **

Burnumuzdan nefes alıp ağzımızdan veriyoruz...

Nefesimize odaklanıp, sakinleşiyoruz.

Ağzımızdan yavaşça verirken nefesi tüm kalbinle dile: "Bildiğim ya da bilmediğim beni bloke eden her şeyden kurtulmaya Allah'ın izni ile şimdi ve tüm zamanlara doğru niyet ettim" şeklinde niyet edip; nefesimiz bitene kadar yavaşça uzatarak "Estağfurullah" diyoruz.

Bu işlemi 19 kere tekrar ediyoruz.

Her nefes verişimizde ruhumuzdaki bütün blokajlardan; kin, nefret, öfke, olumsuz düşünme, korku gibi duygulardan arındığımızı imgeliyoruz.

Sonra başlıyoruz.

Sevgili Başmelek Mikail, lütfen Allah'ın izniyle şifa enerjini bana, aileme ve şifa çemberindeki kardeşlerime akıt. Teşekkür ederim. Rabbim şifanın sahibi sensin. Senin kulun olmayı çok seviyorum. Şükürler Olsun, Hamd Olsun."

İlk önce Yüce Allah'a Hamd ve Peygamber Efendimize Salavat ile başlıyoruz.

"Elhamdülillah, Elhamdülillah, Elhamdülillahi Rabbil' âlemîn. Essalâtü vesselâmü alâ resûlinâ Muhammedin ve Âlihî ve Sahbihî ecma'în."

"Estağfirullâhe ve etûbü ileyh."

"Sübhânallâhi ve-bihamdihî, Sübhânallâhil-azıym."

"Allâhümmeğfirlî mâ kaddemtü ve mâ ahhartü ve mâ esrartü ve mâ a'lentü ve mâ esraftü ve ente a'lemü bihî minnî entel-Mukaddemü ve en tel-Muahharu la ilâhe illâ ente."

"Allâhümme mağfiretüke evseu min zünûbî ve rahmetüke ercâ indî min amelî."

"Allâhümme ente Rabbî lâ ilâhe illâ ente halaktenî ve ene abdüke ve ene alâ ahdike ve vâ'dike mes'tetâtü eûzü bike min şerri mâ sanâtü ebû'ü leke bi-nîmetike aleyye ve ebû'ü bizenbî fağfirlî zünûbî feinnehû lâ yağfiruzzünûbe illâ ente bi-rahmetike yâ erhamer-râhimîn."

"Allâhümme inneke afüvvün Kerîmün tühibbül-afve fâ-fü annî."

"Allâhümmeğfirlî verhamnî ve elhıknî bir refîkıl-a'lâ."

Bu bölümün ardından

7 İhlas Suresi

7 Fatiha Suresi

7 Ayet'el Kürsi

7 Yasin

7 Kafirun Suresi

11 İnşirah

Ve YA ŞAFİ Esması'nı çekerek devam edin...

Okumalarınız bittiği zaman odanızı altın rengi bir ışık ile sarın. Işık önce göğün bilinmeyen bir noktasından gelip kalbinize dolacak, kalbinizden çıkararak odanıza ışığı her yana aktaracaksınız. Işık dolunca en az 15 dk kadar okyanus sesi ile meditasyon yapın. Nefes alıp verin; sadece şifaya, olumlu sona, sevgi bazlı konulara odaklanın. Olmuş bilin...

Kristal kâsedeki suyu en kısa zamanda 21 Besmele çekerek içelim ve sevdiklerimize, şifa isteyenlere içirelim.

Tuzu ve şekeri de ayrıca tüketelim. Şifa olsun, "ve öyle de oldu"

Bu çalışmayı 21 günde bir tekrar da edebilirsiniz.

Her geçen gün, önce Allah'a sonra kendinize birliğe yaklaşmanız için yaşam ve AN size binlerce fırsat sunar. Bunları doğru değerlendirin.

Yüce Allah'ım hepimizi, ailelerimizi ve sevdiklerimizi koru... Hayırlısını nasip et. Âmin.

Hep Birlikte Sevgi ve Işıkla Tüm Zamanlara Doğru...

EVİ ŞİFAYA AÇMAK...

Bir şifa yolculuğuna çıktığınız zaman evinizde ya da yaşam alanınızdaki olumsuz enerjileri de mutlaka geride bırakmış olmanız gerekir. Eşyaların, mekânların, objelerin de enerji ve etkileri vardır yaşamlarımıza. Evde mümkünse her odada Kuran bulundurun. Dua CD'leri her gün odalarda çalsın. Dualı sularla arındırma ve temizlik yapın. Sevmediğiniz kişilerden gelen eşya/hediyeleri de tutmak zorunda değilsiniz. Kırık ve bozuk eşyalar geçmişte tutar ve blokaj da yaratır. Büyük acı veya tartışmalardan sonra, ölüm veya beklenmedik şoklardan sonra evde eşyaların yeri değişir, perdeler yıkanır, şiltelere vurulur, silkeleme yapılır. Bol bol havalandırma yapılır. Elma sirkesi ile köşeler silinir, odada Himalaya ya da kaya tuzu bulundurulur. Odanın enerjisini yükseltecek şifalı taşlardan destek alınır. Adaçayı tütsüsü, çörek otu bulundurmak, olumlu resimler asmak da destek olur. Dualı suları her gün içebileceğiniz gibi, evinizde de kullanabilirsiniz. Suyun oluşturma gücü vardır. Gece arındırma çalışması yapacaksanız Kaplangözü, Yeşim ya da Lal da iyileştirici etki taşır.

KRİSTAL MELEK MEDİTASYONU

1. BEYAZ VE DAHA ÖNCE BAŞKA AMAÇ İÇİN KULLANILMAMIŞ TEMİZ bir kristali önünüze koyun ve lotus pozisyonunu alın.

2. Melek enerjisine merkezlenin.
3. Teslim olun ve düşüncelerin gelip gitmesine izin verin; en doğru "an" bir his olarak içinize gelecek. Doğru anda başlayın.
4. Dış etkilere kapalı hale gelin.
5. Akış ile bir olduğunuzu hissedin.
6. Sesler uzaklaştığı ve boyut geçişine yakın olduğunuz zaman sevdiğiniz Melekleri isimleri ile çağırın; sizin için gerekli mesaj ve enerjileri önünüzdeki kristale taşımalarını rica edin.
7. "Melek" sözcüğünü ve onların isimlerini tekrar edin. Her bir Melek ismi size enerji ve yanlı olarak geri dönecektir.
8. Mavi bir çember imgeleyin. Başmelek Mikail'in mavi güç enerjisi şimdi sizi sarsın; artık hiçbir şeyden korkmuyorsunuz. "Allah'ın izni ve Meleklerin yardımı ile güvendeyim" diyebilirsiniz.
9. Meleklerin ilham verici bilge ışığı şimdi tüm odayı (veya her nerde iseniz orayı) sardı.
10. Evrenin en saf enerjisi ile çalışabildiğiniz için çok şanslısınız.
11. Gevşeyin, artık çok mutlusunuz.
12. Deneyimiz ve meditasyon anında olanları mutlaka "Melek defterinize" not alın.

Meditasyon sonunda beyaz bir mum yakın, şükredin. Kalbinizden çıkan parlak sevgi ışığını şimdi sevdiğiniz herkese tek tek gönderin. Sevgi veren sevgi alır...

MELEKLERLE ESKİ VE KÖTÜ DENEYİMLERDEN ARINMA

Geceyi bekleyin. Beyaz bir mum yakın. Leylak tütsüsü kullanın.

Fikren, bu gece arınacağınıza inanın ve odağınız bu olsun, diğer düşüncelerden uzaklaşın.

Duş alın. Son 3 saattir yemek yememiş olmanız gerekir.

Sağınızda Mikail, solunuzda Cebrail'in enerjileri ile odanızda, yanınızda, sizinle olduklarına inanın.

Melek enerjisinde "şüphe" asla olmaz. Onlar bizi asla geri çevirmez. İnanın.

Şimdi ışıkları kapatın. Dilerseniz çok hafif bir meditasyon müziği çalın.

Yatağınıza uzanın, gözlerinizi kapatın, hazır olduğunuz an başlayın.

İmgeleyin ya da gerçekten çağırın "ışığı"... Gözünüzün önüne bir ışık gelecek.

Işığın içine girin, Melek Işığı Shekinah sizi sarsın. An'ı yaşayın, çalışmaya hazır olun.

Işığın içinden bir kova çıkacak: Şimdi eski, size acı vermiş olan aşkınıza dair acıları, kötü anıları, size olan hatalarını, O'nu, haksızlıklarını bu kovaya atın. Birden fazla kişi için de yapabilirsiniz. Hazır olduğunuz anda ışığı çağırın, ışık ile bu kovayı gönderin. Şu anda, geçmiş acıların bittiğine inanın. Geriye dönmeyin.

Şimdi de temizlenme zamanı. Tekrar ışığın içine girin. İmgeleyin ya da zaten göreceksiniz onu.

Koruyucu Meleğiniz gelsin ışığın içinden. Onu ilk defa bir siluet, tanıdığınız biri, bilinmeyen bir şekil olarak da görebilirsiniz. Şimdi Koruyucu Meleğiniz size "elmastan bir makas" uzatıyor. Alın bu makası...

Sizden uzanan eterik kordonlar var... Bunlar geçmişle olan ve artık kurtulmanız gereken bağlardır, aslında yanlış bağımlılıkları simgelerler... Hangi eski aşklarla, hangi acılarla, istenmeyen ve geçmişte kaldı diyeceğiniz eterik kordonlarınızı keseceğinizi düşünün. Makası aldınız, makas ile tek tek bağımlılıklarınızı kesin.

Makası hareket ettirip her birini kesin, rahatlayın. "Allah'ım hakkımda hayırlı olana niyet ettim, Sen en doğrusunu bilirsin. Şifam için elçilerin olan Meleklerini yanıma gönder. Âmin" diyebilirsiniz.

Artık özgür ve şifaya açıksınız. Gece huzurla uyuyun, yarın sebep aramadan birilerine iyilik yapın. Şükredin.

MELEKLERLE DÜNYAYI ŞİFALANDIRMA...

Başmelekleri çağırın, hazır olduğunuz anda başlayın.

Dünyayı imgeleyin ve dünyayı masmavi ve içinde yeşil ışık parçaları da olan bir ışık ile sarın...

Tüm gezegenimizdeki kıtaları görün, her bir kıtada derin bir nefes alın ve odaklanın.

Birçok farklı ırktan insan yüzleri görün, her yere ışık ve nefes gönderin. Sevgi gönderin.

Tüm dünyayı imgeleme gücünüz ile dolaşın. Hayvanları ve güzel ağaçları, çiçekleri, bitkileri görün.

Su alanlarından güç alın. Şimdi bir rüzgâr esiyor; bu bir şifa rüzgârı ve tüm dünyayı dolaşıyor, şifalandırıyor...

Meleklerden tüm bunları gerçek kılmalarını rica edin. Buna inanın. Arkadaşlarınızla ve gruplarla da çalışmayı yapın.

Şifa Gücü ve Melekler

Herkes bu boyutta aslında çok fazla bilmediği, kendine kondurmadığı, henüz keşfetmediği bir şifa gücüne sahip. İnsan, bırakın Melekleri, daha kendi bireysel sınırlarını ve sırlarını bile keşfedemedi. İnsanın bedeni, ruhu, zekâsı, özgür iradesi mükemmel bir düzenin ve ilahi gücün yansıması... İnsan şifayı aslında dışarıda arar, kendi gücünü küçümser. Her birimiz Allah'ın zerreleriyiz, bu anlamda sandığımızdan çok şeye sahibiz. Günlük yaşamdaki yanlış kod'lar ve inanç sistemleri bizi hem hasta ediyor hem de şifanın çok uzaklarda olduğuna inandırıyor.

Şifa içimizde ve aslında yanı başımızda. Güç içimizde. Doğuştan hepimiz sonradan kapanan güçlere ve yeteneklere sahibiz, bunu ister tek başınıza kullanın, ister bu alanda Başmeleklerle ve Kişisel Koruyucu Meleğiniz ile yapın. Bugün dünyada binlerce kişi kanser ve benzer zor hastalıklarda Melek enerjisi ile çalışıyor. En kötü olanı, en saf olan bir enerji ile yenebilirsiniz. Kanser, obezite, şeker hastalığı, damar rahatsızlıkları ve daha onlarca hastalığın kaynağı "sevgi eksikliği ve güvende hissedememe"dir.

Yaşamınıza sevgi girdikçe ve artık güvende olduğunuzu kabul ettikçe, hastalığı da yaşamınızdan çıkarırsınız. Tüm yaşanan ve potansiyel rahatsızlıkların düşünsel, inanca ait ve duygusal açıklama ve kök nedenleri vardır. Günlük yaşamınızda yalnız ve ailesinden sevgi göremeyen biriyseniz Melek enerjisi sevgi ve güven ile kuşatabilir. Ciddi rahatsızlıklar ile yaşamında boğuşan çoğu kişi üzerinde yapılan enerji çalışmaları ve regresyon çalışmaları belirli dönüm noktalarında, yaşamlarında mutlaka sevilmediklerine inandıklarını ortaya koyuyor.

Yaşamda ilerleme korkusu olan biri ilerlemeyi simgeleyen ayaklarıyla ilgili sorunu deneyimleyebilir...

İnsanların yanlış konuşmalarını hazmedemeyen biri, midesinde sorunlar yaşayabilir...

Çocukluğunda çok azar işiten bir birey, yaşlılığında işitsel sorunlar yaşayabilir...

Artık yaşamında uzağı, ileriyi göremeyen, gelecek kaygısı olan biri, miyop rahatsızlığını yaşamına çekebilir.

Eşi tarafından aldatılan ya da terk edilen bir kadın, kadın hastalıkları ve rahim ile ilgili sorunları çekebilir...

Bu örnekler çoğaltılabilir... Kökende görüldüğü gibi güven eksikliği ya da sevgi açlığı var. Bu durumla önce yüzleşmek, kabule geçmek, ardından çözüme yönelmek önemli. Sevgi kapılarınız kapalı ise açılmanız gerekir. Saf sevgi için hayvanlarla ve bebeklerle daha çok bağ kurabilirsiniz. Melek enerjisini her türlü sağlık sorunu veya başka şifa gerektiren alanlarda kullanabilirsiniz. Yüreğinizi açın, yaşamınızda ne gibi zorluklar olduğu önemli değil. Meleklerle mutluluk ve şifalanma bir seçimdir, seçen herkes için gerçek olacaktır. Bu çalışmaları uygularken, ışıklar, renkler, zikir, telkin, inanç sizin çok önemli olacak.

"Sevgili Meleğim, şifa gücünü, sevgini, ışığını üzerime, dünyama, kalbime gönder. Seni seviyorum, teşekkür ederim..."

Şifa Meleği Rafael (İsrafil) ile çalışabileceğiniz gibi (yeşil parlak şifa ışığı) diğer Melekleri de bu alanda çağırabilirsiniz. Rafael tüm dünyaya bitkiler ve hayvanlar da dahil olmak üzere sınırsızca şifa verebilir. Aynı anda dünyadaki tüm insanlara kadar ulaşabilir. Tüm benliğiniz ve gücünüzle isteyin, teslim olun. Bu arada fiziksel dünyaya dair atmanız gereken adımlar da olursa bunları yapın.

Çalışmalarınıza tütsü ve taşları da ek destek olarak koyabilirsiniz. Kristaller bu alanda çok güçlü destekleyicidirler. Pek çok hikâyede, ölüm döşeğindeki savaşta yara almış askerlere, hastanede ümitsizce ölümü bekleyen hastalara yardım eden, onları ziyaret eden Meleklerden bahsedilmiştir. Melekler bazen de toplu halde gerekli görülürse insanları iyileştirir. İyilik yolundan sapmayın, inanın ve şükredin -hasta bile olsanız şükredin- doğru yolun sonu aydınlıktır, buna inanın. Gelişmeleri yazın, yazdıkça gelişmeleri daha net izleyeceksiniz.

Dua da şifadır. Dua da şifayı çağırır ve size güç verir. Allah sevgisi, iman hepimizin içinde, bu ÖZ ile alacağımız güç; bizi şifalanacağımıza, iyileşeceğimize dair de ikna etmeli. Yaşamlarımızı bizler inşa ediyoruz, hastalıkları da biz yine yaşamımıza çağırıyoruz. Kaynağı bulmak ve doğru şifa etkisi ile çalışmak sizin için çok önemli olacak. Var olan rahatsızlığınız yaşamınızın içine bir ders vermek, mesaj göndermek, tekâmül için girmiştir. Bu anlamda, isyan değil kabule geçmek çok önemli.

Melek enerjisi ile çalıştıkça, zaten daha saf ve arınmış bir enerjiye geçeceksiniz. İstemeyi ve inanmayı da başarabilirseniz ve "ya olmazsa, bu kadarı da yeter mi" gibi şüpheleri odağa koymazsanız süreç daha güzel olur. Sağlıklı, arınmış, zekice ve her daim olumlu düşünceler üretin, koşullar nasıl olursa olsun. Yaşamınızın sağlık ve şifa konuları tamamen sizin şahsi sorumluluğunuzda, iyileşmek ise elinizde. Bir şifa sürecini deneyimleyeceekseniz, mutlaka netleşin-odaklanın-değişime açılın. Sizi sevmeyen, sevemediğiniz, kötülüğü çağrıştıran ne varsa uzak durun. Olumlu olan ne varsa hele de özlediğiniz şeylerse bunlar tekrar yaşamınıza çağırın.

Düşüncelerinizi ve nefesinizi kontrol edin; sonuca inanamayacaksınız... İnsan yaşamında her şey bir düşünce, bir duygu, bir inanç ile başlar.

Bizi bugün engelleyen geçmişe dair yıkıcı duygular...

Sevgisizlik...

Öfke...

Kin...

Affedememe...

İlgi görememiş olma...

Aileden kaynaklı ihmal edilmişlik...

Anne veya babanın eksikliği...

Cinsel istismar...

Suçlanma...

Aşağılanma...

Kızgınlık...

Kırgınlık...

Yalnızlık...

İfade edememe...

Hayal kırıklığı...

Sorununuz kökenini yukarıdaki listeden de alıyor olabilir. O duygusal sorun ve kök bugün fiziksel bir sonuç ile kendini gösteriyor da olabilir. Duygu dünyası ve fiziksel beden birbirleri ile iletişimde. Meleğinizle bağlantıda olduğunuz anda bu soruları sorun ve cevapları not alın. Meleğinizin yardımı ile üst benliğinize de ulaşabilirsiniz. Bu şekilde de sonuca yönelik bilgi alabilirsiniz. Başmeleklerin şifa enerjilerini vücudunuzda dolaştırın gerekli noktalara yoğunlaşarak ayrıca geçmişe yönelik tüm kötü anı ve olaylara ulaşıp tek tek bağları çözün.

Regresyonun şifada önemi…

Siz sadece bugünkü siz değilsiniz. Sizin biriktirmiş olduğunuz bir enerji var: geçmişiniz…

Geçmişte mutlaka yanlış, yıkıcı, olumsuz ve unutulmayan konularınız var. Hem bu yaşamdaki geçmiş, (inananlar için) geçmiş yaşamlar ve kolektif bilinç/altı sizi bugün etkiliyor. Regresyon ile geriye giderek sorunun kökünü bulun ve şifa verin, zaten o noktaya ulaştığınız anda çözüm sürecine de aslında girmiş oluyorsunuz.

Kökende mutlaka "korku" gerçeği ile karşılaşacaksınız. Korku sevginin olmadığı yerde var olur; sevgi korkuyu yener siler… Farklı kişilerle aynı tip sorunları tekrar tekrar aşkta veya iş alanında yaşıyorsanız, aynı tip kaybetme senaryoları peşinizi bırakmıyorsa, bazı konular tam istediğiniz noktaya gelecekken ters dönüyorsa regresyona ihtiyacınız var demektir. Tekrarlanan sorunlar sizin artık duygusal anlamda şifalanmaya ihtiyacınız var anlamına gelmektedir.

MELEKLERLE IŞIK ÇALIŞMASI VE SEVGİYE AÇILMA

Geceyi bekleyin. Yenilikleri çağırmak için Yeniay dönemi çok daha uygundur.

Olumsuz düşüncelerden arının, eski düşüncelerden uzaklaşın, Meleklerin enerjisini çağırın.

Duş almış olun. Açık renkler giyin. Son 3 saattir yemek yememiş ve son 9 gündür hayvansal gıdalardan uzak kalmış olmanız daha verimli sonuç için gereklidir.

Odanızda Yasemin ya da Vanilya tütsüsü yakın.

Allah'ın izni ile sağınızda Mikail, solunuzda Cebrail'in, önünüzde Uriel ve arkanızda Rafael'in enerjisini hissedin. Sevgi enerjileri ile odanızda, yanınızda, sizinle olduklarına inanın. Sağ avucunuza Beyaz Kuvars Kristali'ni alın ve odaklanın.

Şimdi ışıkları kapatın. Size saflığı ya da bebekliğinizi hatırlatan bir müzik çalın.

Yatağınıza ya da rahat ettiğiniz yere uzanın, gözlerinizi kapatın, hazır olduğunuz an iç sesiniz size sinyal verecek: başlayın.

İmgeleyin ya da gerçekten çağırın "ışığı-sevgiyi-enerjiyi"... Gözünüzün önüne bir ışık gelecek.

Bu ışığın içine girin, vücut ısınız yükselecek.

Işığın içinden bir Gümüş Kese çıkacak: şimdi eski aşkınıza dair acıları, darbeleri, size olan acımasızlıklarını bu keseye atın. Birden fazla kişi için de, tüm eski aşklar için de yapabilirsiniz atma işlemini. Hazır olduğunuz anda ışığı çağırın, ışık ile bu kesenin ağzını bağlayın ve "kin ile değil sevgi ile" keseyi bir daha görmemek üzere yaşamınızdan uzağa gönderin. Şu anda, geçmişe dair aşkla ilgili ne varsa kurtulduğunuza inanın, "bitti" deyin.

Şimdi de temizlenmek ve yeniden başlamak için tekrar ışığın içine girin. Koruyucu Meleğiniz gelsin ışığın içinden, onunla el ele tutuşun. Şimdi Koruyucu Meleğiniz size "Işıktan Elini" uzatıyor. Tutun ve gücü hissedin, siz "sevgisiniz" artık...

MELEKLER VE ETERİK ARINMA

Sizden uzanan eterik kordonlar vardır, sizi bloke eden korku ve bağımlılıklarınızı simgeleyen... Bunları bu boyutta göremeyiz ama bizi aslında kurtulmak istediğimiz ya da sadece negatif hissettiğimiz konu ve kişilere bağlarlar. Geçmişle olan ve artık kurtulmanız gereken bağlar kesilmedikçe veya şifa bulmadıkça, sorunlar tekrar eder. Aslında yanlış bağımlılıkları simgelerler, bu bağımlılıklar kesilince ruh özgürleşir ve aynı hatalar ve darbeler biter... Hangi eski kötü hikâyelerinizle, hangi mutsuzluklarla, istenmeyen ve "bitsin artık" diyeceğiniz detaylarla eterik kordonlarınızı keseceğinizi bulun ve fikren, ruhen hazır olun bu çalışmaya. Şifalandırmayı bu anlara ait kişilerin resimleri varsa onlar üzerinden de yapabilirsiniz. Başmelek Mikail'i çağırın, Işığı ile sizi aydınlatmaya geldiğinde, onun gücünün simgesi olan Mavi Işığı bir kılıç gibi düşünün, kılıç ile tek tek istenmeyen eterik kordonlarınızı kesin.

Bu çalışmayı kötü anılardaki kişinin resimleri üzerinden yaparsanız bu resimleri (eğer isterseniz) atın veya yakın. Enerjiyi yani ışığı bu resimlerin üzerinde de kullanın, kötü anılardan arındığınıza inanın.

Artık özgür ve yeni aşk yaşamınıza açıksınız. Gece huzurla uyuyun, uyumadan önce son kez Başmelek Mikail'in mavi ve güçlü ışığının içine girin. Yarın kuşlara yem verin, çocukları mutlu edin, dua edin. Şükredin.

MELEKLERLE "MOR IŞIK SELİ" ÇALIŞMASI

Daha yüce enerjilere açılmak için bu çalışma uygundur. Mor renk bilgeliği temsil eder.

Her zaman uygundur aslında ama yoğun enerjiler için Dolunay zamanı da tercih edilebilir.

Geceyi bekleyin, yeni aldığınız ve hiç giymediğiniz mor bir kıyafeti giyin. Nane ile tütsü yapın.

Son 2 saattir olumsuz hiçbir şey düşünmemiş olun (zor olsa da deneyin) ve olumlu bir enerji yakalayın.

Yaşamınıza çekmek istediğiniz bir sonuç varsa, o sonucun resmini edinin ve 10 dakika kadar resmine odaklanın. Yoksa imgeleyin.

Şimdi Koruyucu Meleğinizi çağırın. Melekler ile iletişimimiz kişisel olduğu için ister içinizden çağırın, ister kendi özel ritüelinizle varlığını hissetmeye çalışın, ister kapınızı açın geldiğini hissedin veya imgeleyin... Melek enerjisinde geliştikçe "sadece çağırmak yeterli olacak" ve bu çalışmalarda herkesin kendi tarzı vardır.

Hissinizle başlamanız gereken anı bileceksiniz. İç sesiniz "şimdi" diyecek, o an başlayın.

2 dakika kadar mor renkte bir kart veya eşyaya bakın. Evrensel enerjinin ve bilgeliğin rengi mor sizi enerji olarak yükseltecek.

Yatağınıza uzanın. Kollar iki yanda, eller tavana bakıyor. Avuç içinize, Meleğinizden sevgi ışığı koymasını isteyin. Her yer mor her yer Işık, siz evrenle bir'siniz, anın içindesiniz, Meleklerin sınırsız sevgisi sizinle.

Mor sevgi ışığı avucunuzda. Size aşkta rehberlik sunuyor ve sizi koruyor. Yatarken iki kolunuzu biraz kaldırıp iki avucunuzdan (15 cm aralık) birbirine karşılıklı enerji geçirin. Ara ara elleri yaklaştırıp uzaklaştırın.

Mor ışığı Meleğinizin yardımı ile büyütün iki avucunuzun arasında; çok parlak güçlü ve değişik bir pembe ışık bu... Şimdi ışığın içine girme zamanı Meleğinize sorularınızı sorun net ve açıklıkla; sizi duyuyor. İçbiliş yöntemi ile cevapları bileceksiniz.

Işığı kalbinize koyun, şifaya açılın.

Meleğinize teşekkür edin.

MELEKLER VE KRİSTALLER

4 adet kristal alın. 1 gece boyunca bu taşları Dolunay ışığı altında bekletin.

Kristaller sıradan taşlar değildir, isteklerinizi kod'lar ve sizinle birlikte çalışırlar.

4 kristali bir sonraki gece odanızda yerde 1 daire yapacak şekilde yerleştirin ve tam ortasına oturun.

Başmelekleri çağırın ve Işığı hissettiğiniz zaman söylemeye başlayın:

"Yüce Rabbim, Sana ve Meleklerine şükürler olsun. Evren benimle, ben inanıyorum ki güzel ve hayırlı olan gerçekleşecek. Ben, hayrımıza olanı istiyorum artık yaşamımıza. Senin yarattığın kristallerin, Meleklerin gücüne ve sadece sana sığınıyorum. Şifayı hak ediyorum. Tüm yollar ona çıksın istiyorum, saf ve gerçek olanı kabul ediyorum. Ben ışığı gördükçe dönüşüme de niyet ediyorum. Allah'ım hayırlı olanı nasip et...."

Bu çalışma esnasında kullanılan kristalleri dönüşümlü dileklerinizi olana dek taşıyın. Gün içinde gelecek mesajları not alın.

Melekli Sevgi Olumlamaları:

Melekler beni seviyor.

Meleklerle her daim sevgi enerjisi benimle.

Sevginin en saf olanını Melekler ile yaşamıma davet ediyorum.

Meleklerin isimleri bile bana sevgiyi çağırıyor.

Melekler Allah'ın sevgi dolu elçileri…

Meleklerim beni sever ve kollar, onlarla güvendeyim.

Sevgiyi yoğun hissettiğim anlarda Meleklerim beni daha çok onaylar.

Allah sevgim beni Meleklere daha da yakınlaştırıyor.

Sevgi ve Melek enerjisi geri kalan yaşamımın en güzel parçası.

Zor anlarda Meleklerin sevgisi benim güç kaynağım.

Meleklerimi seviyorum, sorunlarımı onlarla aşıyorum.

Gerçek sevgiyi Meleklerle keşfediyorum.

Sevgiyi yaşamıma Meleklerle taşıyorum, benden sevgi çıkar, bana artık hep sevgi gelir.

Korkularımı geride bıraktım, seviliyorum, Meleklerim benimle.

Koruyucu Meleğim bana sevgiyi öğretiyor.

Aşkta sevgi enerjisini Meleklerim ile yönlendiriyorum.

Evrenin en yoğun sevgi enerjisi Meleklerim ile bana rehberlik ediyor.

Sevgi tüm yaşamımı Melekler ile değiştiriyor.

Yaşamımı sadece sevgi yönetiyor, Meleklerin rehberliği ile sevgi dolu olanı kabul ediyorum.

Sevgiyle ve Meleklerle dönüşümümü sağlıyorum.

Meleklerle seviyorum, bağışlıyorum, arınıyorum.

Sevgi enerjimi yükseltiyor, Meleklerime şükrediyorum.

Allah'ın sevgisi, Meleklerin ışığı içimde. Ben güçlüyüm.

Ben sevgiyim, yaşam sevgi dolu, Meleklerle her şey daha güzel ve doğru.

Sevildiğimi her gün Melek mesajları ile görebiliyorum.

Sevgi Meleklerdir.

Sevgi yolu ve Meleklerle evrensel algım derinleşiyor.

Beni sevenleri ve sevecekleri Melek enerjisi ile daha net görüyorum.

Ben sevgiyi ve sevilmeyi seçiyorum. Meleklerim bana rehber oluyor.

Gerçek sevgi içimde, bunu Melek enerjisi ile görebiliyorum.

Meleklerin sevgisi beni yaşama bağlıyor.

Allah'ın elçileri benim saf sevgi kaynağım.

En saf ve gerçek sevgiyi keşfettim, yaşamım artık daha doğru.

Benim gibi sevgiyi seçenleri çağırıyorum. Meleklerim bana yol gösteriyor.

Benim olan her şeye şükrediyorum, Allah ve Meleklerine binlerce şükür...

Hayrıma olan benim olsun; Melekler rehberim olsun.

Şimdinin gücünü Melekler ile keşfediyorum.

An'ın değerini Meleklerim ile görüyorum.

Aşkımı Meleklerimle seçiyorum.

Aşık olduğum kişinin Melekleri ile de irtibat kurabilirim.

Melekler beni her an ve her konuda destekler.

Ben güzelim; sevgi beni güzel yapar.

Güvendeyim; Meleklerin sevgi ışığı beni her gün sarıyor.

Sevgi kusursuzdur, severken yaşamım Meleklerimle kusursuzlaşıyor.

Sevgi veriyorum ve sevgi alıyorum. Sevgi benim Meleklerle enerji kaynağım.

Sevgi için yaşıyorum, Meleklerle tüm yollar sevgiye çıkıyor.

Ben Allah'ın zerresiyim, sevgi içinde yaşıyorum.

Melekler bana rehberlik ediyor; yaşamım sevgi ve şükran ile dolu.

Sevgi ışığımı sevdiklerime Melekler ile yollarım.

Sevilmek güzeldir, Melekler beni sever.

Her güne sevgi ile başlarım, Melekleri selamlarım.

En sevdiklerimi Meleklerin ışığı kuşatsın.

Sevgilime en saf yanımı Melekler yardımı ile sunuyorum.

Aşık olduğum zaman enerjim yükselir, Meleklerle aşkı çağırabilirim.

Melek enerjisi yaşamımı sevgi ile donatır.

Sonsuz ve sınırsız sevgi, geri kalan yaşamımın en güzel değeri.

Meleklerim beni seviyor, mesajları ile beni mutlu ediyor.

Umudum sevgi Meleklerim…

GEÇMİŞ YAŞAM ŞİFASI İLE GİDEN KİLOLARIM

Kilo konusu, insanlar ve insanlık çok büyük sorunlar yaşarken çok küçük ve önemsiz belki ama bu bölüm sağlık ile alakalı olduğu için, kendi yaşadığım kilo ile ilgili blokajı ve ondan kurtulma öykümü de buraya sıkıştırdım. Sürekli yemek yemem, aç olmasam da bir şeyler tüketmem için sürekli bir telkin alıyordum, bir şeyler beni yemeye itiyordu ve yemezsem kötü şeyler olacak gibi hissediyordum. Bilinç seviyesindeki çalışmalar da pek işe yaramayınca, çareyi "geçmiş yaşamda" aramaya karar verdim. Ben kilolu halimden çok şikâyetçi değildim, büyük beden de olsam bence hoş sayılırdım ama danışanlar "Madem bu regresyon her derde deva o zaman bu alanda sen yap biz de görelim" dedikçe onlar da sonucu görmek çok istiyor diye bu çalışmayı kilo için kullanmaya karar verdim. Benim kilolu şekilde TV'ye çıktığım zamanlarda beni sevmeyen TV'ci ve izleyiciler, eski tanıdıklar, bazı takipçiler arkamdan, bazen de yüzüme bana hakaret bile etmişti. Maalesef bunları yapanların çoğu kadın, erkekler bu alanda sataşmaya çok tenezzül etmez çünkü... Bunları yapanlar "karma borcu" yaratmış oldu, ben zayıfladım, istersem yine yer kilo alırım, çok aşırı umurumda değil, ben güzellik kraliçesi değilim danışmanım. Ben kaç kilo olursam olayım benimle seans yapmak isteyen, bana gerçekten inanan, beni okuyan onbinlerce kişi var dünyanın her yerinde çok şükür.

Tek ve net bir eski anıya yani kayda ulaştım. Ortaçağ zamanı diyebileceğim bir zaman... Engelli ve ileri seviyede obez bir kızım yaklaşık 13-16 yaşları arası gibi... Sarışın ve çok iriyim. Hem zihinsel engelli hem de konuşma ve duyma konusunda engellerim var. Uzun sarı saçlıyım şimdi olduğum gibi... Bir sirkte yemek karşılığında çalışıyorum ama daha çok orada bir sığıntıyım sanki. Çok kilolu olmam bana maskot gibi bir görüntü veriyor, beni o halimle istiyorlar ve ben de kilolu kalırsam ve çok yersem sadece o sirkte kalabileceğime inanıyorum, o nedenle sürekli yiyorum. Yalnız ve umutsuzum, genelde hayvanlarla zaman geçiriyorum sirkte. Engelli olduğum için herkes bana mesafeli davranıyor, genelde temizlik, angarya, ufak tefek işlere ve sirke ziyaretçiler girerken onları karşılama işlerine bakıyorum. Ailem tarafından terk edilip küçük yaşta bu sirke verildiğim için ve yemek yemezsem oradan da atılırsam, bu hayatta çok yalnız kalırsam korkusu ile sürekli yiyorum yiyorum... Anı buydu. Çok etkilenmiştim bu anıdan; bu anıyı bulup gereken şifası yapıldıktan sonra yemeklerden uzaklaşmaya, normale dönmeye başladım... Bu anıdaki kız beni günlerce etkiledi; çok ağladım ve çok düşündüm bu konuda. Benim Tuğçe olarak bu yaşamımda engelliler ve hayvanlar konusunda hassas olmam da bu anı ile bağlantılı olabilir. Bu anı için reenkarnasyon asla demiyorum (buna inananlar da pek tabii ki olabilir) bu bir eski yaşam kaydı benim ruhsal hafızamda çıkan. Kolektif bilinçaltından da çekilmiş olabilir. Diğer bir teori de "enerji alanımızda yaşayan ruhlar"; bazen bu dünyaya hâlâ yakınlık duyan ölmüş bir kişinin ruhu da bizi biz olmaktan çıkarıp bizi bize ait olmayan enerjideki işlere bulaştırabilir.

Kilo sorunu yaşıyorsanız yiyeceklere yüklediğiniz enerjiyi değiştirin...

Regresyon konuyu belirli bir noktada şifalandırabilir, bunun ardından sorununuz ne ise bu alanda sizin de bu dünyanın gerçeklerine göre adım atmanız gerekecek elbette ki. Suyu içerken olumlamaları "yaşayan enerji olduğu için" suya kod'layıp içmek, aslında makarnayı "kalorili" olarak kod'lamadan kabul enerjisine geçerek yemek, "şifalı" olduğuna inanarak yiyecekleri tüketmek, bazı içecekleri Dolunay veya Yeniay ışığı altında iksirlemek ve bu şekilde farklı enerji ile içmek vücudunuza girenleri değiştirip sizi de dönüştürür. Mesela yoğun enerji çalışmaları yaparken, zikirlerle çalışırken, dua ile odaklanırken, itikaf aşamalarında zaten çok yemek yenmez. Ruhsal anlamda dönüşümü de zaten az yemek yemek destekler.

21 gece kendi sesiniz ile kaydedin ve tekrar tekrar uyku öncesi dinleyin, bilinçaltı neye inanırsa sizi o hale getirir:

Ben zayıfım.

Kolayca istediğim ideal kilomda kalabilirim.

Yemekler bana mutluluk verir, zayıf da kalmamı destekler.

Her su içişimde arınırım ve zayıflarım.

Yemek yemek güzeldir, ben her zaman zayıf olabilirim.

Hızlı ve rahatça zayıflıyorum.

Kendimi olduğum gibi seviyorum ve kabule geçiyorum.

Ben tokum, az yer tok hissederim.

Bilinçaltınıza ilk etapta 5/10 kilo için bir zayıflama emri verin, o onayı verince sizi o kiloya getirmek için çalışmaya, elinden geleni yapmaya başlayacak. Seni diyetisyene gönderen, rejime sokan, kilonu sorgulatan da zaten bilinçaltı. O nedenle dönüşüm zaten bilinçaltı ile başlamalı.

İyileşmek için nasıl kansere nezle muamelesi yapılması gerekiyorsa, korku enerjisinde kalmadan yola devam etmek şartsa, bu alanda da ben verdiğim 30 kiloya 3 kilo muamelesi yaptım. Unutmayın, her şey önemsiz yeri geldiğinde ama siz çok güçlüsünüz. Olumsuz enerjiyi büyütmeden işin içine girilmeli, 21 günde enerji, ruh, beden zaten değişime ayak uyduruyor ve gerisi geliyor. Bu aşamada mutlaka yine uyku öncesi eski zayıf bir resminiz ile olumlama-imgeleme-komut verme çalışması yapın uyku öncesi. Sabah uyanınca yine olumlama, sevgi sözlerini enerji çalışmaları eşliğinde avuçlarınıza kod'layın, geçirin ve avuçlar ile bedeninize masaj yapın, sevin, dokunun. Kilonun da sebebi evet yine her olayda olduğu gibi "sevgi" eksikliği... O engelli kız enerjisini taşıdığım için ben bu sorunu yaşamıştım, siz de kendi yaşamınızdaki karşılığını bulun. Allah daha büyük sorunlardan korusun yoksa kilo nedir ki... Âmin.

Şimdi iki elini çapraz şekilde boynuna sar sağ ve soldan ve söyle: "Beni seviyorum, beni kabul ediyorum, benden özür dilerim, beni affediyorum, ben olmak güzel." Çocukluğuna odaklan sevgide kal, tekrar et. İnan. Bu arada unutmadan eklemem lazım; eğer kilo konusunda çalışacaksanız benim gibi, ben geceleri aç hissetmemek için Esmaülhüsna zikri yapıyordum, seanslarım gece geç saat bitince gecenin de manevi enerji desteği ile kendimi Allah'ın güzel adlarına bırakıyordum. Manevi açlık gidince fiziksel açlık zaten önemsiz kalıyordu...

ENERJİ ALANIMIZDA YAŞAYAN RUHLAR VE KORUNMA

Tüm bu bölümde bahsedilenin dışında, bazen de "bir enerji değişimi ya da düşüklüğü konusunu" da hastalık sanabiliyoruz veya bu enerji bizi aslında hasta ediyor.

Her insan çoğu zaman yerlerin, eşyaların, semtlerin ve insanların enerji alanına duyarlıdır. Kiliseye, camiye, hastaneye veya kütüphaneye girdiğimizde o mekânların sükûnetini veya orada bize ait olmayan bir enerjiyi hissederiz.

Kendimizi iyi hissettiğimiz belirli mekânları, restoranları, evleri severken, kötü hissettiğimiz alandan kaçınırız. Hassasiyeti çok az olan bir insan bile bir toplantıya veya partiye girdiğinde, ortamın pozitif mi, negatif mi olduğunu algılar. Farkında olalım ya da olmayalım ortamlar hepimizin duygu ve davranışını görülür bir biçimde etkiler, "sana iyi gelmeyen sana ait değildir".

Sağlığımızı, sinir sistemimizi olabildiğince korumak ve güçlendirmek için enerjinin doğası hakkında bilgilenmek gerekir. Kendimizi, işyerimizi, evimizi psişik saldırılardan, enerji vampirlerinden, öte âlem saldırılarından korumayı ve temizlik yapmayı öğrenmek gerekir. Psişik temizlik şifacılık gibi bir enerji çalışmasıdır, hepimizde bu güç var, sadece kapalı ama istersek aktif hale gelir.

Tüm spiritüel uygulamalarda ve tüm enerji çalışmalarında olduğu gibi psişik korunmayı öğrenmek için de düzenli ve disiplinli bir deneyim-uygulama ve ayrıca yoğun inanç-istek gerekir.

Psişik korunma teknikleri şu durumlar için uygulanabilir.

- rahatsız edici olaylardan ve gözümüzü korkutan durumlardan kendimizi koruma
- enerjileri ve tavırlarıyla bizi etkileyen enerji hırsızı insanlara ve güçlü kişiliklere karşı kendimizi koruma, buluşma sonrası enerjiyi gönderme
- dışsal müdahalelere karşı enerji alanımızı koruma, her an tetikte kalma
- evimizi ve iş yerimizi temizleme, iyi ve kötü olanı daha hızlı ayırt etme

- kavgadan veya konuklardan ya da hoş olmayan bir durumdan sonra, ortamdaki tesirleri temizleme, enerjisel temizleme tekniği
- bir cismi veya ortamı sevgi dolu bir titreşimle yükleme, kod'lama, dönüşmesini sağlama
- içsel gücü dış tesirlerden minimum düzeyde etkilenecek bir ışığa ulaştırma frekansını seçme

Aura, psişik yeteneği olan insanlar, durugörürler tarafından görülebilir, bazen de o gün frekans olarak yüksekseniz siz de seçebilirsiniz. Bazı insanlar aura görme yeteneğine doğuştan sahiptir, bazıları bunu aura olarak açıklayamaz ama o kişide bir şeyleri sezer. Bazı insanlar ise spiritüel nitelikli uygulamalar ile aura görme yeteneğine sonradan ulaşabilir; travma, çöküş, büyük acılar, beklenmedik çöküşler bazen enerji kanalını açar. Auraları görmesek bile her birimiz onun varlığını duyularımız aracılığıyla zaten algılıyoruz; fark edelim yeter ki.

Aura denince, temel gerçeklik "enerjidir". Her şey belirli frekanslarda zaten enerjiden oluşur. Bu enerjileri yönlendiren ise ruh halimiz veya enerji halimizdir. İçinde bulunduğumuz haller, yaşadığımız olaylar, mutluluk veya mutsuzluklarımız, öfkemiz, sinirliliğimiz vs. şuur hallerimizi yansıtır. Ve bu hallere karşılık gelen enerjiler de çevremize yayılır. Yanlış enerji veya biz yanlış olduğumuz veya yanlış bir enerji alanında bulunduğumuz için bize yaklaşan bazı ruhlar da konunun içine dahildir.

Bu yansıma enerji alanlarımız ile rezonansa girebilen bireyler tarafından da algılanır. Onun için çoğu kez bir insana neyin var diye sormadan da onun iyi mi, mutsuz mu, öfkeli mi, kötü mü olduğunu anlarız; yansımaları doğru takip edin. Çünkü her birimizin aurası birbiriyle girişim yapmakta ve bizler bu aura girişimleri sayesinde de birbirimizle ilişki kurmaktayız. Ayrıca hepimiz Avatar filmindeki gibi görünmeyen bağlar ile birbirimize bağlıyız. Farkında olmadan bile 6. hisleri ve bilinçaltı kaynaklı bilgileri kullanıp çevremizdeki titreşimleri de algılamaktayız.

Bazı insanların yanında kendimizi iyi hissederiz çünkü onun enerji alanından gelen titreşimler bizim enerji alanımızı yükseltmiştir. Frekans bu anlamda doğrudur. Bazı insanların yanında ise bitkinlik duyarız, çünkü o insan farkında olmasa da bizim enerji alanımızdan bir miktar enerji çekmiştir. Bu durum her zaman kötü niyetle olmaz ama bunu kasıtlı bilinçli yapanlar da var... Psişik korunmanın anlaşılabilmesi için enerjinin doğasının anlaşılması gerek. Eğer enerji alanımızı güçlendirip koruma altına alırsak hem dışarıdan gelecek negatif titreşimlere karşı korunmuş oluruz hem de yaydığımız pozitif titreşimlerle çevremizdeki insanların ruh hallerinin pozitif kalmasına, bulunduğumuz mekânların pozitif titreşimlerle beslenmesine, dünyanın daha Işık dolu olmasına biz de katkıda bulunabiliriz.

Enerji çalışmaları ve korunma için öncelikle yapmamız gerekenler şunlardır:

1. Dengeli ve düzenli beslenme
2. Düzenli uyku
3. Sık sık duş alma
4. Dedikodu yapmama, içsel konuşmaları, zihinsel gevezelikleri mümkün olduğunca azaltma

5. Dinlenmeye zaman ayırma, yoğun iş saatlerinde kısa kısa molalar verme
6. Bedensel ve zihinsel olarak gevşeme
7. Topraklama, dualar, meditasyon, geçmişi serbest bırakma

Her gün 10 dakika bile olsa sessiz bir odaya çekilip gözleri kapatmak, kayatuzu ile banyo yapmak, mazvi mum yakmak, derin derin soluk alıp vermek hem bedeni hem de zihni sakinleştirir.

Topraklama

Doğum sırasında ve doğumdan sonra enerji olarak bedene odaklanan ruh, kök çakrasını açarak ve aracı kılarak dünyasal enerjilerle bağlantı kurar. Bu süreçte kök çakrasını açmak ve dünyayla bağlantı kurmak için özel bir bağ kurma çabası gösterir. Bu bağlantı ve enerji geçişi, onun bedende kalması ve yaşamayı seçmesi için gereklidir. Bedensel enerjilerle dünya enerjilerinin bağlantı kurmasına topraklama denir.

Yetişkin bireylerin de kök çakraları aracılığıyla, dünya enerjileriyle olan bağlantılarının güçlü olması yaşam kalitelerini artırır. Özellikle enerji çalışması yapacak olan bireylerin topraklama dediğimiz egzersizle bu bağlantıyı güçlendirmeleri ve kendilerini dünya enerjilerine karşı arındırmaları işlerini çok kolaylaştırır. Enerjisi temizlenen beden, beslenir ve güçlenir. Aura titreşimleri de artar.

Topraklama egzersizi her an işyerinde, uçakta, hatta otobüste bile rahatlıkla yapılabilir. En fazla birkaç dakika, hatta saniyeler içinde yapmak mümkündür. Alıştıkça ve sık tekrar ile kolaylaşır.

Topraklama egzersizi de imajinasyon/imgeleme çalışmasıyla yapılır. İmajinasyon bir düşünceyi, bir hayali zihinde canlandırmaktır. Olmasını istediğimiz şeyi tutkulu bir istekle, sanki gerçekten de o şey oluyormuş gibi hissederek hayal etmektir. Bütün enerjiler düşünceyi izler; yani düşündüğün zaten senin olabilir. Farkındalıkla imajine ettiğimiz her düşünce ve imajinasyon da enerjiyi yönlendirir.

Topraklama için çıplak ayak toprakta yürümek, toprakla uğraşmak, elleri toprağa dokundurmak, kırsal alanlarda veya parklarda bulunmak, kristallerle çalışmak da iyi bir yoldur. Toprakla uğraşan çiftçiler, köylüler vs. gayet iyi topraklanmış durumdadır. Bu şekilde tercih etmezseniz, imgeleme yöntemleri de gevşemiş haldeyken size gayet yardımcı olur...

Uykuda ruh ve beden ilişkisi gevşer. Şuurumuz, farkındalığımız geri çekilir. Bu nedenle önce farkındalığı tekrar bedene odaklamak gerekir. Farkındalığı bedene odaklamak için uyanır uyanmaz yatağınızdan kalkmayın, hatta "olumlama" çalışmaları da bu esnada daha iyi sonuç verebilir. Çalışıyorsanız ve bu deneyimi istiyorsanız, uyanış saatinizi her zamankinden biraz öne alın.

Sırt üstü uzanıp ayak parmaklarınızı, ayak bileklerinizi hareket ettirin. Bacak ve baldır kaslarınızı kasıp bırakın. Karın, gövde, yüz, kol kaslarınızı kasıp bırakın. Bu kasıp gevşeme uygulamasını yaparken şuurunuzun ayak parmaklarınızdan başlayıp tüm vücudunuza tekrar nüfuz ettiğini düşünün. Bu çalışma yaklaşık 5-10 dakikanızı alır. Eşliğinde temiz hava ve meditatif müzik de kullanılabilir.

Ondan sonra kalkın. İsterseniz başka bir alana da geçin.

BENİ SEVİYORUM EGZERSİZİ

UNUTMA! BAŞINA HER NE GELİYORSA YİNE KENDİNİ AZ SEVDİĞİN İÇİN GELİYOR, KENDİNİ DAHA ÇOK SEV, DAHA ÇOK VE DAHA ÇOK!

Gözlerinizi kapatın ve başınızın tepesindeki yeşil-beyaz ışığa odaklanın. Bu ışığın tepe çakranızdan girerek başınızı, boynunuzu, kollarınızı, gövdenizi ve bacaklarınızı, tüm sizi doldurmasına izin verin. Bırakın tüm hücreleriniz bu ışıkla, yüce güçlerden size doğru akıp gelen sevgi, güç ve şefkatle dolsun. Şimdi tepe çakranız yolu ile kendinize şifanın ışığı yeşil rengini doldurun. Bu ışığın kalbinizi doldurmasına ve kalbinizden çevrenize doğru genişleyerek yayılmasına izin verin. Ellerinizi çapraz olarak omuzlarınıza koyun ve "Beni seviyorum, kendimi onaylıyorum, her şey için kendimi seviyorum, her olmuş için şimdi kendimden özür diliyorum, tüm zamanlara doğru ben'im" diyerek hissettiğiniz dinginliğin ve enerjinin tadını çıkarın.

DAVETSİZ GELENLER...

Ruhsal enerji beden öldüğünde fiziksel bedeni terk eder ve ruhsal âleme geçer. Bu enerji yine de ölüm anındaki duygu ve düşünceleri taşır. En yüce amacı yaratıldığı yere geri dönmektir ruhun ki zaten belirli bir süre için dünyada kalıyoruz hepimiz. Eğer ölümden sonra "herhangi bir sebeple" veya engelle, ya da hâlâ iletilmek istenen bir mesaj için bu yol takip edilmezse enerji dünya düzleminde takılı kalır. Bu enerji, bildiğimiz anlamda zamanın ve mekânın olmadığı bir boyutta dolanır durur. İnsanlarla bu boyutla bağlantı da kurabilir. Bazen ölü bedenlerinin yanında veya

tanıdık bir binada kalırlar bazen de başka insanlara eklenmeye çalışırlar. Bunun sonuçları bazen ruhsal bazen fiziksel olur, enerji alanınızda böyle bir durum varsa ve bunu "olumlu bir niyet için" siz davet etmediyseniz bundan kurtulmanız gerekir.

Bu enerji ruhsal olarak mahkum edilmiş değildir, onun yolu aslında bellidir, sadece doğru yolu kaybetmiştir ya da son tamamlamak istediği kendince bir amacı vardır...

Ani bir kaza, beklenmedik olay veya savaş esnasında ölen ruhlar, dünya seviyesinde takılı kalırlar çünkü ölmüş olduklarının farkında değillerdir. Bazen boyutlar karışır onlar için veya hazır olmadıklarını sanarlar. Çok sevdikleri birinden kopamıyor olabilirler veya bu âlemin çekimi ayrılamayacak kadar güçlü olduğu için dünya seviyesinde kalmayı istiyor olabilirler, bazen de geride kalanı bir süre daha kollamak isterler.

Bu tarz bir ruh, rahatlık veya saklanmak amacıyla yaşayan bir bedene girer veya yaklaşır. Bu ruhsal enerji ile bağlantı kurulabilir, mesajı alınabilir, amaç ondan kurtulmaksa büyük ve etkili bir arınma süreci başlatılır. Bunlara soru sorarak, varlıklarının amacı, niyeti, misyonu, nereye varmak istediği teşhis edilir. Bu olay sizin başınıza geldiyse unutmayın ki bunun sizinle ve geçmişle de bir bağlantı veya açıklaması çıkacaktır. O ruhun sizde bulduğu bir şey vardır veya bu hayatı o da sürüyorken yapamadığı bir şeye siz yakınsınızdır. Bazen bir amacı vardır ve o amaçta sizden yardım isteyebilir...

Bu yolunu kaybetmiş varlıklar, bazen sadece eşlik istiyor olabilir ve sizin sevginize de çekilebilirler. Normalde, insanlar bu ruhların bedenlerine eklenmesine, bağ

kurmasına, zarar vermesine karşı korunaklıdır. Bu korumalar bir sebeple bozulduğunda açık alan oluşur ve ruh giriş yapar zaten. Bu süreç hastanede kalış, ciddi bir hastalık veya yoğun duygusal çöküş dönemleri olabilir. Bazen spiritüel bir süreç de olabilir, bazen de kişi gerçekten yalnızdır veya özel bir dönemden geçiyordur ve bilmeden böyle bir enerjiye kapı açmıştır... Açıklanamayan yorgunluk, depresyon, bağımlılıklar, kaygı, ani ruh hali değişimleri görülebilir bu vakalarda.

5. İLİŞKİ ŞİFALANDIRMASI

Ben her zaman bilinçaltı, spiritüel eğitimler, korkulardan kurtulma yolları ve büyük amaçlar için gelen danışanları daha heyecan verici bulsam da, çoğu kişi aslında mevcut ilişkisini şifalandırmak için danışmaya gelebiliyor. Bir dilekleri gerçekleştirme kitabında bu konuya detaylı yer vermesem sizler adına konu eksik kalmış olacaktı, o nedenle bu bölümü de ekledim. Kalpler de Allah'ın elinde olduğuna göre biz arınsak da, enerjileri de aracı etsek, ritüel de yapsak, telepatiyi de kullansak aslında her şey Allah'tan istendiği gibi sevilen de Allah'tan istenir.

Allah katında en önemli konu aşk değil. Tek gerçek AŞK ALLAH AŞKI aslında. Sevdiğini de Allah'ı sevdiğin için seviyorsun zaten. O'nu da Allah yarattı. Hayatım boyunca bu meslekte, sevgi görmediği halde birilerinin peşinden umutsuzca, değersizce, kendi kul hakkına girerek zamanını, hayatını harcamış yüzlerce kadın ve erkek tanıdım. Aşk sandığınız şey aslında aşk değilse, artık tekâmülünüzü tıkamamak için oradan uzaklaşmanız gerekir. Gerçek aşksa, bu da çok zor bulunan bir duygu, o zaman bir şans vermeye değer. İlişki şifasında, karşınızdaki kişi sizi kesin olarak istemiyorsa "herkesin bütünün hayrına" olma yasasından uzaklaşmış oluyorsunuz. Buna dikkat edin. Sizin hiç istemediğiniz biri sizin için gece gündüz enerji çalışması yapsa hoşunuza gitmezdi... Özgür iradeye saygı.

Bazı enerji blokajı, karmik sebepler veya bilinçaltı korkuları nedeniyle gittiyse evet şifa gerçekleşince geri gelebilir. Bir yaşam dersi ancak ayrılık sürecinde alınacaksa da yine evet zamanı gelince bir barışma sağlanabilir. Bitmesi kaderde varsa, o kişi ruh eşiniz değilse, hayrınıza asla değilse, bu ilişki artık size zarar veriyorsa: gelse de gidecek...

İlişki şifalandırmasında, en saf, en net ve içten enerjinizi ona bir kanal ile sunarsınız, onun da özgür iradesi ile isteği varsa bağlantı kurulur, mesajı aldıktan sonra evet size dönebilir. Bazen de aşıkların aslında barışacağı vardır, bu tarz bir çalışma, olacakları zamanda erkene alabilir ya da enerjiyi kuvvetlendirebilir. Çok istemekten çok, çok inanmak esastır. "Gelsin de bak napıcam ben ona" hissi ile çalışmayı yaparsanız sonu olmaz. Çünkü hepimiz aslında görünmeyen bağlar ile birbirimize bağlıyız, o aslında sizin ruhunuzu, gerçek hislerinizi gayet iyi biliyor. İlişki şifalandırmasında iki kişi arasında özel bir bağ kurulur, enerji kanalı ile aktarım olur, onun alanına-frekansına o da izin verirse girilir. Sonuca kendi karar verir.

İlişki şifalandırması öncesi net karar vermiş olmak, saf sevgi'de kalmak, enerjiyi doğru kullanmak, sonuca itimatlı olmak, astrolojik etkileri de göz önüne almak gerekir. Bu çalışmanın normalde çok uzun zaman geçmeden, ayrılığın hemen sonrasında ya da ayrılık yoksa bile sorunların baş gösterdiği evrede uygulanması daha doğru olur. Etik ve enerjide doğru kalmak önemli dedik; zaten başkasına aşık olan, sizi hiç istemeyen, başkasına bağlı olan, yerinde mutlu olan kişiye uygulama yapmanız doğru olmaz. Bazı danışanlar da sağ olsunlar "trip" enerjisinde kaldıkları için, yaptığımız uygulama sonucu karşıdaki kişi onu arasa veya dönse bile yüz vermeyip o an enerjiyi bozar, geleni gönderir. Sonra da beni tekrar ararlar. Dedim ya "saf ve samimi" enerji çok önemli.

28 yaşına kadar dünyada yapılan birçok ilişki şifalandırma yolunu, tekniğini, uygulamasını hem takip ettim hem de kendi aşk yaşamımda uyguladım. Zor ve gidip-gelmeli erkekleri yaşamıma çekiyordum, bu çalışmalar da hep gerekli oluyordu. Aslında zoru seçmek değildi bu, karma ile ilgili olduğunu tabii ki ben de sonradan anladım. Eğer o kadar aşk darbesi almasam, bu kadar çok bilgiyi size aktaramazdım. Bereket alanında iyi oluşumu yırtık çorapla gittiğim kolej yıllarıma, anneannemin sobalı tek odalı evinde geçirdiğim zamanlara, ailece yaşadığımız büyük çöküşlere borçluyum. Aşk ve ilişkilerdeki çözüm odaklı danışman olmamı da, bana yıllarca "aslında aynalık ederek" değersiz davranan, ortada bırakan, aldatan, terk eden erkeklere borçluyum. Biliyorsunuz bu tarz tipler çok gidip gelir... Evet onlar hayrıma değil gibi göründüler yıllarca ama bana büyük bir hediye ve miras bıraktılar; bu sayede enerjiyi, ritüeli, uygulamayı öğrendim. Sonra kendi enerjim açığa çıktı ve spiritüel eğitimlerle de konuyu destekledim. Öyle olmasaydı bunları size sunamazdım, o aşklar benim başka bir açıdan hayrıma olmuş oldu. Zaten evrende ve enerjiler dünyasında da kötü diye bir şey yok.

İlişki Şifalandırması Seansı nasıl gerçekleşiyor:

Ruhsal hafıza kayıtlarında bu ilişkinin önündeki kayıtlar bulunuyor, dönüştürülüyor.

Işık ve imgeleme çalışmaları yer alıyor…

Eterik yanlış bağlar kesiliyor…

Kanal açılıyor…

Enerji alanına giriliyor…

Telepatik bağ kuruluyor…

Saf sevgi akışı gerçekleşiyor…

Bitiminde verilen çalışma programı ile konu destekleniyor…

İLİŞKİ ŞİFALANDIRMASI tekniği belirli bir ilişkiye yönelik olabileceği gibi, yaşamında yeni sayfa açmak isteyip genel olarak ilişkilerini şifalandırmak isteyen kişiler için de biraz değişik şekilde olarak yine uygulanır.

İlişkiniz arınsın isterseniz:

Biliyorsunuz ben hem kitaplarım hem de çıktığım TV programlarında, konulara asla ticari yaklaşmadığım için kendi kendinize evde yapacağınız birçok çalışmayı sizlerle paylaşırım. Maddi durumu iyi olmayan kişiler seansa katılamıyorsa bile onlar için de önerilerde bulunurum, onların da duasını alırım ve bu dualar beni yükseltir ve korur.

Geçmişle bağı şifalandırın.

Yapmak istediklerinizden emin olun.

Önceden yapabileceğiniz "istihare" çalışması ile konuya dair ilahi rehberlik alın.

Arının, size iyi gelmeyen enerjilerden uzak durmaya başlayın.

Siz değişince o değişir.

Siz hiç değişmeden ondan bir şeyler istemek yanlış "ego"dur.

Onu tüm kalbinizle isteyin.

Melek mesajlarını ilişkinizin içinde de takip edin.

Mesaj atmak veya aramak zor geliyorsa veya doğru değilse, telepatik yolları deneyin.

Korku enerjisinden çıkın.

Geçmişte size hataları olduysa bunları önce kabule geçin, bunları siz neden yaşamınıza çektiniz bunu bulun, affedin. Yeniye yer açın.

Sizin ona karşı hatalarınız olduysa önce kendinizi affedin, bu hataların altında ne var bunu bulun.

Bu ilişkide en çok neyin olması sizi korkutuyorsa, korkudan kaçmadan canlandırma tekniği ile bunu kendinize yaşatın, korku kotanız dolsun. Kaçarsanız daha çok yakalanırsınız.

Onu olduğu gibi kabul edin.

İlişkideki mutlu anları tekrar tekrar canlandırın.

Bundan sonra neler gerçekleşsin istiyorsanız bunları imgeleyin; imgelerin içine girip tüm detayları hissedin.

"Ya olmazsa" korkusundan çıkın.

Enerji hırsızı ve hayrınıza olanı istemeyen, sizi olumsuz kod'layan kişilere ilişki detayı vermeyin.

DÜŞÜNCE YOLUNU AÇMA

Sessiz bir odada onun resmini gözünüzde canlandırın.

Yüzüne birkaç dakika konsantre olun.

Ellerinizi birbirine sürtüp omuz hizasında açıp sonra biraz kapatıp alttan üste gezdirip bir enerji balonu yaratın. Balonun içine aşkınızın ismini söyleyin: "Mehmet" birkaç kere tekrar edin, içinizden "dur" hissi gelince durun. Balonun içine doğru sorun: "Mehmet şimdi sana doğru bir düşünce yolu açmak istiyorum, iznin olur mu?" Telepatik olarak size bir cevap gelecek; evet ya da hayır olarak...

Cevap evet ise yola devam edin: Kendi üçüncü göz noktanızdan onun üçüncü göz noktasına doğru bir mor ışık kordonu geçirin ve tüm mesajınızı bunun içinden geçirerek ona aktarın. Unutmayın, hepimiz görünmeyen bağlarla bağlıyız, bu yolla onun düşüncesine düşeceksiniz.

ÇAKRALAR İLE ONA ULAŞ

Yukarıda anlattığım şekilde bir enerji balonu yaratın. İçine karşınızdaki kişiyi, ilişkiyi, kendinizi ilişkinizin içinde arındırma, şifalandırma niyetlerinizi hem söyleyin hem de enerjinizle aktarın. Yukarıdan altın sarısı bir ışık indirin, bu esnada bu ışık ile yıkanın. Hazır hissettiğiniz anda, bu topu aşkınızı o an olabileceği yerde imgeleyip onun kalp çakrasından içeri sokun. Bu güzel enerjinin onun tüm vücudunda dolaştığını imgeleyin... Aynı topu aynı şekilde ikinci kez yapın ve bu sefer de onun üçüncü göz noktasından içeri sokun. Yine tüm vücudu mesajı ve enerjiyi alıyor... Şimdi son olarak kendi kalbinizden çıkaracağınız altın sarısı ışığı onun kalbine gönderin; ondan gelen tüm ışıkları da alıp kendi kalbinize doldurun. Ellerinizi en son sürtüp yine enerji yaratın, en son kalbinizin üzerine koyun, "ve öyle de oldu" deyin... Sonuca güvenin.

KRİSTAL MESAJLAŞMA

Mavi bir kâğıda bir kare çizin. Kareyi dörde bölün ve içine:

"Evet

Hayır

Kesinlikle

Bana zaman ver" isimli dört bölümü yazın.

Yeni bir Lal Taşı alın, 3 gece önceden bu taşa "aşk, sevgi, niyet, barışma" enerjisi yükleyin.

Bu taşı gümüş bir zincire geçirin.

Duş alın, odayı havalandırın, temiz giysiler içinde olun, odada gülyağı ile tütsü yapın. Bir 5 dakika kadar sevdiğiniz kişinin resmine, geçmişteki mutlu anlarınıza odaklanın...

Hazır olunca sorular sormaya başla; Lal Taşı çizmiş olduğun karenin içindeki hangi cevaba doğru hareket ediyorsa, sevdiğinden gelen mesajları da böylece almış olacaksın. Net ve iyi niyetli sorular sor, gerçekleri de anlamış olacağın için şimdi doğru yol haritanı da çizebilirsin. Bu Lal Taşını başka işlerde kullanma. Dolunay ve Yeniay ışığı altında şarj et.

AŞK SUYU

Kristal bir kase edinin, çok küçük olmasın.

İçine biraz musluk suyu (yaşayan aktif su), biraz da yağmur suyu ekleyin.

En sevdiğiniz şarkıyı çalın odada (aşkınızla ortak şarkınız varsa bu da olabilir).

Kasenin içine muhabbeti simgelen toz şeker ve gül yaprakları koyun.

Şimdi iki elinizi birbirine sürtün, tüm niyet ve dualarınızı bu ellerinizin içine okuyun.

Ellerinizi suyun üzerinde suya değmeden gezdirin... Enerjiyi hissedin.

Kasenin tam altına ikinizin birlikte olduğu mutlu günlere ait bir resmi koyun.

Çalışma bu şekilde 7 gece beklesin. Bittiği günün sabahı suyu damla damla yere serperek onun olduğu yere kadar gidin (mümkün değilse yakın bir yere kadar gidin ya da gidiyormuş gibi niyette kalarak biraz yürüyün). Bu metot ile o oluşmuş aşk enerjisi ve suyu ile ona bir aşk yolu yaratmış olacaksınız. Ona doğru gidiş ve aşk yolu enerjisini açmış olacaksınız.

NAZARA KARŞI YUMURTA ARINMA ÇALIŞMASI

Nazar ve dış çevreden alınmış olumsuz etkilerden dolayı ayrıysanız bu çalışma size uygun olabilir.

Ayrı olduğunuz kişi ile birlikte çekilmiş bir resminizi alın.

Yumurtayı bu resimde ikinizin de arınma niyeti ile olabilecek tüm noktalarda gezdirin, sürün.

Büyük ve su dolu bir bardağa çalışma bitince yumurtayı kırın.

İsterseniz kırmadan önce kendi vücudunuzda da yumurtayı gezdirin.

O gece yatağınızın altına bu çalışmayı koyun.

Ertesi sabah kontrol edin; bardak kenarında beyaz bir halka oluştuysa çalışma tamamlanmıştır.

Değilse, tekrar edin birkaç gece daha.

AŞK ÇANAĞI

Kristal bir çanağın içine birkaç gül yaprağı koyun ve üzerine yanan kırmızı bir tealight mum ekleyin.

7 adet defne yaprağı alın.

Her bir yaprağı yanan mumun etrafına çanağın içinde bırakırken, bir yandan bu ilişki ile ilgili dileklerinizi sesli olarak belirtin (güven, barışma, tutku, evlilik vb...)

Çalışma 1 gece bekliyor, mum kendi sönecek.

6 yaprağı ertesi gün yağmur suyu alacak açık toprağa gömün.

Diğer kalan yaprağı ikinizin birlikte olduğu bir resim ile birlikte bir aşk romanının en sevdiğiniz bölümünün/sayfasının içine yerleştirip kaldırın.

Aşık olabilmeniz için öncelikle aşka inanmanız, aşkı yaşamınıza çağırmanız, aşka dair bir sorununuz olmaması gerekir. Herkes aşkı arıyor gibi görünse de çoğu kişi, aşktan korkuyor, kaybetme korkusu ile yaşıyor, geçmiş kötü deneyimlerinden sıyrılamıyor ve gerçek aşkın artık var olmadığına inanıyor, var olsa bile kendini buna layık değilmiş gibi kod'luyor.

Düşünce sistemi ve duygular birlikte çalışır. Düşünceler duyguları etkiler, aşka dair olumsuz bir düşünce şekliniz, inanç eksikliğiniz varsa zihin kod'larınızı yeniden ele alıp değiştirmelisiniz. Geçmiş aşk deneyimlerinizden gereken dersleri alıp, bu ders ve deneyim için evrene teşekkür edip sevgiyle vedalaşmadıysanız geçmiş yakanızı bırakmaz. Hep aynı tip erkeği yaşamına çekip sorunlardan yakınan kadın tiplerini çok duymuşuzdur, hatta belki de siz onlardan birisiniz...

Bilinçaltınız her şeyi kod'lar ve psişik yanınızın en güçlü parçasıdır. Yaşadıklarınızı kayıt altına alan bilinçaltınızdan geçmişe dair olumsuzlukları silmeden, yaşamınıza istediklerinizi çekemezsiniz. Geçmiş acı aşk tecrübeleri, bu olayların sizde yarattığı darbeler, incinmeler, umutsuzluk, korkular her zaman engellere neden olur. Olumlama teknikleri ve telkinler, yeniden yapılanan bir bilinçaltı sizi değiştirir, ruhunuzda yeni ve mutlu bir aşka yelken açar. Sadece yeni aşk için değil, var olan aşkınızda olumlu sürece girmenizi de kolaylaştırır.

Korku da, istek kadar hızlı ilerleyen bir enerji. Korku ürettiğiniz sürece zaten aşka kapalı olursunuz. Korktuğunuzu karşı taraf anlarsa bu ona telkin gibi gelir ve zaten sizden uzaklaşır. Kaybetme korkusu olan aşıklar zaten ilişkilerinde hata yapar ki bu durum da sonu hazırlar. Korku-değersizlik-terk edilme üçgeninde aile, sosyal yaşam ve ilk aşk tecrübelerinin önemi büyüktür. Bu kod'larınız yanlışsa mutlaka silin ve yerine mutlu-umutlu-güvenli kod'lar girin.

Kaybetme korkusunu ilk olarak nerede, ne zaman ve kiminle yaşadığınızı yani ilk kod'u nerede zihninize koyduğunuzu bulup, yüzleşin, kod'u silin ve yerine sevgiyi, güveni koyun. O orada kaldığı sürece yenilik sizinle olamayacaktır. Korkunun da altında tabii ki güvensizlik var; güvenli bir ortamda yetişmediyseniz bu koşulları yaşamanızın karma ile ilgisi olabilir. Şu noktadan sonra bunlara iyimser de yaklaşmanız önemlidir; bunlar sizi deneyimli, güçlü, farkındalıklı, özel yaptı aslında. Bunu böyle kabul edip, tekrar eden aynı negatif koşulları yaşamınıza çekmeyeceğinizi bilin ve buna odaklanın.

Anne ve babaların çocuklarına olan telkin ve öğretileri tüm gelecek yaşamlarını şekillendiriyor. Bu çok önemli, ebeveynseniz buna dikkat edin, ebeveynlerinizin bu konularda yanlış davranmış olduğunu fark ediyorsanız bununla yüzleşip enerjileri serbest bırakın. Geçmiş hatalarından dolayı anne ve babanıza veya diğer yakınlarınıza hâlâ kin-öfke-nefret-suçlama-yargılama-içine atma gibi durum ve duygularınız varsa, başka zamanlarda tekrar aynı mutsuz koşulların içine çekilirsiniz. Ne olduysa oldu geleceğinizi mutluluk şekillendirecek artık...

Kendinize değer vermediğiniz zaman enerji geçişleri ve hisler ile aslında karşınızdaki bunu anlar. Değer görmek istiyorsanız kendinize değer verin. Size acıdığı için sizinle olması kadar kötü bir durum olamaz ki görüştüğüm çoğu evli çiftte veya yanlış giden aşk ilişkisinde bu var; acıyor, terk edemiyor ve aslında hiç de aşık değil. Kimse kimseyle acıma duyguları ile birlikte olamaz. Aşk bu değildir. Kimseyi kendinize mecbur ya da borçlu hale getirmeye de çalışmayın, bu çok sinsi bir oyundur ve asla gerçek sevgi ile alakası da yoktur. Mecbur kaldığı için birinin yanınızda kalması kadar sizin denge ve enerjinizi de bozacak başka bir şey yoktur. Bunlara çok dikkat edin. Aşk; saflık, derinlik, samimiyet, tutku, cinsellik ve paylaşım ile beslenir.

Ruh eşin değilse belki de enerjini onun için harcamamalısın. Ruh eşi kimdir:

1. Aynı anda onunla aynı şeyleri düşünebilirsiniz.
2. Konuşmadan ona mesajları duygu bağınız ile gönderebilirsiniz.
3. Onun sizi gece elbisesi ile görmesi gerekmez, eşofmanla da sizi seksi bulur.
4. Cinsellik diğer hiç kimseyle olmadığı gibidir.
5. Onu ilk gördüğünüzde, yüzyıllardır tanışıyormuşsunuz gibi gelir…
6. Sizi anlar, yargılamaz, hatalarınıza bile tapar.
7. Onun üzülmesi canınızı yakar, O sizi nasıl mutlu edeceğini bilir.
8. Aura'nız, ışığınız, yaşam misyonunuz, amaçlarınız belirli noktalarda buluşur.

9. Onu rüyanızda görürsünüz.
10. Ondan telefon mesajı geleceği zaman önceden hissedersiniz…
11. Ayrılık olsa da unutulmaz, aslında ondan "ruhunuz" ayrılmaz.
12. Monica Bellucci bile gelse, O sizi tercih eder.
13. Karma'nızda özel yeri vardır.
14. Onda olan "bir şey" başka hiç kimsede yoktur.
15. Ondan gelecek her şeye gözü kapalı razısınızdır.
16. O, ruhunuza değer katar, yaşama amacınız gibidir.
17. Bakış, duruş, kokusundan hemen değişimi anlarsınız.
18. O gelene kadar birçok kişiyi "O" sandığınız için Onu kaybetmek istemezsiniz.
19. Onu kıskanmazsınız, O ruhen zaten hep sizindir.
20. Onunla bu boyuta gelmeden önce büyük bir anlaşmanız zaten vardır…
21. O sizin için Dünya'nın merkezi, Güneş'in zerresi, en seksi ve en özeldir…
22. Onunla ilk andan itibaren her şey farklı gelişir.
23. Onunla "koşulsuz sevgiyi yaşarsınız".
24. Menfaat nedir bilmezsiniz…
25. O size dünyayı başka gösterir…
26. Onunla gelişir, öğrenirsiniz.
27. Onu affedersiniz.
28. Size kendinizi değerli hissettirir.
29. Her şeyi onun için hesapsızca ve içtenlikle yaparsınız.
30. Onun "ruhunu" görebilirsiniz.

31. O sizin için adeta bir "Yeryüzü Meleği" gibidir.
32. Onunla tanışınca, "daha önce sevmemişim" dersiniz.
33. O sizi korur.
34. Siz ikiniz hem bir bütün, hem de bireysinizdir. Kısıtlamalar gereksiz kalır.
35. Onu üzen her şey sizi daha fazla üzer.
36. Hayatta en özel şeye sahip olduğunuzu artık bilirsiniz...
37. Gerçek ruhsal yolculuğunuzu onunla yaşarsınız.

Ruh eşini yaşamınıza çekmek için ruhsal farkındalık adına bir şeyler de yapıyor olmalısınız. Niyet ve inanç doğru kişiyi bulurken de çok önemli...

Önce kendinizi çok iyi tanıyın, kendinizle, gerçeklerinizle yüzleşin.

Eski aşkları artık bir kenara koyun. Onları yaşadınız bitti, öğrendiniz ve sevgiyle gönderin onların enerjilerini artık... Ruh eşi sizinle aynı frekanstadır. Onunla hep ve daima mutlu olursunuz. İyileşmenin özünü onunla keşfedersiniz, niyetler hep karşılıklı ve iyidir. Onunla aşkınız başladığında, bütün dünya size değişmiş gibi görünür. Bilinçaltı temizliği ve yeniliğe fikren açık olmak onu çağırırken önemlidir. Aslında siz onu tanıyorsunuz, henüz yanınızda değilse vakti gelmemiştir ama gelecektir... İnsan olarak her birimiz evrenin zerresiyiz ve asla bir ilişkide acı çekmeyi hak etmiyoruz. Evren ve enerjiler ile akışta kalarak, yaşamın beklenmedik getirilerini bile kabule geçerek, olgun ve saygılı yaşayarak, herkesin etkisinde kalmayarak çağırabilirsiniz... Önce Allah'a güvenin, geçmiş korku ve blokajlarınızdan kurtulun. Güveni yaşamınıza sokun ve teslim olun. Kendini seven sevgiye açılır; kendi kendinize yetebildiğiniz anda gerçek aşka da hazır olursunuz. Kendi eksiklerinizi kapatacağınız kişi ruh eşiniz olamaz. Eski bilinçaltı kayıtlarınız, yanlış aşk kod'larınızın yerine gerçek sevgi ile ilgili yeni girişler yapmaya hazır olun.

Onu yaşamınıza çekmek için Çakralarınızın da doğru enerjide olması gerekir. Çakralar, enerji bedenlerimiz ile yakın ilişkilidir. Eterik- Duygusal- Zihinsel- Ruhsal bedenlerimiz... Olumsuz düşünceler, alkol, bağımlılık, sevgisizlik, inançsızlık, kayıplar, stres çakraları tıkayabilir. Her gün çakralara yönelik çalışmalar yapmalısınız. Evren ile uyumunuz güçlendikçe, ruh eşi frekansınıza girer. Tütsüleri, taşları, doğayı, hayvanları, bebekleri, renkleri, sizi mutlu eden ne varsa çakralarınızı kontrol için kullanın. Ayrıca auranızı da temiz tutmalısınız; her gün farklı renklerle meditasyon ve enerji çalışmalarını deneyin. Olumlamalar, sevgi, Güneş, Ay, kristaller, aromaterapi, dua, şifa almak, pozitif düşünce auranız için önemlidir. Sevmediğiniz kişilerle buluşacağınız zaman kendinizi mavi bir balonun içinde imgeleyin. Bazı konuları içinize atarak yaşadığınız ilişkiler sizi hasta bile edebilir. Ruh eşiyle muhteşem bir diyalog ve paylaşım hep sizinle olur. Güven olmadan asla ve asla ilişki yaşanmaz, bunu sakın unutmayın. Gerçek sevginin olmadığı her yerde bilinen ya da bilinmeyen bir korku vardır. Aşka dair korkularınızla yüzleşin. Korkuları kabule geçip ardından şifalandırın.

İlişkiniz kötü gidiyorsa, onu siz yaşamınıza davet ettiniz, bunu unutmayın ve önce kendinizi değiştirin. Siz değiştiğiniz anda tüm dünyanız da değişir.

Aslında aşk sadece size ruhsal anlamda bir farkındalık katıyorsa kapınızı açmanız gereken bir kavram... Size mutsuzluk veren aşkı bitirmek sizi ruhsal anlamda büyütür. Sadece mantık odaklı ilişkiler yaşamak sizin evrenle olan derinlikli bağınızı olumsuz etkiler, sizi fazlaca "fiziksel" yapar ve manevi dengenizi bozar.

Ruhsal anlamda sizi tamamlayacak eşi bulmanız çok kolay olmasa da karma'nızda varsa yolunuza çıkar, evren bir şeyleri vesile eder. Bir travma, tesadüf, beklenmedik gelişme, dönüm noktasının içinde de onu tanıyabilirsiniz... Geçmiş yaşamlarınızla ilgisi varsa, onu ilk gördüğünüzde "iç sesiniz" sizi uyarır. Şunu asla unutmayın; ruh eşinizi aramanız gerekmez, siz ruhsal farkındalığınıza eriştiğiniz zaman O sizi bulacaktır: ÇEKİM YASASI. Ruhsal anlamda yaşamınıza gelecek aşkınız aslında size bazı manevi dersler vermek üzere de kapınızı çalıyor olabilir. Her şey başta güllük gülistanlık değilse pes etmeyin, detayları gözlemleyin, kendinize sorular sorun. Zaaf ile aşkı mutlaka birbirinden ayırın.

Ruhsal farkındalığı gelişmiş bir aşık, aşık olduğu kişiye asla "bağımlı" olmaz, bu aşk biterse artık tekâmül ile ilgili bir dönem bitmiştir ve ondandır diye düşünür... Ruhsal farkındalık geliştiği zaman aşk alanında da sizi büyük bir "kabullenme", sevgi, anlayış ve içsel güç kaplar. "Aşk sorunları" aslında ortadan kalkar, zaten sorunları ruh ve beyin yaratır, siz istemezseniz sorun falan kalmaz yaşamınızda.

Ruhsal farkındalığınız aşk adına geliştiği zaman, artık aşkta "olur ve olmazı" denemeye bile gerek bırakmadan tanırsınız ve elemeler geçersiz kalır. Çakralarınız doğru çalışır, aydınlık ve berrak olursunuz. "Aşk acısı" diye dillere düşmüş konunun sadece bir yanılsama olduğunu net bir şekilde anlarsınız.

Aşkın sadece mutluluk ve bir seçim olduğunu ruhunuz kavrar. Teslimiyetin, mücadeleden daha güçlü olduğunu bilirsiniz. Affetme katsayınız artar. Aşk sizin doğduğunuzdan beri sahip olduğunuz en doğal halinizdir gerçekte...

Siz doğuştan aşk ve aşıksınız, günlük yaşamın içindeki "yanılsama aşkları" bıraktığınız zaman hiçbir çaba göstermeden sizin için hayırlı olan sizi bulacak. Sabır göstermeyi ve anlayışı seçeceksiniz. Hayat planlarınızı yaparken aşkı bunun içinde nereye koymak istediğinizi iyi belirleyin, aşkı istediğinizi sanıp gerçekte toplum-aile-yanılsama-korkular nedeniyle ilişki yaşıyor, gerçekte yalnızlığın keyfini sürmek bile istiyor olabilirsiniz. Kendi aşk gerçeğinizle yüzleşin.

Gerçek aşk için içinize dönün, aşk zaten doğuştan orada... Geçmiş aşk acılarınız ve onları aşma şekliniz sizin bugünkü ruhsal tekâmülünüzü mutlaka geliştirmiştir. Ruhsal farkındalığı olan bir kadın intikam almaz, bunu öncelikle kendi için yapmaz. İlkel ve gelişmemiş aşkları zaten ilk baştan eler, bunların evrenin son bir yoklama şakası olduğunu çok iyi bilir. Korkmayın, merhamet edin, şefkat sunun, arının ve yol işaretlerini çok sıkı takip edin.

Sizin içinizden gerçek bir "bilge" çıktığı zaman, siz aşk adına tüm bilmeniz gerekenleri zaten "biliyor" olacaksınız. İnsan doğuştan sevgidir ve Işık'tır, sevginin olmadığı her yer yanlıştır, sevginin olmadığı yerde korku vardır, korkuyu bırakın. Bugün kendiniz olmaya başlayın, hiçbir şeyden bu andan itibaren korkmayın, sevin sevilin, ruhunuzu berrak tutun.

Yanınızda şu an yanlış, kötü ve mutsuzluk veren bir aşk varsa bu sizin aynanızdır. Sorun kendinizde, onu neden yaşamınızda tutuyorsunuz, o size neyi öğretmek için geldi, içyüzü nedir?

6. TELEPATİK BAĞ KURMA

Telepati: 5 duyu dışında algılama becerisi ve iletişim kurma yeteneği.

Herkes telepatik bağ kurabilir, farkında olmadan bunu yapar ama çoğu kişi buna inanmadan yaşar. İnsan doğuştan sezgi gücü ile dünyaya gelir, telepatik güçleri vardır, zamanla günlük hayat ve yanlış telkinler bunları unutturur ona... Bu gücünüzü çalışarak, doğru enerjide kalarak, insanlar üzerinde deneyerek elbette ki tekrar geri kazanabilirsiniz.

Konuşmadan karşınızdaki kişiye bilgi aktarabilirsiniz. Hatta bu sevgilisinden ayrılmış olan danışanlarımızın en sevdiği şeydir... Telepatide alıcı ve verici olmak üzere iki kişi bulunur. Telepati anında verici düşünceleri alıcıya aktarır. Her insanda telepati yeteneği aynı katsayıda olmasa da bunu herkes kısmen başarabilir. Dingin olmak, iyi niyetler içinde kalmak, sonuca kafa yormamak, arınmış olmak gerekebilir çoğu kez.

Alma esnasında alıcı gönderileni kuvvetli bir biçimde algılar, düşünür, anlık saplanan bu veriye şaşırabilir, "Hiç aklımda yokken nerden geldi şimdi bu?" da diyebilir. Telepati anında berrak olmak gerekir, karışık sinyaller göndermemek daha iyi olur. Bu kitap daha çok dilekler, istediklerimizi gerçekleştirme üzerine kurulu olduğu için ve okur-danışanlar telepatik mesaj gönderme konusuna çok meraklı olduğu için değinmek istedim.

Telepati konusunda siz çok yetenekli ve iyi bir verici iken, karşı taraf sezgisel anlamda zayıf biri ise tabii ki alması zor olacaktır bazı şeyleri... Bu durumda daha çok uğraşmanız gerekebilir. Bu anlamda gelişmiş kişiler; düşünce-duygu-şekil olarak alabilmektedir.

İnsanları tanırken de telepati yeteneğinizi kullanabilirsiniz. Sezgiler yanıltmaz; mantıklı düşünceler, sürekli anlam yüklemeler bazen daha çok yanıltır. Kalbiniz sizi yanıltmıyor, keşke hepimiz onu daha çok dinlesek ve kalp yolu ile devam etsek hep yaşamlarımıza... Telepati gücünüzü geliştirmek için ilk zamanlar bunu yeni tanıştığınız kişiler üzerinde de deneyebilirsiniz. Onunla ilgili ilk düşündüklerinizi kaydedin "ilk gelen hisleri" çünkü en sonunda da yine onları düşüneceksiniz.

Duş alın.

Arının.

Yatak odanızda sessiz olun, odaklanmaya başlayın.

Gerekirse onun resmini kullanın.

Bilgileri aktarmaya başlayın.

Olumlu ve net olun.

Üçüncü göz noktasına da odaklanabilirsiniz.

Alfa frekansında da çalışmayı deneyebilirsiniz.

Telepati gücü olan kişilerin bazen de "alıcı" enerjileri de yüksek olduğu için korunmaları gerekir. Bu tip durumlarda, böyle kişiler yaşamınıza girebileceği zaman veya ortamlarda "mavi ışık topunun" içinde kendinizi imgeleyin. Olumsuz telepatik bağ kurulduğunu hissettiğinizde enerjiyi sevgiyle kaynağına gönderin ve bağı kesin. Eğer belirli bir mekânda telepati çalışmalarınıza devam edecekseniz de o mekânın enerjisel anlamda arınmış temizlenmiş olması daha iyi sonuç verir. Birçok olumsuzluğun yaşanmış olduğu mekânlar enerjinizi emer, çalar, sizi aşağı çeker. O olayların benzerlerini yaşamaya başlarsınız. İlk anda içeri girdiğinizde zaten bu mesajı bir mekân size rahatlıkla aktarır. Mekânların, eşyaların her şeyin enerjisi vardır. Her şey enerji yasaları ile açıklanabilir, bunu unutmayın.

Tele: uzak, path: yol anlamındadır.

Telepati dünyada çeşitli uzmanlarca çeşitli amaçlarla kullanılıyor, yani sadece "eski sevgilime mesaj çekemiyorum bari bir telepatik bağ kurayım"ın dışında büyük etkileri de oluyor. Bazen bir kişi ve olayın geleceğe dair yorumu elde edildiği gibi, yüksek bilgiler için yüksek şuur seviyesine geçip çok önemli çalışmalar da yapılabilir. Sizin günlük yaşamda tesadüf dediğiniz çoğu olayın içeriği telepatik aslında. O şarkıyı düşündüğünüzde bir anda çalması, eski bir dostu andığınızda bir anda ondan gelen haber, size anlık gelen içsel bir bilginin az sonra haberlerde izlenmesi gibi... Telepati iki kişi arasındadır. Çoğu zaman bu konu "ruhsal görü" ile karıştırılıyor. Ruhsal görüde ikinci kişi gerekmez. Daha parapsikolojik bir durumdur ve kişi geçmiş-bugün-gelecekten mesaj alır.

Telepati anında etrafa görünmeyen bir enerji yayılır. Telepati kuracak kişilerin konuşmaması gerekir. Düşünce ve kelimelerin yanı sıra resim ve fotoğrafları da kullanabilirsiniz. Kalbinize odaklanın, diğer düşüncelerden uzak durun, "ya işe yaramazsa" dediğinizde olmayacaktır. Telepati bir başka deyişle "düşünce nakli" gibidir. Karşınızdaki kişi eğer başardıysanız mesajı alır, özgür iradesi ile o da isterse size geri dönüş yapacaktır. Bunu da kabul etmeniz gerekir. Etik kurallar ve karma yasalarına saygı ile hareket edeceğiniz telepati çalışmasında şüphe-tereddüt-kaygı olmamalıdır.

Telepatide "ilk gelen" bilgiler doğrudur. İptal etme ve emin olmama yoluna da gitmemeniz gerekir. Çok mantık yürütmeyin, geleni alın.

AŞK VE TELEPATİ

Ona odaklanın.

Geçmişteki olumlu ve güzel anları tekrar tekrar canlandırın, kendinize yaşatın.

Böylece frekansı yakalamış olacaksınız; sevgi'de kalmak budur.

Doğru titreşim yakalandığında iç ses size bunu söyler.

Gelen bilgileri olduğu gibi alın.

Ani gelenler daha net de olabilir.

Sizin telepatik bağ kuracağınız an'da o kişinin de dingin halde olabilmesi işi kolaylaştırır.

Gözleriniz kapalı olsun.

Net mesajlar aktarın.

Belirli bir konuya odaklanın, soyut olmasın.

Bunu yaparken gerçekten istiyor ve inanıyor olmalısınız.

Telepati düşünceleri kontrol edebilmektir aynı zamanda. Düşünceyi okuyabilir, aktarabilir, anlayabilirsiniz. İnsanları kendine kolayca aşık edebilen kişilerin büyük kısmı bilerek ya da bilmeyerek telepatik güçlerini de kullanmaktadır. Dünyaca ünlü liderler aslında telepatiktir. Telepati beyin dalgalarının bilinçli şekilde yönlendirilmesidir. Ben de danışanlarımla ilk seanslarda telepati aracılığı ile aslında neden bana geldiklerini, benimle ilgili gerçekte ne düşündüklerini alırım.

Ayrıca çoğu araştırmacıya göre, telepati astral seyahatin de temelinde vardır. Telepatinin sınırı yoktur, mekânla da sınırlı değildir. Onun Amerika'ya yerleşmiş olması sizin ona telepatik mesaj gönderemeyeceğiniz anlamına gelmez yani... İnsan zaten doğal olarak telepatik dalgalar yayar, "teta" seviyesinde gönderilen mesajlar çok daha net gidecektir. Mesajı imge olarak da seçebilirsiniz. Telepatide benim hep altını çizdiğim imgeleme-canlandırma çok işe yarar. Görüntü kelimenin ötesindedir.

İlham denilen konunun bir kısmı yine telepatidir. Yaratıcı düşünceler de telepati ile gelebilir. Duru görü anında kaynakla bağlantı kurarız, telepati ise iki kişi arasında geçer. Telepati anında bazen çok yoğunlaşıp kendiniz olmaktan bile çıkıp "o kişi olabilmeniz" onun gibi hissedebilmeniz gerekir. Bunu başarabildiğinizde daha etkili ve net sonuçlara kapı açılır.

Kendi üçüncü göz noktanızdan onun üçüncü göz noktasına doğru pembe ve ışıktan bir kordon uzatın. Bu kordonun içinden istediğiniz ve aktaracağınız mesajlar geçsin. Onun bunları aldığına emin olun. Işık kordonunu çalışma bitince küçük bir ışık topu haline getirip kalbinize alın. Çalışma öncesi odada ilham veren ya da rahatlatan ama çok ağır olmayan tütsüler de yakabilirsiniz. Yedi gece kadar çalışmaya devam edebilirsiniz. Çalışma öncesi üçüncü göz noktasına güçlü bir enerji taşı kuvars ile enerji açma tekniği de uygulayabilirsiniz. Detaylar için youtube üzerinden videolarım yardımcı olacaktır; özellikle netd'deki "aşk para kariyer" programım.

Danışanlarımızın çoğu yeni ve doğru bir aşka yelken açmak istemez. Bunun için arınmak, geçmişi bırakmak, geçmiş yaşam şifası ile geride bırakmak, gereken yaşam dersini almak lazımdır. Bunun yerine "yanlış" biri de olsa ilişki şifalandırması ve telepatik bağ kurma seanslarını tercih ediyorlar. Ben tabii ki onlara saygı duyuyorum, karşıdaki insanla hâlâ bir bağ varsa, az da olsa o kişide de duygu varsa, bütünün hayrına ise o kişiye elbette ki sevgi mesajı gönderebilirsiniz. "Gelsin de görecek o! Haddini bildiricem..." enerjisi ile işe koyulursanız tabii ki başarılı olamazsınız, ayrıca bu tutum doğru da olmaz. Ego ile sevgiyi birbirinden ayırmak gerekir. Aşk konusu dışında, dostluk, aile içi ilişkiler, iş ilişkileri gibi alanlarda da telepati gücü kullanılabilir. Dileklerinize bu yolla ulaşırsanız ne mutlu bana...

Parapsikolojinin bir dalı "telepati'dir. Telepatinin kısa bir tarifi çok uzak yerlerde bulunan şahısların birbirleriyle maddi/fiziksel bir bağlantı olmaksızın irtibatları şeklinde de yapılabilir. Telepati anında tabii ki en önemli konulardan biri de "ya olmazsa, ya işe yaramazsa" fikrini uzaklaştırmaktır. Telepati "ruhsal" bir konudur. İrtibatın gerçekleşmesi; istek ve duyguların saf ve samimi olması ile de alakalıdır. "Arasın da gününü göstericem ona!" hissi ile yola çıkılınca başarı gerçekleşmeyebilir. Saf enerjiler sonuca güç katar, niyet ve gerçek amaç, bunun neden istendiği de önemlidir. Anne, uzakta olan bebeğinin ağladığını ya da gerçek gereksinimini telepatik bağ ile alabilir. Siz de ayrı kalmış olduğunuz kişiye hâlâ saf bir enerji ile bağlıysanız, aramıyor yani ruhları devrede tutuyorsanız, başarınız mümkün olabilir. Günlük hayatta telepatide zorlanan kişiler, bunu ilk etapta rüyada deniyor. Rüya anında "mantık-zihin-aşırı sorgulama" gibi negatifler dışarıda kalabiliyor. Rüyada ölmüş yakınları ile bağ kurabilen tanıdıklarım da epey fazla, ailemde de böyle kişiler var. Bu elbette daha metafizik ve öte âlem bir konu ama telepati çalışan kişiler de bu alanda zamanla gelişiyor. Unutmayın sizin beyninizle onun beyni arasında görünmez bir bağ/kordon var. Şifacılar ve özel ruhlar bu bağı çok derince kullanır. Beynin yaydığı frekanslar ve kişinin ürettiği hormonlar da durumu destekler. Telepatik bağ kurma anında; o kişiyi imgelerken gerçekçi olun, gelen her bilgiyi sorgulamadan alın ve kendi ileteceğiniz mesajda net olun; uzun uzun cümleler yerine "seni seviyorum, beni ara" gibi kısa net mesajlar daha doğru olur. Karmaşık olan şeyler enerjiler dünyasında netlik olmadığı için kaybolur. Yanlış sonuç bile olabilir.

İlerlemiş tekniklerde tamamen, kendinizi o kişi gibi hissedebilirseniz sonuç berraklaşır. Telepatide gelişmek, kişilere bu yolla bilgi aktarmak ya da bilgi almak için youtube üzerinden "netd"de ve Tv Em'de yapmış olduğum programlardaki uygulamaları, konuk olduğum programları, ayrıca diğerlerindeki bölümleri deneyebilirsiniz. Mumlar, tütsüler, kristaller ve dua enerjisi de bu yolda sizi tabii ki aydınlatır. Özgür irade ve bütünün hayrına olacak şekilde ışıkla yapın…

Rüyada telepatik bağ kurmak için

1414 kere YA NUR YA BASİT YA ZAHİR esma zikri tamamlanır.

Kendi kalbinizden çıkaracağınız mor-altın-pembe ışığı onun kalbine doğru gönderin.

Uyku öncesi niyet edin ve onun üçüncü göz noktasına odaklanın.

Burnunuzdan nefes alın ve yine onun 3. Göz noktasına doğru nefesi gönderin, uyku basana kadar devam edin... Uykuda alınan mesajı takip edin, çalışmaya devam edecekseniz bu konu için özel bir rüya rehberliği defteriniz de olsun.

Mum ve telepati

Beyaz bir mum yakın ve ışığına konsantre olun.

21 adet Yasin okuyarak dua edin.

Çalışma öncesi odada arınma ve geride bırakmak için adaçayı yağı ile tütsü de yapmış olun.

Enerjiyi artırmak için günlükotu tütsüsü de denenebilir.

Bu esnada sadece bugüne kadar bu kişi ile yaşanmış olan mutlu anlara odaklanın, gerekirse çalışmayı tekrar edin.

7 Taş Yoğun Telepatik Bağ Çalışması

Bismillâhirrahmânirrahîm. Hamdii senâî vel kibriyâî zâtı vel hulku küllühüm, abdı ve imâî vel enbiyâü ver rusülü evliyâi ve asfiyâi ve muhammediin rasûlüllahi sallâllahü aleyhi ve sellem. Nebiyyî ve rusülî innî kad zevvectül eşyâe liyedüllû ala vahdâniyyetî eşhedü ve melâiketî sevâtî ve hameletü arşı innî kad zevvectü emetî hakkal bediyh fıtratı ve menbeu kudreti âdemü aleyhisselâm, aleyhi salâtî ve tesbîhî ve tenzîhihî ve tehlîlî ve hüve âyetel kürsî bişehâdeti en la ilahe illâllahü yâ âdemii yâ havvâii üdhulâ cenneti ve kula semeratî velâ takrabâ şeceratî, esselâmü aleykümâ ve rahmeti ve bereketi. Allahümme ahrık ve heyyic ve eclib ve eczib kalbi ve akli ve ruhi ve cemı azâi ve cemı cevârihı "(sevdiğiniz kişinin ismi)" alâ hubbi ve aşkı ve mehabbeti ve meveddeti "(sizin isminiz)" bil mehabbetil kaviyyeti veş şediydeti min gayri mühletin bilâ ihtiyarin bil aceli ves sür'ati. Allahümme ellif beynehümâ kemâ ellefte beyne âdeme ve havvâe ve kemâ ellefte beyne mûsâ ve safûrâ ve kemâ ellefte beyne ibrâhîme ve sârâ ve hâcer, ve kemâ ellefte beyne, yûsuf ve züleyhâ ve kemâ ellefte beyne muhammed ve âişe radıyallahü anhüm ve radû anh. Ve bihakkı cebrâîle ve mikâîle ve isrâfîle ve azrâîle salâvâtullahi aleyhim ecmaîn. Ve bihakkıl enbiyâi vel mürselîn. Ve sallâllahü alâ hayri halkıhî muhammedin ve âlihî ve sahbihî ecmaînet tayyibînet tâhirîn. Ve selâmün alel mürselîn vel hamdü lillâhi rabbil âlemin.

Yukarıdaki çok özel ve etkili dua "iyi niyet" ile ve iki tarafın da hayrına olacak şekilde deniz kenarından toplanmış 7 adet taşa okunur. Bu taşlar 7 gece evde sıcak suyun içinde veya başka bir metot ile ısıtılır, hep sıcak kalması sağlanır. Bu zaman içinde hep o kişiye, saf sevgiye, hayırlısına odaklanılır. Aşk enerjisini açmak için bulunulan ortamda gülyağı ve yasemin yağı ile ayrıca tütsü de yapılır. Uyku öncesi kendi 3. Göz noktanızdan onun aynı noktasına beyaz bir ışık tüpü içinde iletmek istediğiniz sevgi mesaj ve enerjilerini de aktarmayı unutmayın. Tüm çalışma tamamlanınca 7 taş "oluşturma ve güven enerjisi için" toprak bir alana sevgi ile bırakılır.

TELEPATİK BAĞ ve beyaz ışık

EN'ÂM-75: Ve kezâlike nurî ibrâhîme Melekûtes semâvâti vel ardı ve li yekûne minel mûkınîn(mûkınîne). ARAF/143: Velemmâ câe mûsâ limî**k**âtinâ vekellemehu rabbuhu **k**âle rabbi erinî en**z**ur ileyk*(e)*

Kevser Suresi:

İnnâ a'taynâkel kevser

Fesalli lirabbike venhar

İnne şânieke hüvel'ebter

Yukarıdaki sure ve ayetleri 45'er defa okuyun. Sevdiğiniz kişi ile sarılmış bir olmuş olarak birbirinizi imgeleyin ve yukarıdan gelen beyaz bir ışık ile ışık duşu aldığınızı imgeleyerek uykuya dalın. Takip eden günlerde iç sesinize kulak verin, ilk gelen bilgiler doğru olacak. Bu çalışmayı yapmadan önce arınmış ve tüm kalbinizle o kişiyi gerekiyorsa affetmiş olmanız gerekir.

RESİMLE TELEPATİ VE DUANIN GÜCÜ

O kişinin resmine odaklanın. Resme bakarken olumlama da yapmış olabilirsiniz. Sonra sadece o kişinin üçüncü göz noktasına odaklanın. Kendi üçüncü göz noktanızdan onun aynı noktasına doğru mor ışık gönderin. Oradan geri gelen ışıkları imgeleyin ve geri alın, sevgi ile kabul edin.

Devamında okunacak dualar: 100 SALAVAT, 100 İSTİĞFAR, 336 YA MUSAVVİR, 313 KAF HA YA AYN SAD okunur. Ardından 3000 defa "fe erselna ileyha ruhana fe temessele leha beşeran seviyya" ayeti ile devam edilir. Son olarak 333 kere Hümeze Suresi okunur.

Allah GERÇEKTEN ruh eşi olan ve sevgiyi hak edenlerin yanındadır. Kalpler de Allah'a bağlıdır, onu o nedenle elbette Allah'tan isteyebilirsin, dönerse senindir Allah izin verirse... Değilse unutma: ruh eşin yine Allah ne zaman takdir ederse sana gelecek. ÂMİN.

7. DUALARIN GÜCÜ VE IŞIĞA YOLCULUK

GÜÇLÜ ESMA ÇALIŞMASI

YA KADİRU YA ALLAH

YA KADİMU YA ALLAH

YA RAHMANU YA ALLAH

YA RAHİYMU YA ALLAH

YA KERİMU YA ALLAH

Yukarıdaki dua çok güçlü dilekler ve muhabbet için 3000 defa okunur, çok uzun zamana yaymadan birkaç gün içinde bitirmeye çalışın. Besmele ile başlanır ve kadınlar için Zöhre, erkekler için Güneş saatinde başlamak uygundur. 27 yaşındayken, İstanbul'un biraz dışında, sabahın dördünde ziyaret ettiğim hem sanatçı hem doğa üstü araştırmaları olan değerli bir hanımefendinin bana öğrettiği ve o günden beri okuyup güzel sonuçlar aldığım bir çalışmadır. Allah kabul etsin. Hem güç veriyor, dilekleri gerçekleştiriyor hem de olumsuz olan her şeyden sizi uzak tutabiliyor.

AMENERRASULÜ ve Mucizeler:

Ferahlık verir.

Huzur verir.

Daha güçlü hissedersiniz.

Niyetiniz netleşir.

Allah sevginiz artar.

Korunursunuz.

Okunan eve negatif enerji gelmez.

1 hafta içinde 100 kere okuyabilirsiniz.

AMENERRASULÜ'NÜN OKUNUŞU:

Amenerrasulü bima ünzile ileyhi mirrabbihi vel mü'minun, küllün amene billahi vemelaiketihi ve kütübihi ve rusülih, la nüferriku beyne ehadin min rusülih, ve kalu semi'na ve ata'na gufraneke rabbena ve ileykelmesir.

La yükellifullahü nefsenilla vüs'aha, leha ma kesebet ve aleyha mektesebet, rabbena latüahızna innesiyna ev ahta'na, rabbena vela tahmil aleyna ısran kema hameltehü alelleziyne min gablina, rabbena vela tühammilna, mala takatelena bih, va'fü anna, vağfirlena, verhamna, ente mevlana fensurna alel gavmil kafiriyn.

AMENERRASULÜ'NÜN MEALİ:

O peygamber de kendisine Rabbinden indirilene iman etti, Mü'minlerin (onlardan) her biri Allah'a, onun Meleklerine, kitaplarına, peygamberlerine inandı.Onun (Allah'ın) peygamberlerinden hiçbirini diğerlerinin arkasından ayırmayız (hepsine inanırız), dinledik, (kabul ettik) emrine itaat ettik, Ey Rabbimiz, mağfiretini isteriz. Son varışımız ancak sanadır" dediler.

Allah hiç kimseye gücünün yeteceğinden başkasını yüklemez. Herkesin kazandığı hayır faidesine, yaptığı şer kendi zararınadır. "Ey Rabbimiz, unuttuk, yahut yanıldıysak bizi tutup sorguya çekme. Ey Rabbimiz, bizden evvelki ümmetlere yüklediğin gibi üstümüze ağır bir yük yükleme, Ey Rabbimiz takat getiremeyeceğimizi bize taşıtma. Bizden sadır olan günahları sil, bağışla, bizi esirge. Sen mevlamızsın bizim. Artık kâfirler ruhuna karşı bize yardım et.

DUHÂN SURESİ

Peygamber Efendimiz (s.a.v) buyuruyor:

"Her kim Duhân Suresi'ni geceleyin okursa,yetmiş bin Melek o kimse için sabaha kadar istiğfar ederler.affolunmasını talep ederler."

Bir kimse her gün 3 defa Duhan Suresi'ni okursa her dileği olur. Allah kabul etsin.

DUHÂN SURESİ

1. ha mım

2. vel kitabil mübiyn

3. inna enzelnahü fı leyletim mübaraketin inna künna münzirın

4. fıha yüfraku küllü emrin hakiym

5. emram min ındina inna künna mürsiliyn

6. rahmeten mir rabbik innehu hüves semiy'ul aliym

7. rabbis semavati vel erdı ve ma beynehüma in küntüm mukıniyn

8. la ilahe illa hüve yuhyı ve yümiyt rabbüküm ve rabbü abaikümül evveliyn

9. bel hüm fı şekkiy yel'abun

10. fertekıb yevme te'tis semaü bi dühanim mübiyn

11. yağşen nas haza azabün eliym

12. rabbenekşif annel azabe inna mü'minun

13. enna lehümüz zikra ve kad caehüm rasulüm mübiyn

14. sümme tevellev anhü ve kalu muallemüm mecnun

15. inna kaşifül azib kaliylen inneküm aidun

16. yevme nebtışül batşetel kübra inna müntekımun

17. ve le kad fetenna kablehüm kavme fir'avne ve caehüm rasulün keriym

18. en eddu ileyye ıbadellah inni leküm rasulün emiyn

19. ve el la ta'lu alellah innı atıküm bi sültanim mübiyn

20. ve innı uztü bi rabbı ve rabbiküm en tercumun

21. ve il lem tü'minu lı fa'tezilun

22. fe dea rabbehu enne haülai kavmüm mücrimun

23. fe esri bi ıbadı leylen inneküm müttebeun

24. vetrukil bahra rahva innehüm cündüm muğrakun

25. kem teraku min cennativ ve uyun

26. ve züruıv ve mekamin keriym

27. ve na'metin kanu fiyha fakihiyn

28. kezalike ve evrasnaha kavmen ahariyn

29. fema beket aleyhimüs semaü vel erdu vema kanu münzariyn

30. ve le kad necceyna benı israiyle minel azabil mühiyn

31. min fir'avn innehu kane aliyem minel müsrifiyn

32. ve lekadıhternahüm ala ılmin alel alemiyn

33. ve ateynahüm minel ayati ma fıhi belaüm mübiyn

34. inne haülai le yekülün

35. in hiye illa mevtetünel ula ve ma nahnü bi münşeriyn

36. fe'tu bi abaina in küntüm sadikıyn

37. e hüm hayrun em kamü tübbeıv vellezıne min kablihim ehleknahüm innehüm kanu mücrimiyn

38. ve ma halaknes semavati vel erda ve ma beynehüma laıbiyn

39. ma halaknahüma illa bil hakkı ve lakinne eskerahüm la ya'lemun

40. inne yevmel fasli mıkatühüm ecmeıyn (turkeyarena.com)

41. yevme la yuğni mevlen ammevlen şey'ev ve la hüm yünsarun

42. illa mer rahımellah innehu hüvel aziyzür rahıym

43. inne şeceratez zekkum

44. taamül esiym

45. kel mühl yağlı fil bütun

46. ke ğalyil hamiym

47. huzuhü fa'tiluhü ila sevail cehıym

48. sümme subbu fevka ra'sihı min azabil hamiym

49. zuk inneke entel aziyzül keriym

50. inne haza ma küntüm bihı temterun

51. innel müttekıyne fı mekamin emiyn

52. fi cennativ ve uyun

53. yelbesune min sündüsiv ve istebrakım mütekabiliyn

54. kezali ve zevvecnahüm bi hurin ıyn

55. yed'une fiha bi külli fakihetin aminiyn

56. la yezukune fiyhel mevte illel mevtetel ula ve vekahüm azabel cehıym

57. fadlem mir rabbik zalike hüvel fevzül azıym

58. fe innema yessernahü bi lisanike leallehüm yetezekkerun

59. fertekıb innehüm mirtek

İsmi Azam Duası

"Bismillahirrahmanirrahim"

"Allahümme inni es'elüke ya alimel hafiyye, ve ya menis-semau bikudretihi mebniyye, ve ya men-il-erdu biizzetihi mudhıyye, ve ya men-iş-şemsü vel-kameru binuri celalihi müşrika ve mudıyye ve ya mukbilen ala külli nefsin mü'minetin zekiyye ve ya müsekkine ra'b-el-haifine ve ehl-et-takıyye, ya men havaicul-halki indehü makdıyye, ya men neca Yusüfe min rıkk-il-ubudiyye, ya men leyse lehü bevvabün yunadi vela sahibun yağşa ve la vezirun yu'ti ve la gayruhu rabbün yud'a ve la yezdadu ala kesretil-havaici illa keremen ve cuden ve sallallahu ala Muhammedin ve alihi ve a'tini süali inneke ala külli şey'in kadir."

2 rekat Hacet Namazı sonrası 1111 defa okunabilir.

Eğer bir niyet ya da dilek için yapıyorsanız öncellikle tövbe istiğfarı ile başlayın:

"Estağfirullah. Estağfirullah. Estağfirullahe'l-azîm el-kerîm, ellezî lâ ilâhe illâ hüve'l-hayyü'l-kayyûmü ve etûbü ileyhi, tevbete abdin zâlimin li-nefsihî, lâ yemlikü li-nefsihî mevten velâ hayâten velâ nüşûrâ. Ve es-elühü't-tevbete ve'l-mağfirete ve'l-hidâyete lenâ, innehû, hüve't-tevvâbü'r-rahîm. Yâ Settere'l uyûb, Yâ gaffare'z-zünûb!

Amentü billâhi ve melâiketihî ve kütübihî ve Rusulihi ve'l-yevmi'l-âhiri ve bi'l-kaderi, hayrihî ve şerrihî minellâhi teâlâ ve'l-bâsü bade'l-mevt. Hakkun, eşhedü en lâ ilâhe illâllah ve eşhedü enne Muhammeden abdühû» ve Resûlüh."

3 Salavat getirip, Euzü Besmele ile Ayet'el Kürsi, Fatiha, İhlas, Felak, Nas ve Kafirun Surelerini 3'er kez okuduktan sonra da devam edilebilir İsmi azam okunmaya...

Miftahul Cennet Duası

- **"Bismillahirrahmanirrahim**
- **Ve ilahüküm ilahün vahıd la ilahe illa hüver rahmanür rahiym.**
- **Allahümme edhılil cennete la ilahe illellah, Muhammedün Rasullullah.**
- **Ve kul Rabbi euzü bike minhemezatiş şeyatiyni ve euzü bike rabbi en yahdurun.**
- **Allahümme edhılil cennete la ilahe illellah, Muhammedün Rasullullah.**
- **Kul rabbi enzilni münzelen mübareken ve ente hayrul münzilin.**
- **Allahümme edhılil cennete la ilahe illellah Muhammedün Rasullullah.**

- **Rabbic'alni mükıymes salati ve min zürriyeti Rabbena ve tekabbel düa.**
- **Allahümme edhılil cennete la ilahe illellah, Muhammedün Rasullullah.**
- **Rabbena tekabbel minna inneke entes semiy'ul alim.**
- **Allahümme edhılil cennete la ilahe illellah, Muhammedün Rasullullah.**
- **Rabbena heb lena min ezvacina ve zürriyyatina kurrate a'yünin vec'alna lil müttekıyne imama.**
- **Allahümme edhılil cennete la ilahe illellah, Muhammedün Rasullullah.**
- **Rabbişrah li sadri ve yessir li emri vahlül ukdeten min lisani yefkahü kavli.**
- **Allahümme edhılil cennete la ilahe illellah, Muhammedün Rasullullah.**
- **Rabbena zalemna enfüsena ve in lem tağfir lena ve terhamna le nekunenne minel hasirin.**
- **Allahümme edhılil cennete la ilahe illellah, Muhammedün Rasullullah.**
- **Rabbena etmim lena nurana vağfir lena inneke ala külli şey'in kadir.**
- **Allahümme edhılil cennete la ilahe illellah, Muhammedün Rasullullah.**
- **Rabbena efrığ Aleyna hayran ve teveffena müslimin.**
- **Allahümme edhılil cennete la ilahe illellah, Muhammedün Rasullullah.**

- **Rabbenağfir lena zünubena ve keffir anna seyyiatina ve teveffena meal ebrar.**
- **Allahümme edhılil cennete la ilahe illellah, Muhammedün Rasullullah.**
- **Rabbi la tezerni ferden ve ente hayrül varisin.**
- **Allahümme edhılil cennete la ilahe illellah, Muhammedün Rasullullah.**
- **Rabbenağfir lena ve li ıhvaninellezine sebekuna bil iman.**
- **Allahümme edhılil cennete la ilahe illellah, Muhammedün Rasullullah.**
- **Rabbenasrif anna azabe cehenneme inne azabeha kane ğarama.**
- **Allahümme edhılil cennete la ilahe illellah, Muhammedün Rasullullah.**
- **Ve kul rabbirhamhüma kema rabbeyani sağıyra.**
- **Allahümme edhılil cennete la ilahe illellah, Muhammedün Rasullullah.**
- **Fe se yakfikelhümüllahü ve hüves semiy'ul alim.**
- **Allahümme edhılil cennete la ilahe illellah, Muhammedün Rasullullah.**
- **Ya Hayyü Ya Kayyumü Ya Zel celali vel ikram**
- **Bi rahmetike Ya Erhame'r rahimiyn."**
- **Miftahul Cennet Duası,** en güçlü ve en büyük dilek dualarındandır.

Peygamberimiz Hz Muhammed (s.a.v.) bir gün ashabıyla mescitte bulunurken, Cebrail a.s. yanına gelerek, "Ya Muhammed! Hak Teala sana selam gönderdi. Bu duayı sadece sana gönderdi. Senden önce hiçbir peygambere bu dua verilmedi. Ey Muhammed! Bu duayı her kim okursa kıyamet günü geldiğinde yerinden kalkacak, burağa binecek (burak peygamberimizin (s.a.v.) Miraç'ta bindiği binektir.) mahşer halkı "Bu hangi peygamber?" diyerek hayrete düşecekler. O anda nida edilene göre, "Bu bir peygamber değildir, sadece dünyada Miftahul Cennet Duası'nı okumuştur.

- Hak Teala kendisine bunu bahşetti. Rıdvan cennetlerinin kapısını ona açtı." Bu duayı okuyan herkes nurdan tahtların üzerinde oturur, akrabalarına şefaat eder. Üzerinde taşıyanlar borçluysa gayb kapıları açılır, hastaysa şifa bulur, her türlü kazadan ve eladan korunur. Bu duayı okuyanın dilekleri kabul olur, halkın yanında aziz olur.

BAKARA SURESİ VE ÖNEMİ

286 ayetlik bir Kuran suresidir. Bir şifre ile başlar sure: Elif lâm mîm… Surenin sonu ise dua ile biter. Bu kitabın ismi de bu surenin 117. Ayeti'ndendir. Ben yaşamımda ne zaman blokaj veya zorlu bir konu ile karşılaşsam bu sure ile yenilenirim.

Şifalıdır, zorlu kapıları açar.

Negatif enerjiden şüphe edenler, Kafirun-Felak-Nas-Ayet'el Kürsi ile birlikte Bakara Suresi ile 5 ayeti de okumaya devam edebilirler.

Güç verir. Tehlikelerden korur.

Son iki ayeti ayrıca bir hazine sayılır.

BAKARA SURESİ, İLK 5 AYET:

BİSMİLLAHİRRAHMANİRRAHİM

1-Elif, lam mim. 2-Zalikel kitabu lareybe fihi. Hüdenlil müttekin.3- ellezine yü'minune bil gaybi ve yukimunesselate ve mimma rezaknahüm yunfikun. 4-vellezine yü'minune bima unzile ileyke ve ma unzile min kablike ve bil ahireti hüm yukinun.5- ulaike ala hüden min rabbihim ve ulaike hüm-ül muflihun.

Rahman Rahim olan Allah'ın adıyla

1. Elif. Lâm. Mîm.

2. Bu, kendisinde şüphe olmayan, muttakiler için yol gösterici olan bir Kitap'tır.

3. Onlar, gaybe inanırlar, namazı dosdoğru kılarlar ve kendilerine rızık olarak verdiklerimizden infak ederler.

4. Ve onlar, sana indirilene, senden önce indirilenlere iman ederler ve ahirete de kesin bir bilgiyle inanırlar.

5. İşte bunlar, Rablerinden olan bir hidayet üzerindedirler ve kurtuluşa erenler bunlardır.

İNŞİRAH SURESİ VE ETKİLERİ

Bismillahirrahmanirrahim

1. Elem neşrah leke sadrek
2. Ve vada'na 'anke vizreke
3. Elleziy enkada zahreke
4. Ve refa'na leke zikreke
5. Feinne me'al'usri yüsren
6. İnne me'al'usri yüsren

7. Feiza ferağte fensab

8. Ve ila rabbike ferğab

İnşirah Suresi Meali:

Rahmân ve Rahîm (olan) Allah'ın adıyla.

1. Biz senin göğsünü açıp genişletmedik mi?
2. Yükünü senden alıp atmadık mı?
3. O senin belini büken yükü .
4. Senin şânını ve ününü yüceltmedik mi?
5. Elbette zorluğun yanında bir kolaylık vardır.
6. Gerçekten, zorlukla beraber bir kolaylık daha vardır.
7. Boş kaldın mı hemen (başka) işe koyul.
8. Yalnız Rabbine yönel.

Manevi anlamda yol almak isteyenler İnşirah Suresi'ni gün içinde sık sık okuyabilir, okuduğunuz anda zaten kendinizdeki enerji değişimini rahatça görebilirsiniz.

Darda olanlar, çaresiz hissedenler, üzerindeki yükü atmak isteyenler bu sure ile rahatlar.

Dilekler için uygulama:

2 rekât Hacet namazı

786 kere Besmele

152 kere "Elem neşrah leke sadrak" Suresi

Ve yola İnşirah Suresi ile devam edilir… Allah kabul etsin.

VAKIA SURESİ ve yaşamlara etkisi…

Bismi'llâhi'r-Rahmâni'r-Rahîm

(1) **izâ vekâatil vâkıatü** (2) **leyse livak'atiha kazibeh** (3) **hafıdatün râfiatün** (4) **iza rüccetil'ardu reccen** (5) **ve**

büssetilcibalü bessen (6) fekanet hebâen münbessen (7) ve küntüm ezvâcen selâseh (8) feashabül meymeneti mâ ashabül meymeneh (9) ve ashabül meş'emeti maashabül meş'emeh (10) ves sabikunes sâbikune (11) ülâikel mukarrebune (12) fiy cennatin naıym (13) sülletün minel'evveliyne (14) ve kaliylün minel'ahıriyn (15) alâ sürürin mevdûnetin (16) müttekiiyne aleyha mütekabiliyn. (17) yetufü aleyhim vildanün muhalledûne (18) biekvabin ve ebâriyka ve ke'sin min maıynin (19) lâ yusaddaune anha ve lâ yünzifune (20) ve fakihetin mimma yetehayyerune (21) ve lahmi tayrin mimma yeştehune (22) ve hurün ıynün (23) keemsalil lü'lüilmeknun (24) cezâen bimâ kânu yamelûn (25) lâ yesmeune fiyha lağven ve la te'siymen (26) illâ kıylen selâmen selâma (27) ve ashabül yemiyni ma ashabülyemiyn (28) fiy sidrin mahdudin (29) ve talhın mendudin (30) ve zıllin memdudin (31) ve mâin meskubin (32) ve fâkihetin kesiyretin (33) lâ maktuatin ve lâ memnuatin (34) ve füruşin merfuah (35) inna enşe'nahünne inşâen (36) fecealnahünne ebkaren (37) uruben etraben (38) liashabilyemiyn (39) sülletün minel'evveliyne (40) ve sülletün minel'ahıriyn (41) ve ashabüşşimâli mâ ashabüşşimâl (42) fiy semumin ve hamiymin (43) ve zıllin min yahmumin (44) lâ bâridin ve lâ keriym (45) innehüm kânu kable zâlike mütrefiyn (46) ve kanu yusırrune alelhınsil azıym (47) ve kânu yekûlune eiza mitna ve künna türaben ve ızâmen einna lemebusune (48) eve abaünel'evvelun (49) kul innel'evveliyne vel'ahıriyne (50) lemecmûune ilâ miykati yevmin mâlum (51)sümme inneküm eyyühed dâalûnel mükezzibune. (52) leâkilune min şeçerin min zakkûmin (53) femâliune minhel bütûne (54) feşâribune aleyhi minel hamiym (55) feşâribune şürbelhiym (56) haza

nüzülühüm yevmed diyn (57) **nahnü halaknaküm felevlâ tüsaddikun** (58) **efereeytüm ma tümnûn** (59) **eentüm tahlükunehu em nahnül hâlikun** (60) **nahnü kadderna beynekümül mevte ve ma nahnü bimesbukıyne** (61) **alâ en nübeddile emsaleküm ve nünşieküm fiy ma lâ talemun** (62) **ve lekad alimtümün neş'etel'ulâ felevlâ tezekkerûne** (63) **efereeytüm ma tahrüsûn** (64) **eentüm tezreunehu em nahnüzzariun** (65) **lev neşaü lecealnahü hutamen fezaltüm tefekkehun** (66) **inna lemuğremune** (67) **bel nahnü mahrumun** (68) **efereeytümül maelleziy teşrebun** (69) **eentüm enzeltümuhü minelmüzni em nahnül münzilun** (70) **lev neşaü cealnahü ücacen felevla teşkürune** (71) **efereeytümün narelletiy turun (72) eentüm enşe'tüm şecereteha em nahnülmünşiun** (73) **nahnü cealnaha tezkireten ve metâan lilmukviyn** (74) **fesebbıh bismi rabbikelazıym** (75) **felâ uksimü bimevâkın nücumi** (76) **ve innehu lekasemün lev talemune azıymün** (77) **innehu lekur'ânün kerîymün** (78) **fiy kitabin meknunin** (79) **lâ yemessuhu illel mutahherun.** (80) **tenziylün min rabbil âlemiyn**(81) **efebihazel hadiysi entüm müdhinun** (82) **ve tec'âlune rizkaküm enneküm tükezzibun** (83) **felevlâ izâ beleğatil hulkume** (84) **ve entüm hıyneizin tenzurûne** (85) **ve nahnü akrebü ileyhi minküm ve lâkin lâ tubsırun** (86) **felevlâ in küntüm ğayre mediyniyne** (87) **terciuneha in küntüm sadikıyn (88) feemma in kane minel mukarrebiyne** (89) **ferevhun ve reyhanün ve cennetü naıym** (90) **ve emma inkane min ashabil yemiyni** (91) **feselâmün leke min ashabilyemiyn** (92) **ve emma in kane minel mükezzibiyned dalliyn** (93) **fenüzülün min hamiymin** (94) **ve tasliyetü cahıym** (95) **inne haza lehüve hakkul yakıyn** (96) **fessebbih bismi rabbikel azıym**

Meali:

1 - Olacak vak'a olduğu zaman

2 - Onun oluşunu yalanlayacak kimse yoktur.

3 - O, alçaltıcıdır, yükselticidir.

4 - Yer şiddetle sarsıldığı

5 - Dağlar serpildikçe serpildiği

6 - Dağılıp toz duman haline geldiği

7 - Ve sizler üç sınıf olduğunuz zaman

8 - Sağın adamları (var ya) ne mutludurlar onlar!

9 - Solun adamları ise ne uğursuzdurlar onlar!

10 - Önde olanlar (var ya), onlar öncüdürler.

11 - İşte o yaklaştırılanlar,

12 - Nimet cennetlerindedirler.

13 - Çoğu önceki ümmetlerden,

14 - Birazı da sonrakilerden.

15 - (Onlar) cevherlerle işlenmiş tahtlar üzerindedirler.

16 - Karşılıklı olarak onların üzerinde yaslanırlar.

17 - Çevrelerinde, ölümsüzlüğe ulaşmış gençler dolaşırlar.

18 - Kaynağından doldurulmuş, testiler, ibrikler ve kadehlerle.

19 - Ondan ne başları ağrıtılır, ne de akılları giderilir.

20 - Beğendikleri meyvalar,

21 - Canlarının çektiği kuş etleri,

22 - İri gözlü hûriler,

23 - Saklı inciler gibi,

24 - Yaptıklarına karşılık olarak verilir.

25 - Orada boş bir söz ve günaha sokan bir laf işitmezler.

26 - Duydukları söz, yalnız "selam", "selam" dır.

27 - Sağın adamları, nedir o sağın adamları!

28 - Dalbastı kirazlar,

29 - Meyva dizili muzlar,

30 - Uzamış gölgeler,

31 - Fışkıran sular.

32 - Pek çok meyva arasında,

33 - Tükenmeyen ve yasaklanmayan

34 - Ve yükseltilmiş döşekler üstündedirler.

35 - Biz kadınları yeniden inşa ettik (yarattık).

36 - Onları bâkireler yaptık.

37 - Hep yaşıt sevgililer,

38 - Sağın adamları içindir.

39 - Bir çoğu öncekilerdendir.

40 - Bir çoğu da sonrakilerdendir.

41 - Solun adamları, nedir o solcular!

42 - İçlerine işleyen bir ateş ve kaynar su içinde,

43 - Kapkara dumandan bir gölge altındadırlar.

44 - Ki ne serindir, ne de faydalı.

45 - Çünkü onlar bundan önce varlık içinde sefâhete dalmışlardı.

46 - Büyük günahı işlemekte ısrar ediyorlardı.

47 - Ve diyorlardı ki: "Biz ölüp, toprak ve kemik yığını olduktan sonra, biz mi bir daha diriltileceğiz?"

48 - "Önceki atalarımızda mı?"

49 - De ki: "Öncekiler ve sonrakiler"

50 - "Belli bir günün belli vaktinde mutlaka toplanacaklardır."

51 - Sonra siz, ey sapık yalanlayıcılar!

52 - Elbette bir ağaçtan, zakkum ağacından yiyeceksiniz.

53 - Karınlarınızı hep onunla dolduracaksınız.

54 - Üstüne de kaynar su içeceksiniz.

55 - Susuzluk illetine tutulmuş develerin içişi gibi içeceksiniz.

56 - İşte ceza gününde onlara sunulacak ziyafet budur.

57 - Biz sizi yarattık; tasdik etmeniz gerekmez mi?

58 - Attığınız meniyi gördünüz mü?

59 - Onu siz mi yaratıyorsunuz yoksa yaratan biz miyiz?

60 - Aranızda ölümü takdir eden biziz ve bizim önümüze geçilmez.

61 - Böylece sizin yerinize benzerlerinizi getirelim ve sizi bilmediğiniz bir yaratılışta tekrar var edelim diye (böyle yapıyoruz).

62 - Andolsun, ilk yaratılışı bildiniz. Düşünüp ibret almanız gerekmez mi?

63 - Ektiğinizi gördünüz mü?

64 - Onu siz mi bitiriyorsunuz, yoksa bitiren biz miyiz?

65 - Dileseydik, onu kuru bir çöp yapardık. Hayret eder dururdunuz.

66 - "Doğrusu borç altına girdik."

67 - "Doğrusu, biz yoksul bırakıldık" (derdiniz).

68 - İçtiğiniz suya baktınız mı?

69 - Buluttan onu siz mi indirdiniz, yoksa indiren biz miyiz?

70 - Dileseydik onu tuzlu yapardık. O halde şükretseniz ya!

71 - Bir de o çaktığınız ateşi gördünüz mü?

72 - Onun ağacını siz mi yarattınız, yoksa yaratan biz miyiz?

73 - Biz onu bir ibret ve çölden gelip geçenlere bir fayda yaptık.

74 - Öyleyse büyük Rabbinin adını yücelt.

75 - Hayır, yıldızların yerlerine yemin ederim.

76 - Bilirseniz bu büyük bir yemindir.

77 - O, elbette şerefli bir Kur'ân'dır.

78 - Korunmuş bir kitaptadır.

79 - Ona temizlenenlerden başkası el süremez.

80 - (O), âlemlerin Rabbinden indirilmiştir.

81 - Şimdi siz bu sözü mü küçümsüyorsunuz?

82 - Rızkınızı, yalanlamanızdan ibaret mi kılıyorsunuz?

83 - Can boğaza dayandığı zaman

84 - Ki o zaman siz (ölmek üzere olana) bakar durursunuz.

85 - Biz ona sizden daha yakınız, fakat siz görmezsiniz.

86 - Eğer cezalandırılmayacak iseniz,

87 - Onu geri çevirsenize; şayet iddianızda doğru iseniz.

88 - Fakat ölen kişiye gelince, eğer o rahmete yaklaştırılanlardan ise,

89 - Ona rahatlık, güzel rızık ve Naîm cenneti vardır.

90 - Eğer O, sağın adamlarından ise,

91 - "(Ey sağcı), sana sağcılardan selam!"

92 - Ama yalanlayıcı sapıklardan ise;

93 - İşte ona da kaynar sudan bir ziyafet vardır.

94 - Ve cehenneme atılma vardır.

95 - Kesin gerçek budur işte.

96 -Öyle ise Rabbini o büyük ismiyle tesbih et.

Vakıa Suresi'nin Sırları:

Rızkı açar, elde etmek istediğiniz şeyler size çekilir.

Darda kalmazsınız, tehlikeli insanlar sizden uzak durur.

Bereketi artırır, büyük amaçlar için de okunabilir.

Helal kazanç için kapı açar.

Zor işler kolaylaşır.

MEZCEL BEZCEL ve "olumsuzun iptali"

Üç parça tuz parçası Dolunay zamanı hazırlanır.1 kova suya atılır."Mezcel-Bezcel" Esmaları bu suya 66 defa okunur. Negatif enerjiden şüphe eden kişi bu su ile yıkanırsa arınmaya başlar. "Mezcel ve Bezcel" Esmalarının Esmaü'l-Hüsna'daki karşılığı "Ya Vedûd,Ya Allah,Ya Kâhir,Ya Ehad,Ya Vâhid'dir." Ayrıca bu isimleri 66 defa her gün düzenli okuyan kimse işinde başarılı olur, ummadığı mucizeler yaşar.

AYETLER ZİNCİRİ

Çok güçlü bir arınma, korunma ve kilitli kapıları açma çalışması olarak aşağıdaki zinciri art arda okuyarak dönüşebilirsiniz...

TEVBE SURESİ

YUNUS SURESİ

HUD SURESİ

ANKEBUT SURESİ

ZUMER SURESİ

MERYEM SURESİ

ESMA & ZİKİR ÇALIŞMALARI

*Beni anın, ben de sizi anayım (Bakara Suresi, 152)

*Allah'ı çokça zikredin ki, felaha eresiniz (Enfal Suresi, 45)

*Öyle insanlar vardır ki, ne bir ticaret, ne bir alışveriş onları Allah'ı zikirden, namazı kılmaktan, zekâtı vermekten alıkoyamaz. (Nur Suresi, 37)

*Bunlar, iman edenler ve gönülleri Allah'ın zikriyle sükûnete erenlerdir. Bilesiniz ki, kalpler ancak *Allah'ı anmakla huzur bulur. (Rad Suresi, 28)

Allah'ı zikretmek, O'nun varlığını hatırlamak GÜN İÇİNDE yapabileceğiniz en önemli şeydir.

3 aylık zikir çalışması:

10 Gün Subhânallâhil Hayyil Kayyûm

10 Gün Subhanallâhil Ehadis Samed

10 Gün Subhânallâhil Gafurur Rahîm

10 Gün Yâ Lâtif (Celle Şanühu)

10 Gün Yâ Rezzak (Celle Şanühu)

10 Gün Yâ Aziz (Celle Şanühu)

10 Gün Yâ Erhamerrâhimin

10 Gün Yâ Gaffârezzünûb

10 Gün Yâ Atikarrikâb

"En güzel isimler O'nundur (Allah'ındır)" (Haşr: 24)

Ya Latif

Ya Latif, "En ince işlerin de yine tüm inceliklerini bilen, ince ve sezilmez yollardan kullarına çeşitli faydalar ikram eden" anlamındaki Esma'dır. **Yüce Allah,** sevinçleri ve üzüntüleri birlikte yaratmıştır, kötü diye bir şey de yoktur aslında, her şey yaşam dersidir ve buraya zaten öğrenmek için geldiğimizin altını çizer. En zor anında Allah'a sığın.

"Allah'u Latifun bi ibadihi yerzuku men yeşau ve hüvel kaviyyül aziz." Ayet'i Celilesi'ni her gün dokuz defa okuyan kimse her işinde Allah'u Teala'nın lütfuna mazhar olur. Huzur ile dolar, aydınlanır, bereketi çoğalır, güç bulur, manevi zenginlik yaşar.

· Her gün 133 defa Ya Latif ism-i şerifini okuyanların işleri açılır.

· Her gün 698 defa "Bismillahil Latif" diyenin ne dileği varsa Allah'ın izni ile kabul olur.

· Her gün 9 defa "Bismillahil Latif" diye okuyanın evinde, ofisinde bereket hasıl olur.

· El Latif-Ya Latif, Cebrail Aleyhisselamın zikridir. Ebcet değeri-129 En az zikir sayısı-258 En fazla zikir sayısı-16641

· Dileklerin kabulü kolaylaşır.

· Metafizik yolda ilerlemeye kapı açılır.

· Sezgiler güçlenir.

· Şifa vermek ve almak kolaylaşır.

· Herkes tarafından sevilen, aranılan biri olunur.

· "Essalatü vessalamü aleyke ya seyyidi ya Rasulullah. Huz bi yedi kallet hıyleti, edrikni bi lutfike ve keremike ya sahibel lütfu vel ihsan. Ya rahmeten lil alemin." (Sıkıntılı bir durumdan kurtulmak isteyen kimse, 2 rekat namaz kılar ve her rekatta Fatiha'dan sonra İnşirah Suresini okur. Namazın sonunda yerinden kalkmadan 16.641 defa Ya Latif okur dileğini, Allah'a iletir. Allah kabul etsin.

· Aşk acısını dindirir.

· Zor bir işle karşılaşıp, darda olan kendini çaresiz hisseden kişi, (16.641) defa bu ismi zikrederse ne problemi varsa halleder.

· Her gün Ya Latif ismini Besmele ile birleştirerek, Bismillahi'l-Latif şeklinde (698) defa zikrederseniz istediğiniz konularda önünüz açılır.

AŞK İÇİN...

Ya Kadir Ya Allah Ya Rahman Ya Allah Ya Rahim Ya Allah Ya Kerim Ya Allah

3 gün 1000'er defa yukarıdaki zikir yapıldıktan sonra:

Ya Aziz, Ya Celil, Ya Cemil, Ya Rahmân, Ya Rahîm, Ya Samed, Ya Hannan, Ya Mennan, Ya Vedûd Esmalarını her gün tekrar edip bu duayı okuyun:

La ilahe illellahül melikül hakkul mübin.

La ilahe illellahül hakemül adlül metin.

Rabbüna ve rabbü abainel evvelin.

La ilahe illa ente sübhaneke inni küntü minez zalimin.

La ilahe illellahü vehdehu la serike leh,lehül mülkü ve lehül hamdü yuhyi ve yümitü ve hüve hayyül la yemutü ebeden biyedihil hayru veileyhil masiru ve hüve ala küllü sey´in kadir.

La ilahe illellahü sükran li ni´metih.

La ilahe illellahü ikaran bi rububiyyetih.

Ve sübhanellahi tenzihen li azametih..

Es´elükellahümme bi hakkismikel mektubi ala cenahi cibrile aleyke ya rab.

FATİHATUL FUKARA

"Bismillâhirrahmânirrahîm. Elhamdülillâhi rabbil âlemîn. Yâ Hayyü Yâ Kayyûmu ecib Yâ Rûkyâîl. Semîan mutîan ente ve huddâmeke Müzhib. Bi hakki Elhamdülillâhi rabbil âlemîn. Ve bi hakkil Hayyil Kayyûmi ve bi hakki seyyidinâ Muhammedin aleyhissalâtü vesselâm ve bi hürmetil melâiketil müvekkelîne bi kavâimil arşi Ebced. Errahmânirrahîm. Yâ Raûfu Yâ Atûfu ecib Yâ Cebrâîl aleyhisselâm. Semîan mutîan ente ve huddâmeke Ebyad. Bi hakkir Rahmânirrahîmi Ve bi hakkir Raûfil Atûfi ve bi hakki seyyidinâ Muhammedin aleyhissalâtü vesselâm ve bi hürmetil melâiketil müvekkelîne bi kavâimil arşi Hevzah. Mâliki yevmiddîn. Yâ mukallibel kulûbi vel ebsâri ecib Yâ Semsemâîl semîan mutîan ente ve huddâmeke Ahmer. Bi hakki Mâliki yevmiddîn. Ve bi hakki mukallibel kulûbi vel ebsâri ve bi hakki seyyidinâ Muhammedin aleyhissalâtü vesselâm ve bi hürmetil melâiketil müvekkelîne bi kavâimil arşi Taykel. İyyâ kena'büdü ve iyyâ kenesteîn. Yâ Serîu Yâ Karîbü ecib Yâ Mîkâîl semîan mutîan ente ve huddâmeke Bürkân. Bi hakki İyyâ kena'büdü ve iyyâ kenesteîn. Ve bi hakkis Serîil Karîbi ve bi hakki seyyidinâ Muhammedin aleyhissalâtü vesselâm ve bi hürmetil melâiketil müvekkelîne bi kavâimil arşi Mensa'. İhdinas sirâtal müstakîm. Yâ Kadiru Yâ Muktediru Ecib Yâ Sarfeyâîl semîan mutîan ente ve huddâmeke Şemhûreş bi hakki İhdinas sirâtal müstakîm. Ve bi hakkil Kadiril Muktediri ve bi hakki seyyidinâ Muhammedin aleyhissalâtü vesselâm ve bi hürmetil melâiketil müvekkelîne bi kavâimil arşi Faskar. Sirâtallezîne enamte aleyhim. Yâ Alîmü Yâ Hakîmü. Ecib Yâ Anyâîl semîan mutîan ente ve huddâmeke Zevbeah. Bi hakki Sirâtallezîne enamte aleyhim. Ve bi hakki Alîmil Hakîmi ve bi hakki seyyidinâ Muhammedin aleyhissalâtü vesselâm ve bi hürmetil melâiketil müvekkelîne bi kavâimil arşi Şetsah.Ğayril mağdûbi aleyhim veladdâllîn. Yâ Kâhiru Yâ Azîzü ecib Yâ Kesfeyâîl. semîan mutîan ente ve huddâmeke Meymûn. Bi hakki Ğayril mağdûbi aleyhim veladdâllîn. Ve bi hakkil Kâhiril Azîzi ve bi hakki seyyidinâ Muhammedin aleyhissalâtü vesselâm ve bi hürmetil melâiketil müvekkelîne bi kavâimil arşi Zadzağ. Aksemtü aleyküm Yâ Melâiketir rûhâniyeti minel ulviyyâti ves süfliyyâti ve Yâ huddâme fâtihatil kitâbi ecîbûnî ve ümiddûnî ve a'yinûnî fî cemîı ümûrî elvâhan elvâhan elacele elacele essâate essâate bi hakkis sebıl mesânî vel kurânil azîm. Ve bi hakkil esrâri vel berekâti fîhâ bi hakki mâ ta'tekıdûnehü minel azameti vel bürhâni ve bi hürmeti seyyidinâ Muhammedin aleyhissalâtü vesselâm. Allâhümme sehhirlî abdikel refrefil Uhaydar inneke alâ külli şeyin kadîr. Bi rahmetike yâ erhamer râhimîn."

Bu özel tertibi, her gün okumaya devam edebilirsiniz:

Korkulardan uzak tutar

Derin düşünmenizi sağlar

Manevi, maddi dilekler için kullanılır

Sırlara vâkıf olursunuz

İçselliğiniz zenginleşir

70 kere istiğfar'ın ardından, 70 kere Salavat getirin, bu tertibi 70 kere okuyun.

Her gün devam edin. Allah kabul etsin.

SEVDİĞİNİZ KİŞİ İLE KAVUŞMAK İÇİN...

Sizin onu istediğiniz gibi, o da sizi istiyorsa "özgür irade" ve "karma" yasaları dahilinde, etik şartlar dahilinde, iyi niyet ve her şeyin - bütünün hayrına olacaksa, onu geri elde etmek için bu güçlü duayı dileğiniz olana kadar günde 15 kere okuyarak devam edebilirsiniz. Sonuca sadece Allah karar verir.

Bismillâhirrahmânirrahîm. Bismillâhi azîmişşe'nil kaviyyis sultâniz zâhiril burhânis sâbitil erkânil ekvâni ve mukadderid duhûri vel ezmâni kâne ve lâ mekân. Ve hüve meaküm eynemâ küntüm vallâhü bimâ ta'melûne basîr. El hâkimü yevmen nuşûri vel müteâlî fî denevvühül mütedânî fî ulivvihi evvele külli şeyin ve âhirihü ve zâhiru külli şeyin ve bâtinih. Allâhümme innî eselükebi sirrikes sârî fîl esrârin nâfizi min semâin ilâ semâin ilâ sidretil müntehâ ilel Melekûtil a'lâ ilâ âlimil ğaybi veşşehâdeti yünfedu emruke ve hüve âlin rafîl muhîti min semâin ilâ semâid dünyâ ilâ kuvvetin nâri vel hevâi velmâi vet turâbi ilâ tahtel tahti ilâ tahti itbâkis serâ eselüke allâhümme bi hakki hâzihil esmâil hakîkiyyeti vel işâratid dakîkatin nâfizeti fil eşbâhil beşeriyeti vel ervâhir rûhâniyyetil mutîîne li ismike vel müteallikînel mucîbîne limen deâke bismikel hâdırîne li emrike ve celâli ızzikel mûfîne bi ahdike veva'dike ecîbû eyyetühel ervâhil mütevekkelûne bi hâzihil esmâi vefalû mâ tü'merûne bihi ve hüve kezâ ve kezâ bi hakkil ismillezî evvelühü âlin ve âhiruhü âlin mâ a'zamu ismüke yâ âlin mâ semia ismüke rûhin ve asâhül asaku vahterak asaku yâ âlin ve ahrik külle men asâ hâzihil esmâin nûrâniyyeti bi hakki âlin zeryâlin âlimül ğaybi veş şehâdetil kebîrul müteâl. Yefalullâhü mâ yeşâü ve yahkimu mâ yürîd. Eyne mâ tekûnû ye'ti bikümüllâhü cemîan innallâhe alâ külli şeyin kadîr. Ve hüve alâ cemıhim izâ yeşâü kadîr. Ve lekad alimetil cinnetü innehüm le muhdarûn. Ve hu şira li süleymâne cünûdühü minel cini vel insi vet tayri fehüm yûzeûn. Yâ kavmenâ ecîbû daiyallâhü ve âminû bihi feleyse bi mu'cizin fil ardı ve leyse lehü min dûnihi evliyâü ülâike fî dalâlin mübîn. in kânet illâ sayhaten vâhideten fe izâ hüm cemîun ledeynâ muhdarûn. Ecîbû eyyetühel ervâhır rûhâniyetil ceniyyeti vel câniyyeti ven nâriyyeti vel hevâiyyeti ves sehâbiyyeti vel amâmiyyeti ve tayyârûne fil hevâi vel ğavvâsûne tahte etbâkis serâs sâirûne fil ervâhir rûhâniyeti vel eşbâhil beşeriyeti uksimü aled denâhişeti minküm vel kafâtisetin vet tevâbiati vez zevâbiati vet tayyârati minküm bi hakki. innehü min süleymâne ve-innehü bismillâhirrahmânirrahîm. Ellâ ta'lû aleyye ve'tûnî müslimîn. Ecîbû eyyetühel ervâhi bi hakki hâzihil esmâi aleyküm celcemîşin celcemîşin ahmîşin ahmîşin amîşin amîşin şedîdül erâde ekmeşin ekmeşin kemîşin kemîşin kelehin kele-hin yâ ğaşavetil ğaşâveti ecîbû eyyetühel ervâha vel hevâtifen nâfizûnel mümtezicûne bil ecsâmil beşeriyeti vel halakatil âdemiyeti vef alû mâ emertüküm bihi vemdû ilâ kezâ ve kezâ vadribûhü bisüyûfiküm ve sukû hü biküfûfiküm vezhebû ileyhi fî sûratin muhtelifetin ve ehvâlin mühevviletin min eşkâli şeyâtîne ve ebâlisete vezacûhü ver abûhü vektülûhü ve semmû lehü ismî ve arrafûhü bî ve vedahû lehü talebî hattâ yakdî hâcetî ve yutîanî fî emrî bi hakki esmehinşemâhin elâlî alâ külli berâhin. Ve innehü le kasemün lev ta'lemûne azîm. Ecîbû Min kalbi en natmise vücûhen fe nereddühâ alâ edbârihâ ev nelanehüm kemâ leannâ eshâbes sebti ve kâne emrullâhi mefûlâ. Mâ a'zamü sultâni ihterik men asâllâhe bi nârillâhil mûkadetin. Âhiyyen şerâhiyyen âhiyyenşerâhiyyen. Menûhin menûhin meylûhin hasben esbâûtin el kadîmil ezeliyi ecîbû vefalû mâ tü'merûne heyyen heyyen heyyen elvâhan elvâhan elvâhan elacele elacele elacele essâate essâate essâate

DİLEK DUALARI

70 kere OKUYUN:

"Yâ Allah, Yâ Rahmân, Yâ Rahîm, Yâ Kavî, Yâ Kâdir"

Her türlü dilek için:

3 defa Zilzal Suresi,

11 defa İnşirah Suresi, 11 defa Fil Suresi'ni, ardından 11 defa Salavati Şerif'i:

"Allâhümme salli alâ seyyidinâ muhammedin nebiyyil ummiyyî ve alâ âlihi ve sahbihi ve sellim."

Ve 786 defa Besmele-i Şerif'i okuyun, buna 7 gece devam edin, okurken kıbleye karşı oturun.

ŞAHMERAN DUASI

Anadolu'da çok ünlü olan, bir zamanlar yılanlardan korunmak için daha sonraları güç ve bereket için, okunan bu duayı dilekler için de kullanabilirsiniz:

Allahu la ilahe illa Hüvel Hayyul Kayyum.Allahula ilahe illa Huvel aliyul Hakim.

Allahu la ilahe illa huves Semiul Alim.Allahu la ilahe illa Huver Rahmanürrahim

Allahu la ilahe illa Huvel Vahidul Ehad.Allahu la ilahe illa Huvel Ferdül Varid.

Allahu la İlahe illa Huve Raufur Rahim.Allahu la ilahe illa Huvel Aziz'ur Rahim.

Allahu la ilahe illa huvez Zahirul Batınu.Allahu la ilahe illa Huvel Ahadus Samedu.

Allahu la ilahe illa Huvel Fetta'ul Alim.Allah'u la ilahe illa Huvel Aziz'ul Alim.

Allahu la illa Huvel Hannan'ul Mennan'ul Deyyan.Allahu la ilahe illa Huvel Kadir'ul Kahiru.

Alahu la ilahe illa Huver-Rafiul Alim.Allahu la ilahe illa Huver-Rabbül arş'il Azim.

Allahu la ilahe illa Huvel Melikul Kudüs.Allahu la ilahe illa Huvel Hamdul mubin.

Allahu la ilahe illa Huvel Bais'ul Varis.Allahu la ilahe illa Huvel Esmaul Hüsna.

Huvel Hayy'u la ilahe illa Huve Fadi'u MuhlisineLehuddiyn. Subhane birahmetike ya erhammerrahimin.Velhamdulillahi Rabbil alemin.

İhlas-ı Şerife

41 gün ve gece saat l'den sonra (her gün 1005 defa) İhlas-ı Şerife okumaya devam ederseniz çok istediğiniz bir konu hakkında büyük yol almış olursunuz.

Başlamadan önce iki rekat namaz kılınır, bu süre içinde içe dönülür ve çok fazla konu üzerine yorum yapılmaz.

SIKINTILARI AŞMAK İÇİN…

Bismillahirrahmanirrahim,tevekkeltü alel hayyillezi la yemut,velhamdü lillahillezi lem yettehız veleden ve lem yekün lehu şeriykün fil mülki ve lem yekün lehu veliyyün minez zülli ve kebbirhü tekbira

Kevser Suresi

Bismillâhirrahmânirrahîm

İnnâ a'taynâkel-kevser. Fesalli lirabbike venhar. İnne şânieke hüvel ebter.

Kevser Suresi'nin Anlamı

Rahman ve Rahim olan Allah'ın Adıyla

Biz sana bol nimet verdik: O halde (yalnız) Rabbine ibadet et ve (yalnız O'nun adına) kurban kes. Şu gerçek ki, senden nefret eden, (her türlü iyilik ve güzellikten) kesilmektedir!

Kevser Suresi ve Sırlar:

- Bir oturuşta 1000 kere okumak pek faziletlidir.
- Okuyanın kalbi iyi duygularla dolar.
- Her türlü meşru hacet için, 1oo kere okuyup da dua edilirse dilek gerçekleşir.
- Sabah istediği saatte uyanmak isteyen,yatmadan önce 3 kere okursa uyanır.
- Her gün okumak olumsuz enerjiyi engeller, kin ve nefretten uzak tutar.

Nazardan korunmak...

Bir bardak temiz suya okuyun ve için:

11 Fatiha Suresi

11 Kalem Suresi

11 Felak Suresi

11 Nas Suresi

11 İhlas Suresi

11 Ali İmran Suresi

İç sıkıntısı için...

Her gün 100 defa "İstiğfar" ettikten sonra YA HAYYÜ YA KAYYÜM Esmalarına devam edebilirsiniz.

Negatif enerjilerden kurtulmak ve arınmak için...

Ezan okunduktan sonra, 21 kere Tevbe Suresi okuyun. Ardından:

Fatiha, Felak, Nas, Ayet'el Kürsi, Kafirun Sureleri 7'şer defa okunur ve ardından çalışmaya "Saffat-Haşır-Tarık Surelerini" de okuyarak devam edersiniz.

21 günlük çalışma...

Rahatlama, dönüşüm, arınma, manevi güçlenme için...

Her gün: 21 Yasin, 21 Tebbet Suresi, 21 Ayet'el Kürsi ve 21 Duha Suresi okumaya devam edin... Olaylara, konulara çok daha dingin bakabildiğinizi fark edeceksiniz, küçük şeyleri büyütmeyecek ve daha olgun bir enerjide olacaksınız. Korunmuş ve aydınlanmış da hissedeceksiniz. Allah'ın izni ile zor işleriniz de açılacaktır. Önemli olan sonuca bağlı olmadan Allah için kendiniz için dua etmektir, her dua okuyanın zaten enerjisi değişecektir. Duaların anlamını bilmek tabii ki çok önemli ama ibadet dili Arapça ve her bir kelimenin zikri elbette ki kişiye çok farklı frekanslar taşımaktadır.

Dilekler için ayrıca...

Her gün 786 kere Besmele çekebilirsiniz.

Her gün 308 Ya Rezzak ve 186 Ya Vehhab Esmalarına devam edebilirsiniz.

Bir malı daha hızlı satabilmek için...

7 Duha ve 7 Fil Suresi okumaya devam edebilirsiniz.

BÜYÜK AMAÇLAR için...

41 gün boyunca 41 adet Fatiha Suresi okuyun. Ve ardından 13 defa aşağıdaki şekilde dua edin:

"Ya Müfettihal ebvabi iftah ya Müferricü ferric ya Müsebbihü sebbib ya Müyessirü yessir ya Müsehhilü sehhil ya Mütehammimü tehammen."

Size zararı dokunan bir kişi/konudan uzaklaşmak için...

7 gün namaz bitimi 262 defa Ya MANİ ismini okuyun ve aşağıdaki şekilde duaya devam edin:

"Allahümme bi beraketismikel Manıi en temnea anni keyde (zararından şüphe edilen kişinin adı) Allahümme men kadena fe kidhü ve men beğa aleyna fe huzhü İnneke demiy'un müciyb"

Kaybolan bir şeyi bulabilmek için...

119 defa Ya Hafiyz Esması'nı okuyun ve ardından şu şekilde dua edin:

"ya Hüneyye inneha in tekü miskale habbetin min hardelin fe tekün fi sahratin ev fis semavati ev fil erdı ye'ti bihellah innellahe latıyfün habiyr"

İSMİ RAHMAN Duası

Sübhâneke yâ Allâh Teâleyte yâ Rahmânü. Ecirna minen nâri bi afvike yâ Mücîru. Sübhâneke yâ Rahıymü. Teâleyte yâ Kerîmü. Ecirna minen nâri bi afvike yâ Mücîru. Sübhâneke yâ Evvelü. Teâleyte yâ Âhıru. Ecirnâ minen nâri bi afvike yâ Mücîru. Sübhâneke yâ Latıyfü. Teâleyte yâ Habîru. Ecirna minen nâri bi afvike yâ Mücîru. Sübhâneke

yâ Kaviyyü. Teâleyte yâ emînü. Ecirna minen nâri bi afvike yâ Mücîru. Sübhâneke yâ Muhyî. Teâleyte yâ Mümîtü.

Ecirna minen nâri bi afvike yâ Mücîru. Sübhaneke yâ Karîbü. Teâleyte yâ Rakıybü. Ecirnâ minen nâri bi afvike yâ Mücîru. Sübhâneke yâ Hamîdü. Teâleyte yâ Mücîdü. Ecirna minen nâri bi afvike yâ Mücîru. Sübhâneke yâ Bâkıy.

Teâleyte yâ Hakku. Ecirnâ minen nâri bi afvike yâ Mücîru. Sübhâneke yâ Mübînü. Teâleyte yâ Şekuru. Ecirnâ minen nâri bi afvike yâ Mücîru. Sübhâneke yâ Habîru. Teâleyte yâ Kebîru. Ecirnâ minen nâri bi afvike yâ Mücîru.

Sübhâneke yâ Ğafuru. Teâleyte yâ Şekuru. Ecirnâ minen nâri bi afvike yâ Mücîru. Sübhâneke yâ Müteâli. Teâleyte yâ Fe'âlü. Ecirnâ minen nâri bi afvike yâ Mücîru. Sübhâneke yâ Vâhıdü. Teâleyte yâ Mâcidü. Ecirnâ minen nâri bi afvike yâ Mücîru. Sübhâneke yâ Vehhâbü. Teâleyte yâ Razzâku. Ecirnâ minen nâri bi afvike yâ Mücîru. Sübhâneke yâ Kâimü. Teâleyte yâ Kayyûmü. Ecirnâ minen nâri bi afvike yâ Mücîru. Sübhâneke yâ Mu'tıy. Teâleyte yâ Semiy'u.

Ecirnâ minen nâri bi afvike yâ Mücîru. Sübhâneke yâ Besıyru. Teâleyte yâ Nesıyru. Ecirnâ minen nâri bi afvike yâ Mücîru. Sübhâneke yâ Alîmü. Teâleyte yâ Halîmü. Ecirnâ minen nâri bi afvike yâ Mücîru. Sübhâneke yâ Azıymü.

Teâleyte yâ Hakîmü. Ecirnâ minen nâri bi afvike yâ Mücîru Sübhâneke yâ Tâhiru. Teâleyte yâ Mütahhiru. Ecirnâ minen nâri bi afvike yâ Mücîru. Sübhâneke yâ Cemîlü. Teâleyte yâ Celîlü. Ecirnâ minen nâri bi afvike yâ Mücîru.

Sübhâneke yâ Mâlikü. Teâleyte yâ Kuddusü. Ecirnâ minen nâri bi afvike yâ Mücîru. Sübhâneke yâ Müıynü. Teâleyte yâ Mübînü. Ecirnâ minen nâri bi afvike yâ

Mücîru. Sübhâneke yâ Azîzü. Teâleyte yâ Hafîzu. Ecirnâ minen nâri bi afvike yâ Mücîru. Sübhâneke yâ Mütekebbiru. Teâleyte yâ Müsavviru. Ecirnâ minen nâri bi afvike yâ Mücîru.

Sübhâneke yâ Muktediru. Teâleyte yâ Mükaddimü. Ecirnâ minen nâri bi afvike yâ Mücîru. Sübhâneke yâ Kâbidu.

Teâleyte yâ Bâsitu. Ecirnâ minen nâri bi afvike yâ Mücîru. Sübhâneke yâ Sültânü. Teâleyte yâ Deyyânü. Ecirnâ minen nâri bi afvike yâ Mücîru. Sübhâneke yâ Hannânü. Teâleyte yâ Mennânü. Ecirnâ minen nâri bi afvike yâ Mücîru. Sübhâneke yâ Refiy'u. Teâleyte yâ Şefiy'u. Ecirnâ minen nâri bi afvike yâ Mücîru. Sübhâneke yâ Veliyyü.

Teâleyte yâ Kaviyyü. Ecirnâ minen nâri bi afvike yâ Mücîru. Sübhâneke yâ Müızzü. Teâleyte yâ Müzillü. Ecirnâ minen nâri bi afvike yâ Mücîru. Sübhâneke yâ Ehadü. Teâleyte yâ Samedü. Ecirnâ minen nâri bi afvike yâ Mücîru.

Sübhâneke yâ Kahhâru. Teâleyte yâ Ğâffâru. Ecirnâ minen nâri bi afvike yâ Mücîru. Sübhâneke yâ Ferdü. Teâleyte yâ Vitru. Ecirnâ minen nâri bi afvike yâ Mücîru. Sübhâneke yâ Muhsıy. Teâleyte yâ Mübdiü. Ecirnâ minen nâri bi afvike yâ Mücîru. Sübhâneke yâ Allâmü. Teâleyte yâ Selâmü. Ecirnâ minen nâri bi afvike yâ Mücîru. Sübhâneke yâ Hayyü. Teâleyte yâ Kayyûmü. Ecirnâ minen nâri bi afvike yâ Mücîru. Sübhâneke yâ Kadîru. Teâleyte yâ Habîru.

Ecirnâ minen nâri bi afvike yâ Mücîru. Sübhâneke yâ Hafıyzu. Teâleyte yâ Mühıytu. Ecirnâ minen nâri bi afvike yâ Mücîru. Sübhâneke yâ Kâdiru. Teâleyte yâ Kâhiru. Ecirnâ minen nâri bi afvike yâ Mücîru. Sübhâneke yâ Tevvâbü.

Teâleyte yâ Vehhâbü. Ecirnâ minen nâri bi afvike yâ Mücîru. Sübhâneke yâÂhiyyen Şerâhiyyâ. Teâleyte lâ ilâhe illâ ente. İllâ billâhil aliyyil azıym. Sübhâneke yâ zel celâli vel ikrâmi ve sallellâhü alâ seyyidinâ Muhammedin ve âlihit tayyibînet tâhirîn.

Bu güçlü dua olumsuz bir olayın ardından yeniden güçlenme, rüyalarda yoğunlaşma/mesaj alma, korunma amacıyla; haksızlığa uğrandığında, şüphe içinde olunduğunda, dilekler ve hacet için okunabilir. Sevap kazanmak ve olaylara daha doğru bakabilmek için de okuyabilirsiniz.

RİCAL'ÜL GAYB Duası:

"Esselâmü aleyküm yâ ricâlel ğayb, esselâmü aleyküm ya ervâhal mukaddeseti, Yâ Nükabâ, Yâ Nücebâ, Yâ Rükabâ, Yâ Ebdâlü, Yâ Evtâdü, Yâ Efrâdü, Yâ Kudbü, Yâ Ğavsü, Yâ İmâmiyyetü, Yâ Cündellâhi, Yâ Hıdrü, Yâ İlyâsü, salevâtullâhi aleyküm eğisûnî biğavsetin venzurûnî bi-nazratin ve eînûnî bi-avnetin, vensurûnî bi-nasratin, verhamûnî bi-ra'fetin, bi-hakki hakkıllâhi, ve-bi-ızzi ızzillâhi, ve bimâ cerâ min ındillâhi ilâ Hayri halgıllâhi, Muhammed ibni Abdullâhi, ve Rasûlihî Azzemtü aleyküm eyyetühel erhâvur rûhâniyyetü, Yâ Kutbel aktâbi, ve Yâ İmâmel Ğavsi, ecîbû da'vetî vagdû hâcetî, fî seâdetiddâreyni ve kallibû kalbî alâ kulûbiküm, ve havvilû ahvâlî ilâ ahvâliküm, bi-havlillâhi veşfeû lî ve ebdilû ahlâki vekşifû lî min esrâriküm, ve hassilû maksûdî, ve murâdî ve kûmû havâicî bi-hakki Rabbiküm ve bi-hakki nebiyyinâ Muhammedin sallâllâhü aleyhi ve selem* Ve bi-hakki âlihî ve ashâbihî , ve bi-hakkil melâiketil mukarrebîn* Ve bi-hakki*

cemî-ıl embiyîi vel mürselîn Vel evliyâş sâlihîn* Âmîn, birahmetike yâ erhamerrâhimîn."*

Allah darda kalan kullarına destek için bazı ruhlar yaratmıştır ve bu ruhlar aslında "ricacül gayb" ruhlarıdır. Ricacül Gayb tüm dünyayı dolaşabilir, her yerde olabilir, dualara eşlik eder, "Âmin" der, destek olur, ihtiyaç sahiplerinin yanında olur. Bu duayı 2 rekat namaz sonrası yeni veya temiz giysiler içinde 7 defa okuyabilirsiniz, 1 Fatiha 3 İhlas okuyarak çalışmaya devam edebilirsiniz.

Dua bitiminde;

Rasulü Ekrem Efendimizin, ashabının ve ehli beytinin ruhlarına sonra bütün peygamberlerin, enbiya, evliya, ulema ve şühedanın ruhlarına ve ayrıca kutbül aktabın, ricali gaybın ve bütün müminlerin ruhu şeriflerine hediye edin.

HİZBÜN NASR Duası

Bismi'llâhi'r-rahmâni'r-rahîm

Allâhümme bi-satveti ceberûti gahrike. Ve bi-sür'ati iğâseti nasrike ve bi-ğayratike li-intihâki hurumâtike. Ve bi-himâyetike li-meni'htemâ bi-âyâtike. Neselüke yâ Allâhu yâ Garîbü yâ Semîu yâ Mücîbü yâ Serîu yâ Cebbâru yâ Mütekkebbiru yâ Gahhâru yâ Şedîdü'l batşi. Yâ men lâ yu'cizühü gahru'l cebâbirati velâ ya'zumu 'aleyhi helâkü'l mütemerridîne mine'l mülûki'l ekâsirati ve'l-a'dâi'l fâcirati en-tec'ale keyde men kâdenî fî nahrihî ve mekra men mekeranî 'âiden aleyhi ve hufrate men hafera lî vâgı'an hüve fîhâ. Ve men nesabe lî şebekete'l hıdâ'i ic'alhü yâ Seyyidî müsâgan ileyhâ ve müsâden fîhâ ve esîran ledeyhâ.

Allâhümme bi-hakki kâf-hâ-yâ-'ayn-sâd ikfinâ hemme'l-'ıdâ ve leggihimü'r radâ. Ve'c'alhüm ve li-külli habîbin fidâ. Ve sellıt aleyhim 'âcile'n nagmeti fî'l-yevmi ve ğadâ.

Allâhümme beddid şemlehüm.

Allâhümme ferrig cem'ahüm.

Allâhümme 'aglil 'adedehüm.

Allâhümme fülle haddehüm.

Allâhümme'c'ali'd dâirate aleyhim.

Allâhümme evsıl azâbe ileyhim ve ğalle eydiyehüm. Ve'rbıt 'alâ gulûbihim ve lâ tübelliğhümü'l âmâle.

Allâhümme mezzighüm külle mümezzegin mezzagtehû li-a'dâike intisâran li-enbiyâike ve rusülike ve evliyâike.

Allâhümme'ntesir lenâ intesârake li-ahbâbike 'alâ a'dâike.

Allâhümme lâ-temekkini'l a'dâe fînâ velâtüsellıthüm aleynâ bi-zünûbinâ (Hâ-mîm) (7 defa okunacak) humme' emru ve-câe'n-nasru fe'aleynâ lâ-yünsarûne. Hâ-mîm Ayn-sîn-gâf himâyetünâ mimmâ nehâfü.

Allâhümme ginâ şerra'l-isvâi velâ-tec'alnâ mahallen li'l-belvâ.

Allâhümme a'tınâ emele'r racâî. Yâ Hû yâ Hû yâ Hû. Yâ men bi-fadlihî nes'elü, nes'elüke'l acele'l acele'l acele.

İlâhî'l icâbete.

Yâ men ecâbe seyyidenâ nûhan aleyhi's selâm. Yâ men keşefe'd-durra 'an seyyidinâ Eyyûbe aleyhi's selâm. Yâ men ecâbe da'vete seyyidinâ Zekeriyyâ aleyhi's selâm. Yâ men gabile tesbîha seyyidinâ Yûnuse'bne Mettâ aleyhi's selâm. Nes'elüke bi-esrâri hâzihi'd-de'avâti'l müstecâbâti en-tetegabbele minnâ mâ bihî de'avnâke ve'en-tu'tıyenâ mâ-se'elnâke. (enciz lenâ va'deke'llezî ve'adtehû li-'ıbâdike'l mü'minîne en lâilâhe illâ ente sübhâneke innî küntü mine'z-zâlimîne) (3 defa okunacak).

Allâhü Ekber seyfullâhi gâtı'uhüm. Ve kefâ bi'llâhi veliyyen ve kefâ bi'llâhi nasîran ve hasbünâ'llâhü ve ni'me'l vekîlü ve-lâ havle ve-lâ guvvete illâ bi'llâhi'l aliyyi'l azîm.

Selâmün 'alâ Nûhin fî'l-âlemîn. (İstecib-lenâ âmîn). (3 defa okunacak) Fe-gutı'a dâbiru'l kavmi'llezîne zalemû. Ve'l hamdü lillâhi rabbi'l-âlemîn. (Fe-esbehû lâ-yürâ illâ mesâkinühüm, kezâlike neczi'l gavme'l mücrimîne. Ahkâf 25) ve salla'llâhu 'alâ seyyidinâ Muhammedin ve 'alâ âlihî ve sahbihî ve sellim teslîmen ve'l-hamdü lillâhi rabbi'l-âlemîn.

Türkçe Anlamı:

Allâhım! Kahrının gücü, yardımının imdat hızı, haramlarının çiğnenmesine olan hassasiyetin, ayetlerine sığınan kimseleri olan himayen hürmetine!... Yâ Karîb (Yakın)! Yâ Semî'! (İşiten)

Yâ Mücîb! (Duaları kabul eden) Yâ Serî'! (Hızlı azab veren) Yâ Cebbâr (Kahhar)! Yâ Mütekebbir! (Kibirli) Yâ Kahhâr! (Kahreden) Yâ şedîde'l-batş! (Kahrı şiddetli), Ey zorbaların kahrının âciz bırakamadığı! Ey zalim hükümdar ve günahkar düşmanlardan âsilerin helakinde zorlanmayan Allahım! Bana tuzak kuranların tuzaklarını kendi boyunlarına geçir! Bana hile yapmak isteyenlerin hilelerini kendi başlarına çevir! Bana kuyu kazanları kazdıkları kuyulara düşür! Bana aldatma ağı atanların ağlarına kendilerini düşür! Kendilerini av eyle o ağlara! Kendilerini esir eyle o ağlarda!

Allâhım! Kâf. Hâ. Yâ. Ayn. Sâd! Hürmetine! Düşmanlığın üzüntüsüne karşı yetiş imdadıma! Ver onlara zilleti! Onları her sevgili için kıl feda! Sar başlarına bugün ve yarın acil intikamı!

İki yakalarını bir araya getirme! Allâhım!

Dağıt topluluklarını Allâhım!

Azalt sayılarını Allâhım!

Zayıf düşür onları Allâhım!

Ver belayı başlarına Allâhım!

Ulaştır azabını onlara, bağla ellerini, bağla kalplerini, nâil etme emellerine! Darmadağın et onları! Nebîlerine, resullerine ve velilerine yardım etmek için düşmanlarını nasıl dağıttınsa dağıt onaları!

Sevdiğin kullarına düşmanlarına karşı nasıl yardım ettinse bize de imdâd eyle!

Allâhım! Düşmanlarımıza fırsat verme! Günahımız dolayısı ile onları başımıza musallat etme!

(Hâ-mîm) (7 defa okunacak). İş kızıştı, yardım geldi. Bize karşı onlara yardım edilmeyecek. (Hâ-mîm, ayn-sîn-kâf) korktuklarımıza karşı himayemizdir.

Allâhım! Kötülerin şerrinden koru bizi! Belâlara muhatap kılma bizi!

Allâhım! Umut emeli ver bize! Yâ hüve, yâ hüve, yâ hüve! Ey lutfundan istediğimiz, acilen, acilen ve de acilen dileriz senden! Ey icabet ilahım! Ey Efendimiz Nûh'a icabet eden! Ey Eyyub Efendimizden sıkıntıyı gideren! Ey Zekeriyya Efendimizin duâsına icabet eden! Ey Yunus b. Mettâ Efendimizin tesbihini kabul eden! Bu kabul olunan duaların esrarı hürmetine duâmızı kabul etmeni, istediğimizi vermeni dileriz. Mümin kullarına vaad ettiğin vadini bizim için yerine getir! O, mümin kulların "Lâ ilâhe illâ ente sübhaneke innî küntü mine'z-zâlimin = Senden başka hiçbir ilâh yoktur. Eksik sıfatlardan tenzih ederim seni. Ben zalimlerden oldum." demişti. (3 defa okunacak)

Allâhu ekber, Allah'ın kılıcı onları kesecek! Veli olarak Allâh yeter bana! Yardımcı olarak Allâh yeter bana! Allâh yeter bize! O ne güzel vekîldir. Yüce ve Âzim olan Allâh'tan başka kimsenin gücü ve kuvveti yoktur. Selam olsun Nûh'a âlemlerde! (Duâmızı kabul eyle! Âmin.) (3 defa okunacak) Böylece zulmeden toplumun kökü kesildi. Hamd Alemlerin Rabbi Allâh'adır. (Nitekim (o kasırga gelince) onların evlerinden başka bir şey görülmez oldu. İşte biz suç işleyen toplumu böyle cezalandırırız. el-Ahkaf s. 25) Efendimiz Muhammed (s.a.v.)'e, onun ailesine, ashabına salat u selâm olsun. Hamd âlemlerin Rabbi Allah'adır.

Bu duanın sırları:

7 gün 7'şer kere devam edebilirsiniz.

Düşmanlardan korur.

Güç verir.

Olumsuz enerjiyi dışarıda tutar.

Başarı sağlar.

Gizli güçler verir, adeta saklı bir hazine gibidir

7 AYETLER

Tevbe Suresi, Ayet: 51

2) Yûnus Suresi, Ayet: 107

3) Hûd Suresi, Ayet: 6

4) Hûd Suresi, Ayet: 56

5) Ankebut Suresi, Ayet :60

6) Fâtır Suresi, Ayet: 2

7) Zümer Suresi, Ayet: 38

Bu ayetleri okuyabilir ya da üzerinizde taşıyabilirsiniz. Koruyucu özelliği olduğu gibi, sorunlardan uzak tutar, insanlarla iletişiminizi toparlar, bereketi artırır, üzüntüyü yok eder, sevgi enerjisinde kalırsınız.

ÖZEL ZİKİR ve OKUMALAR

1312 defa "YA MALİKÜL MÜLKİ ZÜL CELALİ VEL İKRAM" Esmalarını bir tutam çörekotu üzerine okuyun ve bunu para cüzdanınızda bulundurun. Okuma esnasında olumlu enerjileri açığa çıkarmak için portakal yağı tütsüsü de yapılabilir.

6200 defa Ya Batın, 1106 defa Ya Zahir zikrine 7 gece boyunca devam ederek; arınma, rüyada mesaj alma, derinleşme, vizyon alma, olayların ardını görme, psişik yetenekler elde etme gibi sonuçlar alabilirsiniz.

1000 defa KAF HA YA AYN SAD dedikten sonra, 3360 defa YA MUSAVVİR Esması'nı o kişinin 3. Göz noktasına odaklanarak okuyun. Bu esnada enerjisi çalışılmış, üzerine olumlama kod'lanmış ametisti de sol avcunuzda bulundurun. Sabah uyanınca, rüyada kurulan bağlantı ve mesajları rüya günlüğünüze not alın.

3 Cuma Sala vakti yeni beyaz bir mendile 489 defa Ya Fettah Esması okunur, ardından 41 adet Fatiha Suresi eklenir ve "Allahümmeftah bismikel fettahi ukdete ve lesteha balen salihan bi hakkı kelamikel kadimi ve rasulikel kerimi ve bi elif la havle ve la kuvvete illa billahil aliyyil aziym ve sallallahu ala seyyidina Muhammedin ve ala alihi ve sahbihi ve sellem" Duası okunur. 21 gün mendili yanınızda taşıyın, ardından 22.

gün mendili evinizdeki çeyiz sandığına bırakın. Evlilik niyeti ve kısmet açmak amacı ile uygulanır.

Arınmak ve farkındalık için; 256 kere YA NUR zikri yapılır ve ardından NUR SURESİ 35. Ayet 16 kere okunur.

Mülk Suresi 14. Ayet'i 7 kere oku (ela yalemu men halak ve hüvel latifül habir) ve bu okumayı İstihare Çalışması ile bütünleştir. Rüyanda merak ettiğin konu ile ilgili cevap alabilirsin; sabah uyanınca yeniden enerjini yükseltmek için 100 YA RAHMAN 100 YA ALİM okuyailirsin.

Sabah ezanı sonrası elini kalbine koy; 121 defa "innallahe hüverrazzaku zül kuvvetil metin" de, ardından, 100 kere YA FETTAH YA REZZAK oku. Dışarı çıkınca sokakta bağış yap, hayvanları besle. Bereket için kapılarını aç...

Bereket için sol avcuna bir akik taşı koy ve 16641 defa YA LATİF ZİKRİ YAP. HER 129'da bir Şura Suresi 19. Ayet'i oku. Taş sürekli para cüzdanında durmalı bereket ve şans için...

7 gün boyunca her gün 5000 defa YA RAKİP Esması'nı zikredip evini adaçayı yağı ile tütsülersen gizli ilimlere yaklaşır, sezgilerini güçlendirirsin.

MELEKLER...

Melekler nur'dan, Işık'tan yaratıldı, herhangi bir biçimleri yok ve sadece iyilik sevgi için çalışırlar. Melekler çeşitli görevler için çalışır, Allah onlara hem evren hem de insanlarla ilgili görevler vermiştir. Melekler âleminde de hiyerarşik düzen vardır. Siz dilekleriniz için Meleklerden yardım istediğinizde de onlar elbette ki Allah'tan izin ister. Sonuca Allah karar verir ama Meleklere gerek olmasaydı Allah onları yaratmayı uygun görmezdi. Melekler var ama yüce amaçlar için bu tarz bağlantılar kurulmalı; arınma, gelişim, saflık, sevgi, herkesin hayrına olan sonuçlar…

Kuran ve surelerden anladığımıza göre binlerce görevli Melek var:

ENFÂL-9: Hani Rabbinizden yalvarıp yardım bekliyordunuz; O da, ben sizi ardarda bin Melekle destekleyip yardım ediyorum, diye bildirmişti.

El CAMİ Esması da 4 Başmeleğin baş harfidir: MİKAİL CEBRAİL AZRAİL İSRAFİL

Meleklerin tam sayısını Allah bilir, görevlerine her zaman itaat ederler ve sürekli Allah'ı zikrederler. Onlar her yerde her zamanda olabilir, bizi bizden iyi tanırlar; düşüncelerimizi, niyetlerimizi bilirler. Allah bize Melekler vasıtası ile de yardım eder, ulaşır. Allah bize şah damarımızdan yakın ama bazı hallerde Melekler aracı, bu da Allah'ın takdiri zaten.

EN'AM 61: Ve O, kullarının üstünde kuvvet ve güç sahibidir. Ve üzerinize muhafaza edici Koruyucu Melek gönderir.

Sorduğumuz bazı sorulara, bazı dualarımızın cavebına Melekler Işık olur bunu yakalamak için iç sesinizi dinliyor olmanız gerekir, kalp gözünüzü de açmanız… Allah isterse rüya yolu ile de mesaj verebilirler. Başmelekler daha büyük görevler

için çalışırlar; mesaj verme ve bize göz kulak olma konusunda görevli ayrıca başka Melekler düzeni, görevliler ve koruyucular vardır. Frekansınızı daha yükseğe ayarladıkça, onları kalbinizle hissetmeye başlarsınız. Amacınız ulu olmalı, niyetiniz olumlu olmalı ve net bir biliş haline de geçmelisiniz. Negatif enerji frekansından kesin olarak çıkmalısınız kapıları açmak için.

Dua aslında çok hızlı ilerleyen bir enerjidir; dua etmek iyi hissettirir. Nasıl korku ve isteklerimiz gerçeğe dönüşüyorsa aynı kural dua için de geçerlidir. Melek enerjisi ile çalışırken her zaman için dini ve kutsal kaynaklar paha biçilmezdir. Meleklerle ilgili altı boş ve havada kalan çalışmalar bence imgeleme ve telkinden ibaret; herkesin Melek görebileceğine ise asla inanmayın. Enerjisini belki alabilirsiniz ama onlar bizimle aynı boyutta değiller, boyuttan geçmeden veya gerçekten mistik biri olmadan onları göremezsiniz. İnanç ve yoğun arınma şarttır. Duaların kabulünü Allah'a ve Meleklere bırakın, zaman şart koşmayın. Onlar zamanını sizden iyi bilir. Hayırlı olan olacaktır. Evrende ve dünyada iyi ve kötü şu an her ne varsa "kusursuz" bir planın içindedir. Buna emin olun. Ne suçlayın ne isyan edin ne de direnin. Akış ile bir olun ki zaten farkındalık da budur... Özgür irade nedeniyle insana gıpta ettikleri de söylenir ama bence Melekler insandan üstün çünkü saf ve kusursuzlar... Onlar yardıma hazırdır ama bazı kötü veya kötü gibi sanılan olaylar aslında sizin kader planınızda yer alır ve onları bazı dersler için yaşamanız gerekir, bu noktada müdahale etmeyebilirler. Eğer Melekler sizin için bir şeyi yapmıyorsa bunun bir nedeni vardır, sizin bu nedeni keşfetmeniz gerekir. Allah o görevi onlara verirse onlar harekete geçer. Melek enerjisine uyumlandığınız zaman kusursuz ve derin bir huzur ve esenlik ile dolarsınız. Melekler sizinle duygular, sezgiler, duru biliş yolu ile irtibat kurabilir. İlham yolu da işin içine katılabilir... Evrende ve bu dünyanın zorlu yaşam koşullarının içinde yalnız olmadığınızı bilmek her zaman mutlu ve sevgi dolu hissettirir. Bizler aslında bu boyuttaki 5 duyu ve sezgi yolumuz ile tam anlamıyla Melekleri görebilecek donanımda değiliz.

Bazı kaynaklarda Meleklerin kör edici bir ışığı olduğu yazar. Bu ışık bizim boyutumuzdan olmadığı için biz bu ışığa dayanamayız. Bazı araştırmacılar Melekler kanatlıdır derken bazıları yaydığı ışıkları biz kanat olarak görüyoruz der... İnsanlar günlük geçici istekler dışında, Melek enerjisini ilahi âlemle bağlantı kurmak ve tekâmül için aslında kullanmalıdır... Melekler sizin için en doğru zamanda ve belki de bir travma veya acı olay sonrasında, ölüm veya doğum olayını takiben belki de ansızın kapınızı mutlu enerjileri ile çalabilir. İlham ve rehberlik için kapınızı çalan Melek enerjisine mutlaka karşılık verin ve bu ışığı takip ederek mucizeleri izleyin. Melekler Işık, bilgelik, koruma, sevgi, farkındalık, şifa, rehberlik sunar. Melek, Cennet'ten gelen koruyucu ve mesajcıdır. Mucize kaynağı Melekler yeryüzündeki insanlığın özgür iradesine karışmazlar. İnsan saf ve sevgi dolu olarak doğar ama zamanla bu üstün özelliklerini kaybeder. Günümüzde ise insanlık tekrar eski sevgi dolu ve saf enerjisini arıyor, bu kitap da bu amaca hizmet etmek için yazıldı. Melekler zamanın ötesinde vardır ve dünya boyutundaki insanın zaman ve yetişme, yetiştirme çabası onlar için pek bir anlam ifade etmez. İsterlerse kendi boyutları ile bu boyut arasında bir eşzamanlılık kurabilirler. Melekler bizi korur ve gerçekten ihtiyacı olanlara ışıkları ile rehber olurlar. Onlar sizin hayrınıza olanı sizden iyi bilirler buna emin olun. İsyan etmeyin; mesajlar gelecektir. Her insan eşsiz ve özeldir aslında... İnsan bu büyük gerçeği unutup nefsi ve zaafları ile hareket ettiği için dünya boyutunda kaybeder sonraları... İnsanın misyonu büyüktür ve Allah insanı çok farklı ve güçlü yaratmış olsa da insan, ego'su ve kendine yenik düşüşü ile bu durumu gölgeler. Koşulsuz mutluluk ve özünüze dönmek için Melekler ile kendinize manevi bir yol planı çizin. Belki de Meleklerle irtibatınız dönüm noktanız sayılabilecek bir olay sonrasında tezahür edecek. Sizin Melekleri üst benlik olarak kabul edebilecek olduğunuz an ve form ile onlar sizi bulur. İşin içine şüphe katmayın. Bu konu ciddi ve derinlikli olarak ele alınmalıdır. Değişim ise kusursuz olacaktır. Evliyalar der ki; Melekler bazen bize mesaj göndermek için ortama hoş bir müzik veya koku gönderir... Kötü olan hiçbir şey Meleklerle ilgili olamaz ve onlarla ilgili her şey daima iyidir ve mutluluk verir. Hem dünyada hem Türkiye'de birçok Melek danışmanı kanser hastaları, felçliler ve psikolojik sorunları olan kişiler üzerinde Melek çalışmaları ile güçlü ve etkili sonuçlar elde etmiştir. Melek enerjisine uyumlandığınız zaman Allah tarafından koşulsuz ve sınırsız bir şekilde sevildiğiniz için çok mutlu olursunuz. Dünyada her insan için bir Koruyucu Melek atandığına inanılıyor. Sizin zarar görebileceğiniz ve belki de hiç ummadığınız anlarda Koruyucu Melekler geliyor... Saf enerjili bebek ve çocukları da çok seviyorlar. Melekler sizin hep yanınızda ve onlar sizin görünmez gücünüz. Hep iyi kalın ve gün içinde onları selamlayın. Beklemediğiniz anlarda ummadığınız yollarla bazen Melekler sizi esenliğe ulaştırır ve Koruyucu Meleğiniz ile olacak kötü bir gelişme aslında durdurulur. Koruyucu Meleğiniz ile yakın olun, ona inanın ve irtibat güçlendikçe onu daha da yakın hissedeceksiniz. Koruyucu Meleğinizin sizin bu dünya boyutuna dair gelişmelerinizde görevleri vardır. Bunu bilin ve aslında bu çok mutlu olmanız için geçerli bir neden. Şu an her ne koşul içinde olursanız olun şükredin ve şimdi "mutlu olmayı seçin".

MELEKLERİ TANIMAYA BAŞLAYAN KİŞİ...

1. Bu boyutu daha az yaşar.
2. Herkesle bir olduğunu bilir.
3. Ego'yu terk eder.
4. Herkesi ve her şeyi koşulsuzca sever.
5. Yüzeysel amaçları terk eder.
6. Kin tutmaz, kıskançlık gibi alt enerjileri yaşamında tutmaz.
7. Verdikçe mutlu olur.
8. Kötülüğün de bir misyon olduğunu bilir.
9. Bir ortama girdiği anda negatif enerjiyi hisseder.
10. Benzer enerjileri çektiği için iyilik yaşamında daha çok yer alır.
11. Hayır ve şer Allah'tan geldiği için, isyan etmez.
12. Metafizikle ilgili kanalı açıldığı için gereksiz ve boş konulardan uzaklaşır.
13. Bu boyuta sınanma için geldiğimizi bilir, elinden gelenin en iyisini yapar.
14. Hırs ve korkulardan arınır.
15. İstemenin yeterli olduğunu bilir.
16. Farkındalığı artar, misyonlarını iyi bilir.
17. Şifa için çalışır.
18. Affeder.
19. Başka boyutların varlığını bilerek yaşar...

Melekler sizi asla korkutmak veya yormak istemez, çok düşünceli ve saygılı oldukları için mutlaka sizinle irtibat kurarken sizin için en doğru yolu bulacaklar. Günlük yaşamın içinde her gün ve her an aslında bizlere evren birçok mesaj yollar. İnsan, materyal hedefleri, zaafları ve yüzeyselliği nedeniyle, sevgiye kalbini tam anlamıyla açmadığı için bu mesajları kaçırır ya da ego'sunu dinler ve inanmaz. Melek enerjisi sizi duyarlı ve özel yapar. Algıda seçicilik mi acaba diyerek zamanla ve ilk etapta yaşadığınız bazı Melek sembollü olaylara şaşırsanız bile zamanla; Meleklerin size hızla cevap verdiklerini göreceksiniz. Kişisel Koruyucu Meleğinizin sizi duyduğunu bazen sadece "hisler"le anlarsınız, bazen ondan geldiğini bildiğiniz bir "iç ses" sizi uyarır, bazen de "düşünceler" gelir. Melek mesajı geldiği anda, içiniz huzurla dolar... Melekler karmaşık bir mesaj yollamaz, her mesaj ve destekleri hayrınızadır. İçinizi sıkan, emin olmadığınız hiçbir şeyi yapmayın. İç sesinize değer bazen Melekler... Melek Enerjisi bir sevgi ve sezgi yoludur, mantıktan çok duygular ile adım atın. Koruyucu Meleğinizden gelecek sevgi mesajı tüm benliğinizi ısıttığı için severek bu mesajın ardından gidersiniz... Koruyucu Meleğiniz ile çıkacağınız bu çok özel yolda, "durugörünüz" güçlenecektir... Sizi günlük yaşamın koşturmacası içinde rahatsız etmek istemezse; rüyanızda da mesajı verebilir. Bazen yolunuza çıkaracağı minik bir engel ile sizin buluşmaya gecikmenizi bile sağlayabilir, belki de o buluşmadaki kişi size hayırlı gelmeyeceği içindir bu... Yeter ki siz bu mesajları algılayın. Koşulsuzca sevilmek sizi iyileştirecek. Bu da Meleklerle mümkün. Meleklere gönlünüzü açın, onlara güvenin; tüm yaşamınız bu şekilde değişecek. Onlar sizi asla kandırmayacak, sizi koruyacak ve Işıkları ile rehberlik sunacaklar yaşamınıza. Hep sevildiğinizi bileceksiniz... Zamanla siz de koşulsuzca sevebileceksiniz. Sevgi veren sevgi alır. Sevgi şifadır. Melek enerjisi ile başkalarının acılarını ve mutluluklarını daha çok hissedeceksiniz. Sıradan insanları tabii ki yine çok seveceksiniz ama onlardan biri olmayacaksınız. Belki de artık sizin de bir misyonunuz olacak. Güzel sanatları ve yaratıcı olmayı yaşamınızın içine daha çok sokacaksınız. Daha ince fikirli olacaksınız, kimseyi kırmamak için büyük çaba göstereceksiniz. Vizyon almaya başlayacaksınız; görüntüler gözünüzün önüne gelecek. Boyutlararası deneyimleriniz bile olabilir. Mütevazı olacaksınız ve gereksiz eğlenceler sizi sıkacak. Sadece kendiniz için değil başkaları için hem üzülecek hem de çalışacaksınız. Psişik güçlenme için Meleklerden her daim Allah'ın izniyle yardım isteyin; onlar bunu destekler çünkü bu boyuta biraz da bunun için geliyoruz. Melek mucizeleri her gün yaşamımıza gelir fakat detayları kaçırmamanız şart. Olur mu – olmaz mı korkusunu atın üzerinizden. Güvenin ve zamanın pazarlığını yapmayın, doğru zamanı onlar sizden iyi biliyor. Bu boyuttaki doğru rehberlere ulaşmak için koşulsuz seven ve sevgi veren kişileri dost olarak seçin. Dedikodu ve gıybet ile zaman harcayan, sevgisiz ve boş amaçları olan kişilerden de uzak durun. Onlar sizi boş yere geri götürür. Onlar bize görünemezler, formları bizim dünyamız için uygun değil. Onları hissetmek bile sizin için çok önemli olacak... Meleklerin cinsiyeti yoktur. Meleklerin boyutunda her şey çok kutsal bir şekilde son derece kusursuzdur. Melekler, bir bebek dünyamıza gelirken hazır bulunur. Doğum gerçekleşince de Kişisel Koruyucu Melek çalışmalarına başlar. Hamilelik süresince de anneler bazen Melekleri ve bebeklerinin korunduğunu hissedebilir. Melekler Allah ile aramızdaki aracılardır. Siz istemedikçe veya korktukça, nazik ve derinlikli Melekler sizden uzak durur. Onları çağırın. Melek enerjisi yaşamınıza girdiği anda, etkileri tüm yaşamınızı sevgi ile kaplar. Bolluk bereket, coşku, sevgi, huzur yaşamınıza girer... Meleklerle çalışırken içten olun. Rüyalar ile ilgili rehberlik istendiğinde ve rüyalara dair farkındalığınız tam anlamı ile geliştiğinde, yine Melek mesajlarını bu yolla da alabilirsiniz. Meleklerle ruhunuz iyileşir, korunma altında olursunuz ve imanınız kuvvetlenir. Yolunda gitmeyen konular, sorunlar ya da hatalar odaklanılmaması gereken şeylerdir. Sürekli bunlara odak bir şekilde yaşarsanız, Melek enerjisi yaşamınıza giremez. Olgun bir ruh bunlarla zaman harcamaz. İstemediğiniz şeyleri sürekli düşünmeyin, onun yerine istediklerinizi düşünün. Bunu yaparken de daima Meleklerden destek dileyin. İstemediğini düşünen kişi, o istenmeyen konuyu yaşamına daha da kuvvetlice davet eder. Her şeyin güzel olacağına önce kendiniz inanın.

"Hamd, Gökleri Ve Yeri Yaratan, Melekleri İkişer, Üçer, Dörder Kanatlı Elçiler Yapan Allah'a Mahsustur O, Yaratmada Dilediğini Artırır" [Fatır,35/1]

Herkes bu boyutta aslında çok fazla bilmediği, kendine kondurmadığı, henüz keşfetmediği bir şifa gücüne sahip. İnsan, bırakın Melekleri, daha kendi bireysel sınırlarını ve sırlarını bile keşfedemedi. İnsanın bedeni, ruhu, zekâsı, özgür iradesi mükemmel bir düzenin ve ilahi gücün yansıması... İnsan şifayı aslında dışarıda arar, kendi gücünü küçümser. Her birimiz Allah'ın zerreleriyiz, bu anlamda sandığımızdan çok şeye sahibiz. Günlük yaşamdaki yanlış kod'lar ve inanç sistemleri bizi hem hasta ediyor hem de şifanın çok uzaklarda olduğuna inandırıyor. Dua da şifadır. Dua da şifayı çağırır ve size güç verir. Allah sevgisi, iman hepimizin içinde, bu ÖZ ile alacağımız güç bizi şifalanacağımıza, iyileşeceğimize dair de ikna etmeli. Yaşamlarımızı bizler inşa ediyoruz, hastalıkları da biz yine yaşamımıza çağırıyoruz. Kaynağı bulmak ve doğru şifa etkisi ile çalışmak sizin için çok önemli olacak. Varolan rahatsızlığınız yaşamınızın içine bir ders vermek, mesaj göndermek, tekâmül için girmiştir. Bu anlamda, isyan değil kabule geçmek çok önemli. Dünyada korunduğunu ve sevildiğinizi bilmekten daha güzel bir şey yoktur, ego'yu seçen bir kişi size sırt dönse bile Meleğiniz o an sizi duyar ve korumak, sevmek için gelir... Ki Meleğimiz her an zaten bizimle. Dünyada milyonlarca düşkün, aç, çaresiz, yardıma ihtiyacı olan insan var ve Melekler hepsi için güzel şeyler yapabilir ve yapıyor da... Koruyucu Meleğiniz sizi koruyor ve seviyor, onunla irtibatınızı daha da güçlü hale getirmeli ve daha çok "istemeyi" artık seçmelisiniz. O sizinle. Zaten sizin için çalışan bu saf enerjinin varlığı "korku" denen ve sizi kısıtlayan o yanlış enerjiyi önce azaltacak ve zamanla da silebilecek belki de... O sizin için en doğru olanı biliyor; mesajları net alın. Kişisel Koruyucu Meleğiniz, sizi yargılamaz. O sizin ego ve özgür irade sahibi bir "insan" olduğunuzu biliyor. Çok ince düşünen ve size hassasiyetle yaklaşan Meleğiniz, sizden gelen adımlara cevap verecektir. Allah'ın kuralları dışında kalan istekleriniz ise gerçekleşmez. Birçok eski hikâye ve efsanelerde de yer alan Melekler, insandan önce de vardı. İnsandan daha saf ve hatta sadece saf enerji varlıkları olan Melekler, kötülük nedir bilmezler. Onların katında kötülük yok. Koruyucu Meleğiniz, kötülüğü de kötü insanları da sizden uzak tutabilir. Baş kötülük aslında "ego" ile oluşur, sabah uyandığınız zaman Meleğinizden ego'nuzu uzak tutmasını rica edin.

8. VE ÖYLE DE OLDU

21 Günlük Olumlama Yolculuğu...

Gün 1

Başımıza gelen her olayın içinde bir yaşam dersi gizli, hiçbir şey boş yere yaşanmaz. Nasıl tepki vereceğimizi ise sadece biz seçeriz. En üzücü olay bile içinde şifa, dönüşüm, fırsat, Işık gizler. O potansiyeli ortaya çıkarmaksa bizim elimizde, sezgilerinize güvenin. İsyan ederseniz Işık kapanır, sevgi enerjisinde kalın, bir derdin sizden uzaklaşması için direnç olmamalı, "şükret-al-kabul et-akışa geç."

"Olan her şeyin bizim en yüksek hayrımıza." Bu enerji yasasını asla unutmayın, iyi gibi görünen kötü ile bitebilir, çok kötü görünen olaylar bize sabrı öğretir ve aslında gücümüzü bize hatırlatır.

"Yüce Allah'ım ve Sevgili Melekler, lütfen bu konudaki yaşam dersimin ne olduğunu net bir şekilde görmem için bana Işık sağlayın. Olanın içindeki en yüksek hayrı bulabilmem için desteğiniz benimle olsun (Derin bir nefes alın, mor renge odaklanın).

"Lütfen konu tamamen çözümlenene kadar bana işaretler gönderin, sevgide kalabilmeme ve en doğru adımları atmama yardım edin. Bana Işık'tan mesajlar vererek yaşamımda rehberlik edin. Allah'ın izniyle bu olayın en hayırlı şekilde çözümlenmesini sağlayın lütfen Melekler. Teşekkür ederim."

OLUMLAMA: OLAN HER ŞEY BENİM EN YÜKSEK HAYRIMA, BEN AKIŞA GÜVENİYORUM.

Gün 2

Bereket, hepimizin doğuştan hakkı, kaynak sınırsız, yeter ki almaya açık olun. Onu kazanmaya ihtiyacımız yok, aşırı çaba zaten korku enerjisidir. Bereketi almak için derin bir nefes alın, güven enerjisinde kalın ve "Yüce Allah'ım, sevgili Melekler, bereket-iş-para-kariyer ile alakalı şu dileğimi ...... (yüreğinizdeki her neyse onu söyleyin, imgeleyin, tekrar tekrar canlandırın, enerjiyi hissedin)............... gerçekten çok istiyorum, niyete giriyorum. Allah vermeyeceğini istetmez, bunu da biliyorum. Lütfen bana yüreğimdekini kolaylıkla gerçekleştirecek şekilde gerekli enerjiyi, fırsatları, doğru yol mesajlarını ve bütün diğer olanakları........ (neye ihtiyacınız varsa ekleyin; enerji, destek, inanç, insanlar, aracılar) ....sağlayın.

Ben Allah'ın sevgili kuluyum, aldıkça daha çok vereceğim, bunu hak ettiğimi biliyorum. Teşekkür ederim!" deyin ve sonra da güzel bir nefesle, altın rengin o güzel ihtişam enerjisine odaklanarak "Allah'ım, izninle bu güzel dileğimi senin elçin Meleklerine bırakıyorum." diyerek yüreğinizdekini inanç ve odaklanma ile, saf sevgi enerjisi ile teslim edin. Sonra da konuyu gerçekten BIRAKIN. "Oldu olmadı" diye düşünmeden, şimdi akışa geçin, zaman koymayın, nasıllar sizi ilgilendirmez, sonucu görün. Dileğinizin en doğru zamanda en doğru şekilde geleceğine inanın, ilahi plan sizinle…

Dileğiniz olduğunda gülümseyin, teşekkür edin ve yüreğinizi başkalarına da açın verin "vermek daha çok almaktır", paylaşın, bağış yapın, hediye edin…

OLUMLAMA: BOLLUK VE BEREKET BENİM DOĞUŞTAN HAKKIM. BEN ALLAH'IN SEVGİLİ KULUYUM VE HER ŞEYİN GÜZELİ BENİMLE.

Gün 3

Günlük yaşamın içinde bazen "mucizeleri" unutuyoruz oysaki yaşamın kendisi bir şans ve mucize. Melekler sizin özgür iradenize karışamaz, bir mucizeyi isteyip de iptal ettiğinizde onlar da bu enerjide size saygı duyar. Bir mucizeye gerçekten ihtiyacınız varsa, bunu isteyin-imgeleyin-unutun; herkesin ve her şeyin en yüksek hayrına olan armağanlar, karşılaşmalar, tesadüf sandığınız kesişmeler Allah'ın gücü ve O'nun izni ile Meleklerin ışığıdır. Dünyada ünlü, başarılı, şanslı, bereketli ya da sıra dışı olarak gördüğünüz çoğu kişi "inanmıştır" mucize sadece onlara inananlara gelir.

Herkes bir mucize isteyebilir ama bunun geleceğine inanmıyorsa, kendini buna layık görmüyorsa siparişi iptal etmiş gibi olur. İsteğinizi dualar ve bilinçaltı inanç yasaları ile destekleyin. Gerekirse bunu yazın hatta resmini yapın, en sevdiğiniz kitabın arasına koyun, onu orada unutun. En doğru zamanda kapılar açılacaktır. İmkansız diye bir şey Allah katında yoktur çünkü O "OL DER VE OLUR."

OLUMLAMA: MUCİZELER BENİMLE. ATTIĞIM HER ADIM BİR MUCİZE. YAŞAMIM BÜYÜK VE

KÜÇÜK MUCİZELERLE DOLU. BEN MUCİZELERİN BENİ BULACAĞINA EMİNİM.

Gün 4

Düşüncelerinizi temiz tutun. Niyetiniz de hep net olsun. Karışık düşünceler ile enerjileri harekete geçiremezsiniz. Beyninizde sağlıklı ve olumlu düşüncelere yer verin. Sizi telaşlı, stresli, acele ettiren, moralinizi bozan, kısacası kötü, negatif düşünceleri geldiği gibi gönderin, iptal edin. Düşüncelerinizi kontrol edebilirsiniz. Sıkça tekrarlanan çalışmalar bir süre sonra kaydedilir ve sizi dönüştürür.

Sizi olumsuz kod'layan kimseyle görüşmek, bir arada bulunmak zorunda değilsiniz. Kendinize siz ne kadar iyi davranırsanız, enerjiler dünyası da size o kadar güzel geri dönüşlerle gelecek. Önce "ben" demek bencillik değildir, siz iyi olursanız insanlara da verici olabilirsiniz. Sevgi'de kalın, daha çok "hayır" deyin, ertelemeyin atağa geçin, istemediklerinizi "yapmamak" size büyük kapılar açacak.

Işık ve yol içinizde, ilk hissettiğiniz doğru ve hayırlı. İç sesiniz sezgi yolu ile sizi daima uyarır onu daha sık dinleyin. Bir süre sonra siz dönüştükçe olumsuz kişi ve gelişmeler kendiliğinden sizi terk edecek ve siz daha çok Işık'ta kalacaksınız.

OLUMLAMA: BEN NETİM. SEÇİMLERİM BENİ DAİMA YUKARIYA TAŞIYOR. ÇOK ŞANSLIYIM; ETRAFIM FIRSAT VE OLUMLU ENERJİLERLE ÇEVRİLİ.

Gün 5

Gazeteler, şarkılar, kuş tüyleri, iç ses, duru biliş, bebek sesleri ve daha pek çok yerde her an Melek mesajları bizimle.

Melekler bize karışmaz, onlar saf sevgi varlıkları. Allah'ın izni ile size bir mesaj vermek, sizi bir tehlikeden korumak, size yardım etmek için hazır olduklarında mutlaka bir mesaj alırsınız ya da bir ışık çakması sizi bulur. İnanın ve işaretleri takip edin, iç sesinize güvenin "ego sizi durdurmak istese de" yola devam edin, inandıkça gelişecek, geliştikçe daha çok işaret alacaksınız.

Kader planında olan deneyimler mutlaka yaşanır, Melekler buna engel olmaz ama değişim yaşayabileceğiniz konularda kapı açıktır. Melek olumlamalarınızı dingin mutlu anlarda tekrar edin, uyku öncesi uyandığınız an daha çok yapabilirsiniz. Bir Melek mesajı geldikten sonra neler değişiyor yaşamınızda, takip edin ve bunu bulun.

OLUMLAMA: HER AN MELEK MESAJLARINI ALIYORUM; YAŞAMIM DÖNÜŞÜYOR.

Gün 6

Bazen bir şeyi çok isteriz ama hemen ardından da enerjisini bozarız; "ya olmazsa, nasıl olacak ki" diyerek... Bir şeyi gerçekten ve çok temiz bir kalp ile dilerseniz, o dilek her şeyin herkesin bütünün hayrına ise gerçekleşebilir. Bunun olması için isteyin ve unutun. Üzerine ne kadar çok düşünürseniz, enerji o kadar bozulur. Bazen "çok" istediklerimiz olmaz ama "az" istediklerimiz olur. Bunun sebebi az istenilende korku enerji yer almamasıdır.

Sonuca odaklanmayı seçin. Hangi yol ile gerçekleşeceğine değil... Allah'ın gücü sınırsızdır, Melekler de Allah izin verirse size yolu açar. Zaman koymayın, ilahi akışa güvenin, siz ve hepimiz kusursuz bir planın parçalarıyız. Sadece sonucu sık sık imgeleyin, olmuş halinde tam olarak nasıl hissedecekseniz bunu tekrar tekrar kendinize olmuş gibi yaşatın.

OLUMLAMA: BU KONUYU SEVGİYLE BIRAKIYORUM, HAYRIMA OLAN BENİ BULUR, ALLAH EN DOĞRUSUNU BİLİR, MELEKLER YOLUMU AYDINLATIR.

Gün 7

Uyku çok özel bir zaman dilimidir; sırlarla dolu, belki daha saf enerjilere yaklaştığımız, arındığımız, şifalandığımız, rüya ile rehberlik aldığımız... Bu gece ve istediğiniz her gece uyku öncesi uykunuzda şifalanmaya niyet edin. Bırakın ilahi ışık size aksın, tüm bedeninizi ve ruhunuzu aydınlatsın, şifa ve ışık olsun. Uyku öncesi büyük bilge bilinçaltınıza bir soru sorun, çok kısa süre içinde size bunun cevabını yaşamınızın içinde sunacak. Unutmayın; her şeyi bilerek doğduk sonra unuttuk şimdi yeniden hatırlama yolundayız.

"Sevgi Melekleri, lütfen gece boyunca benimle olun ve o güçlü şifa ışığınızla bedenimde şifalanması gereken her şeyi şifalandırın. Lütfen sabah uyandığımda dipdiri ve zinde uyanayım ve gereken rehberliği almış olayım, yarınım gün boyu enerji dolu, mesajlarla ve dönüşmüş geçsin. Teşekkür ederim."

OLUMLAMA: BU GECE VE HER GECE UYKUMDA ŞİFALANIYORUM. UYKUM BOYUNCA EN GÜZEL VE ARINDIRICI, DÖNÜŞTÜRÜCÜ ENERJİLER BENİMLE.

Gün 8

ZAMAN İNSAN YAPIMIDIR, insan icat etmiştir, yaşamı kolaylaştırmak için, bu dünya boyutunda hayırlı işler için zaman ayırın. Boş ve gereksiz konulara odaklanmak sizi enerji olarak kirletir. Zamana yani kendinize ne kadar değer verirseniz yaşam kaliteniz o kadar yükselir, yeni kapılar size açılır.

Zaman en değerli hazineniz, onu iyi kullanın. Zamanı satın alamazsınız; geçmişi düşünmekse kayıptır ve bazen geleceği düşünmek de öyle: an'da kalın. Vaktiniz dolduğunda bir dakika bile alamayacaksınız, milyonlarınız olsa da, Allah hepimizin gideceği zamanı biliyor... Zamanınızı bilinçli, her anın değerinin farkında olarak ve teşekkür ile, şükür ile geçirin. Sevdiklerinizle bir aradayken sevginin, o anın mutluluğunu yaşayın. Hayatınızın kontrolünü elinize alın; başkaları için zamanınızı yok etmeyin.

OLUMLAMA: ZAMANIM ÇOK DEĞERLİ. HER ŞEY İÇİN YETERİNCE ZAMANIM VAR. ZAMAN BANA GÜZELLİKLER SUNUYOR.

Gün 9

Rüya rehberliğine inanın. İstihare çalışması ile yaşamım boyunca sayısız mucizeler, rehberlikler yaşadım. İstihare çalışması ile ilgili tüm detayları Mucizeleri Çağırmak kitabımda bulabilirsiniz. İstihare elbette ki rüya değil salt olarak, Allah'ın huzuruna çıkmak... Rüya konusuna gelince; mesaj almak, hayırlısını keşfetmek, kontrollü görülen rüyalar deneyimini yaşamak, sevdiğiniz kişi ile telepatik bağ kurmak, yakın gelecekte gelişecek bir olayla ilgili işaret almak mümkün olabiliyor. Kimilerine göre zaten gün içinde uykudayız, uyurken uyanıyoruz.

Herkes rüya görür, sadece bazen hatırlamaz. Rüyalarımız bazen de Meleklerimizin bize rehberlik etmeleri için muhteşem bir şanstır. Rüyalarınızı hatırlamak için başucunuza bir rüya günlüğü ve özel rüya kalemi koyun ve "Meleklerim, bu gece lütfen rüyalarımı hatırlamama ve mesajı bilmeme yardım edin." deyin. Sabah rüyanızı yazarken anlamını iç biliş ile yakaladığınızı fark edeceksiniz.

İyi geceler, Işık dolu rüyalar olsun ve ÖYLE DE OLDU.

OLUMLAMA: RÜYALARIM BENİM REHBERİMDİR, İHTİYACIM OLAN BİLGİ BANA RÜYAMDA GELİR.

Gün 10

Bu gece AFFETMENİN HAFİFLİĞİNE inan. Affetmek özgürlüktür; arınmaktır, yükü atmaktır.

Bizi inciten, üzen, hatta bize haksızlık ettiğini düşündüğümüz herkesi affetmeye niyet edelim ve tüm bu yaşanmışlıklardan, olumsuz duygulardan tamamen özgürleşmeye hazır olalım. Biz buna değeriz. Kendini seven affeder, sevmeyen yükü taşır. Eğer bunu gerçekten yaparsanız, koşulsuz sevgide kalırsınız ve o kişiden size geçen olumsuz eterik kordon bağı da gider. Dönüşünce o tarz sizi yıkan insanlar size artık gelmez. Negatiften arınmak sizin hakkınız. Affetmek istediğiniz herkesi kocaman bir altın ışıklı balona koyun ve derin bir nefes alın:

"Allah'ım, ben tüm bu yüklerden özgürleşmek istiyorum; izninle, Başmelekler ve Kişisel Koruyucu Meleğim, lütfen benim tüm bu insanları ve konuları affetme yolumda bana ışık olun." diyerek nefesinizi sevgiyle verirken balonu da yine sevgiyle ışıkla umutla bırakın. Unutmayın kimse düşman değil, herkes birbirinin oyun arkadaşı. Herkes dünyaya öğrenmeye geldi.

OLUMLAMA: HERKESİ AFFETTİM, BEN HAFİF VE MUTLUYUM.

Gün 11

Dert etme dua et, direnme şükret, olumlu kal ki olumluyu çek…

Sen değerlisin, almak en doğal hakkın. Hep verici enerjide kalırsan mutlu olamazsın. Almak için yani enerjiyi büyütmek için daha çok şükretmen gerek. Hep şükret olana da olmayana da. Olmayanların içinde o kadar büyük hayırlar var ki… Allah en doğrusunu bilir.

Bir olumsuzluk yaşadığınızda hemen şükür enerjisine geçebilirseniz bir süre sonra artık olumsuzu hızlı iptal edebileceğiniz için; hep olumlu gelişmeler olacak. Şükür, değeri büyütmektir, az'a şükreden daha çoğu zaten yaşamına çeker. Şükret ki büyüsün enerji. Eğer şükretmezseniz yeni yaşam dersleri için kıtlık, olumsuzluk, zorluk kapınızı çalar. Başkaları için de şükredin, onlar için de mutlu olun, kıskançlık kıtlıktır bunu yapmayın.

OLUMLAMA: ŞÜKÜR ENERJİSİ BANA TÜM KAPILARI AÇIYOR. İÇİM ŞÜKÜR MİNNET DOLU. ŞÜKÜRLER OLSUN BANA, YAŞAMIMA, HER ŞEYE…

Gün 12

Hayata akışa plana güven. Her şey olması gerektiği gibi ve her şey hayrına. Güvenmezseniz korku enerjisi yayarsınız, her şeyi kendiniz baltalamış olursunuz. Akışta kalın, hiçbir zaman her şey iyi veya kötü gitmez. İniş ve çıkışlar vardır. Hepsi de hayrımızadır, güven enerjisinde kalmak size dinginlik, huzur verir başka kapıları aralar. Güvenmek kendimize de güvenmektir, aksi takdirde korku enerjisi yayacağınız için (korku çok hızlı ilerleyen bir enerjidir) zorluk çekersiniz. Sezgiler bu anlamda çok belirleyicidir; ilk gelen bilgi doğrudur konular olaylar insanlar hakkında. Kendine güvenmeyen insanlar enerji hırsızları tarafından seçilir ve belki de suistimal edilir, bu kişilerden olmamak elinizde. Kendinize ve ilahi plana güvenin.

Güvenmek, her ne olursa olsun her şeyin yolunda olduğunu bilmektir ve her şeyin sizin en yüksek hayrınıza olduğunu kabule geçerek enerjiyi yüksek tutmaktır. Böylece Kaynak'la bir oluruz, Yaradan'la 'Bir' olduğunuzu ve O'nun her zaman en doğru kararla yanımızda olduğunu bilmektir, bizi gözettiğine, koruduğuna ve desteklediğine inanmaktır.

OLUMLAMA: HAYATA GÜVENİYORUM.

Gün 13

Dolunay zamanları güçlü enerjilerin açığa çıktığı çok özel anlardır... Dolunay hem bilinçaltı ile bizleri yüzleştirir hem de yeni fırsatlar sunar; güçlü duygularla bizi buluşturur. Belki ertelediklerinizi artık söyler ya da bitişleri kabule geçersiniz. Dolunay bir yoğunlaşma dönemidir, giden gider, biten her zaman hayrımızadır. Kişi hem kendini tanır hem artık ona hizmet etmeyen enerjilerden kurtulur.

Enerji yoğun olduğu için bu zamanlarda ritüel yapmak, olumlamalara yer vermek, bilinçaltı temizliği için doğru zamanlardır. Dolunay zamanı gerçek biz ortaya çıkar. Bu dönemi en doğru şekilde geçirmek geleceğe de yatırım yapmaktır aslında. Arınmalı ve değişime açık olmalıyız. Bırakmayı ve bitirmeyi de öğrenmeliyiz; bir şey biterse bir şey başlar bunu hatırlayın. Bir şeye bağımlı olursanız onu çoktan kaybetmiş olursunuz.

Dolunay bize güç ve cesaret verir. Güçlü olumlamalar yaşamınıza bu zaman diliminde en etkili şekilde hizmet eder.

OLUMLAMA: DOLUNAY YAŞAMIMI GÜÇLENDİRİYOR. BU DOLUNAY BANA ŞANS VE FIRSATLAR SUNUYOR. DOLUNAY ZAMANI YAŞAMIMA IŞIK OLUYOR.

Gün 14

Hep hatırla: senin içinde büyük bir güç var…

Mükemmel dönüşüme ve dengeye niyet et. Artık başla hazırsın…

Mucizeler her an yaşanıyor, görmeyi seç. Doğada yaşanan tüm mucizeleri sevgiyle izle rehber hayvanlarını her gün takip et.

Bırakamadığın ve aslında bırakman gereken her şeyin güzel enerjiyle doğal akışla senden, enerjinden ve ruhundan çıkmasını seç. Sana iyi gelmeyen, zamanı dolmuş, iyi hissettirmeyen her şeyi ve herkesi sevgiyle kaynağa bırak; onları da seni de arındır. Sevgiye dönüşmesine niyet et şimdi her şeyin. Evrende her şeyin mükemmel dengesini bilen Yüce Allah her şeyin yerini şifayla doldurur. Artık gelen ve gelecek tüm yardımları almaya açık ol, ruhunun tazelenmesine kapı aç, sevgiyle arın. Mükemmel dengeyi yaşamında kabul et. Bırakan, hafifleyen, özgürleşen cesur yanını destekle ve sevgiye inan. “Tüm mucizevi dönüşümler için şükürler olsun” de. ÖYLE DE OLDU.

OLUMLAMA: MÜKEMMEL DÖNÜŞÜMÜM BAŞLADI.

Gün 15

Hedef belirle. Bunu yapmazsan enerjiler kafasına göre takılır, hangi enerji senin kontrolün dışında, güçlüyse o olur. Yaşamının değerini bil. Hedefler için ilk planın işe yaramadıysa bu gerçekleşmeyecek demek de değil, başka yola geç, planlar çoğalabilir. Bir kapı kapandıysa başka kapı açılır. Sonuca güven.

Arzu ettiğiniz aşkı ve işi ne zaman düşünseniz içinizin coşkuyla dolduğu oluyor mu? Bu, doğru yolda olduğunuzun bir göstergesi, emin değilseniz zaten sonuç olumsuzdur. Hedefinizi bir resim ile netleştirin, bunu yatak odanıza asın. Bu resim gözünüzü hedeflerinizden ayırmamanız gerektiğini hatırlatsın daima... Düzenli olarak, uyku öncesi uyandığınız an bu resme odaklanın. Amacınıza odaklı kaldığınız sürece, her arzunuz gerçekleştirilebilir, bu yönde fırsatlar size çekilir. Niyetlerinizi gerçeğe dönüştürme yolunuzu belirleyin, denemekten vazgeçmeyin, beklentilerinize her zaman kendi istediğiniz zamanda ulaşamayabilirsiniz ama olacaktır. Hayal ettiğinizden çok daha fazla olabilir bu sizin de enerjinize bağlı. İnanın, oldu bilin. Hedefler gerçekçi olsun; hedefe inanmak kadar, ona bilinçaltınızda hazır olmak ve layık olmak da önemli. Engel sizsiniz hedeflerinizin önünde, şimdi usulca çekilin oradan da olsunlar…

OLUMLAMA: HEDEFLERİM GERÇEKLEŞİYOR. BÜYÜK HEDEFLERİM KOLAYCA YAŞAMIMDA BENİ BULUYOR. HER İSTEDİĞİM OLUYOR.

Gün 16

Başkaları için ne kadar çok iyi dileklerde bulunursanız sizin de enerjiniz o kadar yükselir. Kendiniz için isteyin ama başkaları için daha da çok isteyin. Vermek daha çok almaktır çünkü... Ne verirseniz onu alırsınız, niyetiniz ne ise elinize de o geçer.

Sokakta yürürken sokak hayvanlarına ışık olun, düzenli bağış yapın, sevgi enerjisinde kalın. Başka birinin sevinci sizi kıskandırıyorsa sizin kendinizle büyük sorunlarınız var demektir. Herkes bir'dir; kimi kıskanırsanız güç ona geçer, kime iyi dilekte bulunursanız geri yansır, sizin de frekansınız yükselir.

"Sevgili Allah'ım, Meleklerim; bana verilmiş olan bu güzel beden, ruh ve maddi tüm güzellikler için binlerce kez şükreder teşekkür ederim; ben doğuştan her şeye sahibim, bunu biliyor ve kabul ediyorum. Ve aynı güzelliklerin (kişinin adını söyleyin) ...... için de verilmesini rica ederim. Lütfen onu o güzel enerjinizle sarın. Onu o şifa dolu enerjinizle koruyun, olduğundan daha mutlu olacağı kapıları aralayın. Onun, benim, hepimizin hayatını güzelleştirin... Onun hayatını ve bizim hayatımızı ışığa yaklaştırın, yolumuzu aydınlatın. Onun mutluluğunu görmeye ve bununla ben de mutlu olmaya şimdi niyet ettim. Paylaşmak çok güzel.

OLUMLAMA: VERDİĞİM HER ŞEY BANA KATLANARAK DÖNER.

Gün 17

Ruh eşin senin aynan. Sana seni anlatmak, seni tamamlamak için gelir. O senin kaderin, yolculuğundaki önemli enerji ve başka kimsede bulamadıklarının toplamı...

Ruh eşi ile ilgili detayları Onu Kendine Aşık Et kitabımda okuyabilirsiniz. Yanlış kişilerin gidişi ile ruh eşine yaşamında yer açılır ve önceki tüm yanlış ilişkilerin aslında ruh eşini daha çok sevmen içindir.

"Yüce Allah'ım, Sevgili Aşk Melekleri, ruh eşimle birlikte mükemmel bir aşk ilişkisi içinde olmam için lütfen bana ışık olun, aşk yolunda mesaj verin, rehberlik oluşturun.

Ruh eşimi bulabilmem için lütfen bana çok açık bir şekilde rüyamda da rehberlik edin ve en kısa zamanda, birbirimizi tanımamız ve birbirimizden hoşlanmamız için bizi buluşturun. Ruh eşi ile olabilmem için gereken koşulları yaratmanız için yardımınızı rica ediyorum. Beni saf sevginiz ile donatın.

Büyük bir aşktan korkmama yol açan tüm blokajlardan kurtulmam ve bu blokajların şifalanması için lütfen bana ışık olun, bilinçaltımda arınmaya niyet ediyorum. Böyle bir ruh eşi ilişkisini bulmama ve bundan zevk almama rehberlik edecek ilahi rehberliğinizi duymam ve izlemem için gerekli kapıları açın, ben geçmişten gerekli yaşam derslerini aldım, hazırım. Benim onu aradığım gibi O da beni arıyor. Biz bir'iz, birlikteyiz."

OLUMLAMA: RUH EŞİMİN VARLIĞINA ŞÜKÜRLER OLSUN. RUH EŞİM YAŞAMIMA ÇEKİLİYOR. DOĞRU KİŞİ İLE BERABERİM. RUH EŞİM BENİM EN BÜYÜK MUTLULUĞUM.

Gün 18

İnsanları sevebilirsin ama onlar tarafından sürekli onaylanmayı bekleme, senin için en geçerli onay kendinden gelen. Kendini sev ki seni sevenler artsın, kendini olduğun gibi beğen ki istediklerin gerçekleşsin. Sen böyle güzel ve özelsin...

Allah her insanı tek ve eşsiz yarattı, bu Onun yüceliği. Hiçbir şeyi boş yere yaratmayan Allah seni de çok özel bir insan olarak bu dünyaya gönderdi. O nedenle kendi kul hakkına da girme; kendini kabule geç, onayını kendin ver. Onay için dışarıya ne kadar çok bakarsan o kadar çok enerjin azalır, hatta insanlara bağımlı bile olup gücünden kaybedebilirsin.

Kalbinizin yolunu takip ettiğinizde, içinizden geleni yaptığınızda, başkaları yönünüzü veya seçeneklerinizi onaylamayabilir, sizi yolunuzdan çevirmek isteyen ego onları araç edebilir. Kendinize karşı dürüst ve güçlü olun. İhtiyacınız olan tek onay şimdi sadece kendinizinki...

OLUMLAMA: ONAY BENİM. KENDİMİ SEVİYORUM, KENDİMİ ONAYLIYORUM. HER ŞEY BANA BAĞLI. KENDİMİ OLDUĞUM GİBİ SEVİYORUM. BEN TEK VE EŞSİZİM. ÇOK ŞÜKÜR.

Gün 19

"Sevgili Meleklerim Yeniay'ın gücünün mükemmel yenileyici etkisinin hayatıma girmesine izin veriyorum. Lütfen egomu benden uzak tutun, lütfen düşüncelerimi netleştirin, ışığınızla hayatımı dönüştürün Allah'ın izni ile..."

Yeniay dilekler, başlangıçlar, girişim ve aşk için mükemmel zamandır. Bu zamanda enerji dolu ve umutlu oluruz. Yenilenme ve artık yeniden başlamak için gereken ilham da içimizde olur. Yeniay zamanı dilekler yazılır, eve yeni çiçek alınır olumlama yapılır, dua edilir, yeni adımlar atılır, tohum ekilir, özel tütsüler ve taşlarla çalışılır... Yeniay zamanı, enerjiler değişim ve yükselişe açık olduğu için sizin de frekansınız yükselmiş olduğu için yapılan olumlama daha büyük inançla daha net sonuç verebilir. Hep olmuşa odaklanarak inançla ve hayırlısıyla dileyin.

"Yeniay'ın getirdiği sürprizler, şans, yeni başlangıçlar, yeni aşk bana hayırlarla gelsin. Tüm dileklerim göz açıp kapayıncaya kadar çok kısa sürede gerçek olsun (ve öyle de oldu) ve hepimiz için Işık dolu, sevgi dolu, bereket dolu, huzur dolu, sağlık dolu, mutluluk dolu, Yüce Allah'ın ve Meleklerimizin rehberliğini çok net bir şekilde alabildiğimiz, başkalarına da hayırlı geldiğimiz mucizelerle dolu bir yeni aya merhaba..."

OLUMLAMA: YENİAY İLE BİRLİKTE YENİLİKLERE AÇIĞIM. YENİAY BANA ŞANS VE DÖNÜŞÜMÜ SUNUYOR. YENİAY'DA DİLEKLERİM GERÇEKLEŞİYOR.

Gün 20

Koruyucu Meleğinizle, kişisel yardımcınız ve koruyucunuzla kendi istediğiniz an tanışabilirsiniz. Kendi tarzınız, içten isteğiniz, doğru anda, doğru yerde, gerçekten ihtiyacınız olduğunda mesajlar da gelir. Geceleri yatarken Meleğinizi gözleriniz kapalı imgelemeye başlayarak da sürecin içine girebilirsiniz. Rüyanızda da ilk olarak görüp tanışabilirsiniz. Gün içinde bir aşk mesajı istediğinizde size göndereceği bir işaret ile de küçük küçük anlaşmaya başlayabilirsiniz.

Kişisel Koruyucu Meleğinizin sizi duyduğunu bazen sadece "hisler"le anlarsınız, bazen ondan geldiğini bildiğiniz bir "iç ses" sizi uyarır, bazen de "düşünceler" gelir. Melek mesajı geldiği anda, içiniz huzurla dolar... Melekler karmaşık bir mesaj yollamaz, her mesaj ve destekleri hayrınızadır. İçinizi sıkan, emin olmadığınız hiçbir şeyi yapmayın. İç sesinize değer bazen Melekler söz konusu aşk olunca da...

Melek Enerjisi bir sevgi ve sezgi yoludur, mantıktan çok duygular ile adım atın. Koruyucu Meleğinizden gelecek sevgi mesajı tüm benliğinizi ısıttığı için severek bu mesajın ardından gidersiniz... Koruyucu Meleğiniz ile çıkacağınız bu çok özel yolda, "duru görünüz" güçlenecektir... Sizi günlük yaşamın koşturmacası içinde rahatsız etmek istemezse; rüyanızda da mesajı verebilir.

Bazen yolunuza çıkaracağı minik bir engel ile sizin buluşmaya gecikmenizi bile sağlayabilir, belki de o buluşmadaki kişi size hayırlı gelmeyeceği içindir bu... Yeter ki siz bu mesajları algılayın.

OLUMLAMA: ATTIĞIM HER ADIMDA MELEKLER YANIMDA, SEVİLİYORUM, KORUNUYORUM. Işıktayım.

Gün 21

"Siz istediniz ve oldu..."

Size özel ve gerçek anlamda istediğiniz bir yaşam amacınız olması sizi başka biri yapacak. Yaşamınıza değer katacak. Amacınız hayırlı olmalı; sizin için ve başkaları için. Hırs olmamalı, sonuç kimseyi kırmamalı. Yaşamda korktuklarınız başınıza gelir ve çok istedikleriniz gerçeğe dönüşür. Bu güç zaten içinizde mevcut; şimdi sadece onu harekete geçirin. İşin maneviyat ve akış boyutu için de Melekler size eşlik edecek. İstemekten korkmayın; Yüce Allah zaten "istememizi" ister bizden. "İsteyin vereyim" der. Bu sizin yaşamınız, bazen de birilerine "hayır" dedikçe ayakta kalacaksınız; en güçlü hissettiren de sadece "kendiniz olabilmektir". Şimdi bir yaşam amacı belirleyin ve şimdi düşünceler, girişimler, inanç, odaklanma ile işe koyulun.

OLUMLAMA: HER ŞEY GİTTİKÇE GÜZELLEŞİYOR. HALLOLDU. ÇOK ŞÜKÜR TÜM OLAYLAR İSTEDİĞİM GİBİ ŞEKİLLENİYOR.

Tuğçe Işınsu'dan sevgiyle...

Kimseye kızma, o senin oyun arkadaşın. İkiniz de bir şeyler öğrenmek için bir enerji ile birbirinize çekildiniz. Kendini sev, ona kızarsan enerjin onda kalır, enerjin değerliyse bırak gitsin.

Sen benim kalbimin içindesin, beni kırarsan sen zaten kırılmış olursun. Herkes bir'dir ve birbiriyledir...

Döndüğünde bulduğun giderken bıraktığın olamaz ki... İyi düşün giderken.

Her ilişkide bitiş sebepleri bahanedir... Ya aşk biter ya kaderde yoktur.

Aşksa gerçekten kaçamazsın, aşk değilse ne olur artık anlam yükleme. Yükleme ki ruh eşin gelsin.

Değişmek sadece "kendini kabul etmekle" başlar.

Beni sevmiyorsan benim sorunum değil bu; sadece senin sorunun. Hayat kısa ve enerjim bana lazım!

Kurtarıcı arama, kurtarıcı sensin.

Gönlüme giren gözden ırak da olsa, her şeyden yakındır bana...

Sana taş atana sen ekmek at; o senin imtihanın çünkü...

Kime gereğinden fazla değer verirsen, senin değerin eksilir.

Kime gereğinden fazla değer verirsen, bunu taşıyamaz, korkar ve seni buna pişman eder.

Hayal kurmak; geleceği hatırlamak gibidir... Hayal kur bir gün gerçek olacak (öyle de oldu)

Olana şükret, olmayana daha çok şükret.

Uğruna savaşacağın bir aşk mutlaka olmalı yaşamında ve buna ruh eşi denir... Yanlış kişiler de gelir ondan önce, ruh eşini daha çok sevebil diye...

Söz vermek borçtur.

İnsanların söylediklerine değil, yaptıklarına bak.

Yapabileceğin en iyi şey dua etmek... Daha çok ve daha çok...

Misyonunu tamamlamıştı ve gitti... Allah ve Melekler daima seninle, önemli olan da bu.

Güçlü düşmanlar en başında büyük bir hile kullanır: dost görünürler.

Çok isteyen bir yolunu mutlaka bulacaktır.

Sorunlara fazla yüz verme, bozulup giderler...

Hiç merak etme, onu çok sevdiğini anlayacak... Onu sevmediğin gün.

Kendi hayatının başrolünde ol ki kimse seni yokluğu ile korkutamasın.

Her korktuğunda o korktuğun şeyin olması için çaba göstermiş olursun, bırak gitsin.

Bir insanla ilgili ilk anda ne düşünürsen, sonunda da onu düşünürsün. Sezgilerin doğru...

Taklit ediliyorsan, sürekli eleştiriliyorsan, kıskanılıyorsan: doğru yoldasın devam et.

Senin istediğini Allah istemiyorsa; gerçekleşmediğine dua et.

Sürekli onu düşünüyorsun, vazgeçip tekrar yapıyorsun... Çünkü O da seni düşünüyor.

Kimi aşk gidince başlar, kimi aşk sürdükçe biter.

Sen kendine nasıl davranıyorsan, insanlar da sana öyle davranıyor.

Kendinden çok sevdiğin kişiyi, zaten kaybedersin...

Bilinçli olarak istediğin, bilinçaltına göre tehlikeliyse gerçekleşmez.

Yeniden başlamak için bir SON'a ihtiyacın var.

Aşk; kusurlarıyla sevmektir. Kusurları da sevmektir.

Zeki insan iyi olması gerektiğini de çözmüş olandır...

Problem düzelmez, sen düzelirsin.

Başkası için yaşayan, kendine çoktan geç kalmıştır...

Beklediğine değmez, değse zaten bekletmezdi...

Bir sevda yarım kalırsa işte o zaman çok uzun sürer...

Arkandan konuşuyor çünkü o senin "arkanda".

Aşk varsa, sendeki her şeyi olduğu gibi beğenir.

Aşkın olmadığı yerde bahaneler artar.

Sadece iyi insanlar diğerlerinden üstündür.

Asil kadın gitmesini bilir, azına razı değildir ve aşka saygısı vardır. Böylece erkek basit kadına kalır...

Bir kişi seni bir kez kandırır, ikincisinde sen inanmayı seçmiş olursun.

Olmadıkça daha çok istersin ve buna aşk denir...

Kötü insandan gelecek iyiliğe ihtiyacın yok.

Bugüne kadar elde edemediğin bir şeyi istiyorsan, bugüne kadar hiç yapmadığın bir şeyi yapman gerekir.

Güçlü kadının arkasında, ona bir zamanlar yanlış yapmış bir erkek vardır.

Karma kayıt altında; tüm yaptıkların sana dönecek.

Kalmak isteyen yolunu bulur, gitmek isteyen daha hızlı bulur.

Kadın sustuysa; ilişki bitmiştir.

Olmayınca olmuyorsa, başka şeyler olacağı içindir.

Kendinde sevmediğin özellikler, yaşamına giren kişilerle sana yansıtılır.

İyinin imtihanı daha büyük olur; kötü zaten kötüdür.

Doğru kişi değilse, kader bir engel koyar.

Sana yapamayacağını söyleyerek kendi limitini belirliyor, seninkini değil…

Mutsuz insan kötülük yapar, intikama tenezzül etme.

Kötü hissettiren fedakârlık ilişkiyi kurtarmaz, bitirir.

Kötülük yapanın kötülüğünü istemek de kötülüktür.

Sen biri için dua ettiğinde, onun ruhu bunu biliyor…

Yalnızlığıyla barışan bazen de uzaktan sevmeyi tercih eder…

Bir ilişkide istediklerini alabilmen için, bazen de gitmen gerekir…

Tutmak ve sürekli biriktirmek, kıtlık getirir.

Hayatta en güzel şeyler hep bedavadır: aşk, sevgi, merhamet…

Derdin büyük olamaz çünkü ondan büyük Allah var.

Seni sevmekten daha önemli işi olmayan biri ile ol.

Kötülere ne mi yapıyoruz… Sadece affediyoruz, çünkü daha fazlasını hak etmiyorlar.

Korkaklar hep bir bahane üretir.

Sen kimi ararsan, o da seni arar.

Kaçtığın her şeye daha çok yakalanırsın.

Hiç hata yapmayan, kesin yanlış yoldadır.

Bilge bir ruh kendini sürekli ifade etmez.

Seni fazla öven herkes gün gelir seni yalnız bırakır.

İmtihanın en çok istediğin şeyle ilgili gelir...

Kötü düşünen kötüdür.

Kıymetli insanlar sessizdir.

Acılar olmasa, mutluluk bu kadar değerli olamazdı.

Söyleme hissettir.

Kaybedecek bir şeyin kalmadığında, en güçlü yanın ortaya çıkar.

Vazgeçme; dünya vazgeçenlere göre değildir.

En dibe vurduysan sevin; artık yukarı çıkma vakti ki başka gideceğin yön de kalmamıştır zaten.

"VE ÖYLE DE OLDU"

Sözler aslında tılsımlıdır. Bir şeyi söyledikten ya da istedikten sonra onu "olmuş bilin" VE ÖYLE DE OLDU diyerek mühürleyin.

Dileklerinizi gerçekleştirecek birçok ritüel, enerji çalışması ve uygulamayı youtube üzerinden "netd"de ve "Tv Em'de" yapmış olduğum "aşk para kariyer" programımda ve diğer birçok kanaldaki yayınımda izleyebilir, bulunduğunuz yerde deneyebilirsiniz.

Dünyada olumsuz düşünmekten daha kötü bir şey yoktur. Dünya'nın titreşimini bozan konu da budur. Her gün milyonlarca insanın olumsuz düşünüyor ve olumsuza inanıyor olması frekansı etkiliyor... Dünya ve hayat düşlediğimiz gibidir; çoğu konu bize bağlıdır. Yaşamının ipini eline al. Allah sana ruhundan üfledi; sen değerlisin. Allah "ol" der ve neler olur... Yarına umut dolu bak; olmayanlar için de teşekkür et çünkü gün gelecek iyi ki o zaman olmamış diyeceksin. İnan, iste, odaklan, hayrına olan için çalış. Enerjini doğru kullan; her insan eşsiz ve özel, yetenek ve sırlarla dolu. Bu kitabı okurken bile enerjin yükseldi şimdi sıra mucizelere kapı açmakta... Seni başka bir boyutta tanıyorum, bu kitap bizi buluşturdu. Sen ve ben aynı ÖZ'den geliyoruz. Seni seviyorum.

Bazı fikirlerini artık gerçekten terk etmek zorundasın, insanlardan aldığın ikinci el inançların sana hizmet etmediğini sen de biliyorsun artık... Kendine acımaktan vazgeç; bunu yaptıkça aşağı iniyorsun. Kendini gerçekten gözlemle ve düzelt. Bunu yaptığında zincirleme olarak her şeyin dönüştüğünü görürsün. Benim hayatımda eskiden en büyük sorun "hayır" diyememekti... Artık çok kolay diyorum ve dediğim anda yeni fırsatlar ve mutluluklar yaşamıma çekiliyor. Biliyorum ki buraya mutlu olmaya geldim, böyle olursam ancak ben de mutlu olurum. Sınırsız bir güç ve enerji mi istiyorsun: sorumluluğu al. Neyi görsen, neyi bulsan, ne olsa git ve "bu benimle de ilgili" de ve o olayın sorumluluğunu al. Diğer insanlar ve onların sana yaptıkları da sen'den yansıyanlar, bunu kabule geç. Değişirsen dünyan değişir ki en çok korktuğun şey de bu. Geçmişte kalmayı daha kolay buluyorsun; değişimin gerektiğini biliyor, en çok da bunu erteliyorsun, bundan kaçıyorsun belki de... Bağımlı kalma, özgürleş. Korku seni köleleştirir. Tüm imkânlara tam da şu anda sen eşit mesafedesin. Onları senden uzaklaştıran yine sensin. Her şey senin içsel onayınla olur. Başına gelen ve gelebilecek olaylara tepkin değişirse, yaşamın kökten değişir. Artık başına başka şeyler gelir.

Çoğu kişi sana olumsuz telkinlerle aslında yön verir ya da seni yok eder. Gerçek sen olamazsın. Sen dönüştüğün zaman ise sana bunu yapamazlar. Herkes için her şey bir zamanlar hayaldi, hayallerden kaçma, önce hayal olacak ki sonra da gerçek olsun. Gördüğün her şey aslında görünmeyen bir yerden kökünü bulur. Sen kaynakla bir ol, bir kal. Kendini daha çok sevmeye ihtiyacın var, kendine yaptığın tüm haksızlıklar için kendinden özür dile. Olaylara, yaşamına, kendine yukarıdan bak. Bugüne kadar inandıklarının aslında yanlış veya geçersiz olduğuna inanmak senin için başta zor olacak, kimse için kolay değildir. Bunu yapmak zorundasın; konu ve diğer her şey bununla ilgili çünkü... O sorunlar tekrar ediyorsa yaşamında sen öz'de onları değiştirmekten korktuğun için. Değişimi istemekle bunu gerçekten yapmak çok başka şeyler... Dışarıdaki insanların seni incittiğini sanıyorsun ama öyle değil; onlar seni sana yansıtıyor. Seninle ilgili. Bunları kabul etmedikçe ve cesaret etmedikçe; dönüşüm başlamaz. Seanslarda da bunu görürüz bazen; 1 saatlik seans biter ve bir adım atılmış olur. Danışan seans bitimi yine o sorunlarını anlatmaya yeltenir; tabii ki ben keserim izin vermem, doğrusu bu çünkü.

Yaşamını ele alamazsan, geçmiş ve korku seni ele geçirir. "Her şey dışımda gelişti" diyen zaten hala felsefeyi anlamadı demektir. Herkesi ve her şeyi affet, yükü at. Ego engel olsa da yap bunu. İnsanlara ne yapıyorsan aslında kendine yaptığın da o... Aynalık etme yasasını unutma; karma yasalarını da... Ana kader planın değişmeyecek ama Allah senden kendini gerçekten keşfetmeni istiyor; yerinde sayma, ilerle, sev daha çok ver. Değişmiyorsan gelişmiyorsun. Hem değişimi istiyor hem de korkuyorsan daha doğru zaman gelmemiş de olabilir, bekle... Geri dönüş yolculuğuna inan... Konunun sırrı geçmişte.

Düştün, anlaşılamadın, reddedildin, haksızlık gördün... O zaman şimdi doğru zaman; tüm bunlar senin yolun için gerekliydi. Sakın isyan etme, teşekkür et. Onlar seni sen yaptı. Sen şimdi keşif yolunda olacaksın. Onları sana başka insanların yaptığını sanıyorsun değil mi... Onları sen seçtin. Konu her yönüyle "sen"le ilgili sadece. Sen nasılsan dünya öyledir, sen nasılsan her şey öyle görünür. Sana anlatılan ya da dayatılanın dışına çıkma zamanın geldi. Kendini tanı, sorumluluğu al. Kaynak ile bir ol. Aslında sorduğun her soruya da cevap gelir, zaman koyma yeter ki. Zaman da insan yapımı bir şey sonuçta, Dünya dışında başka zamanlar var. Hatta başka Güneş sistemleri var, daha bunlara kafa yor "sadece seni neden aramadı" diye yorma kendini, sen değerlisin, enerjini doğru kullan.

Düşüncelerinin onayladıkları senin yaşamında şu an, buna çok dikkat et. Gerçek bilgileri hatırlıyorsun sadece bu süreçte, onlarla doğdun. Kolektif bilinç/altı senin kaynağın. Doğum anında birçok kayıtla geldin buraya, onlar da sensin evet ama olumsuz olanları dönüştürmek için buradasın ki yaşam amacının bir kısmı da bu zaten. Özgür değilsen yolun yanlış, ne kadar çok başkaları için yaşarsan o kadar dönüşemezsin. Bildiklerine eklemiyorsun, zaten biliyorsun; sadece kendi kaynağınla bağlantıda değilsin hepsi bu. İç sesin seni her olayda aslında uyarıyor, sen onu daha çok dinlemelisin. Bu kitabı binlerce kişi okuyacak hepsi farklı anlayacak; sen geliştikçe dünya sana daha farklı geri dönüşlerde bulunur.

Düşünce yaratıcıdır, düşünce yaratır. Her şey düşünce ile yaratılır, inanç ise büyük destekçidir. Hep aynı olaylarla karşılaşıyorsun çünkü değişmeyen sensin. Bunu kabul etmeyip dışarıyı da suçlama. Düşüncelerinin kalitesi yükselirse kesin olarak yaşamın da değişir. Acı kadar büyük bir fırsat yoktur. Fırsatlar geldikçe dersi al ve yola dönüşümle devam et. Hiçbir olay da başına bir anda, beklenilmeksizin, aniden gelmez; geçmişteki sen korkularınla onu beslemiştin, çağırmıştın. İnançlarının yönü senin kaderini belirliyor; bazen korkulara tutunuyorsun, bazen hastalığını seviyorsun, bazen kaybetmeyi seçiyorsun, aslında acı çekmeyi seviyorsun. Hayallerinin aslında gerçek olmasından bile korkuyorsun, onları kendin baltalıyorsun. Layık görmediğin şey sana çekilemez ki... Dünya senin içinde, herkes o nedenle Dünya'yı farklı algılar. Yalnızlığınla barışamadığın için hâlâ enerjini çeken kişileri de yaşamında tutuyorsun değil mi... Kendine işte böyle haksızlık yapıyorsun. Gerçekten içinden gelenleri yapmaya başladığında büyük bir değişimin kapısı da açılmış olacak.

Dünya böyle, hayat böyle, insanlar böyle çünkü sen böylesin...

Az ile yetin, zaten gerçek "çokluk" budur.

Düşle ve maddeye dönüştür.

Kökten değişim kalabalık ile yapılmaz, evet bir süre yalnız kalabilirsin.

Bağımlı olduğun her şey seni yok eder.

Vizyon, imgelenen ve gerçek arasında bir fark yok.

Bedenin yalan söylemez, bedenin seni yansıtıyor. İç dünyanı yani...

Sen kendine yardım edemiyorsan, insanlar zaten sana yardım edemez.

Her şey düşlemiş olduklarının bir sonucu...

Düşmanın sandığın senin eğitmenin; o sana bir şey öğretmeye geldi.

Hiçbir engel senden büyük değil.

İmkansız değil, yolunu değiştir, yine aynı sonuca gidebilirsin.

Amaç sensin, kendinden büyük amacın yok.

Birilerinden beklemek güç kaybıdır, kendinden bekle.

Daha fazlasına sahip olman, şimdi sahip olduğundan vazgeçebilmenle başlar.

Sevgiyi bilmeyen; şüphelenir, endişe duyar.

Her şey birbiriyle bağlantıda; bütünden ayrı hiçbir şey yok ve olamaz.

Sınırları içinden sil ve frekansını yükselt.

Sorumluluğu alırsan sahip de olabilirsin.

Uğraşma fazla, vizyonunu genişlet gerisi gelir.

Tüm bilgi şimdi'nin içinde ve tüm olasılıklar şimdi'de.

Sevgi bağımlı olmamaktır.

Evren ve enerjiler senin hizmetinde.

"Benzemek" korku ve sıradanlığı seçmektir.

Gelecek geçmişinin bir görüntüsüdür, o halde geçmişini serbest bırak.

Anladığın kadarsın.

Yenilgiyi sakın kabul etme; onu sen yarattın. Demek ki zafer de senin olabilir.

Kendini aş, aynı kalmak da korkudur.

Korkarsan, korkunu aşabilmen için, korktuğun şey başına gelecektir.

Hazırsan yardım gelir, o yardım da sensin yani, o kişi değil. Onu senin istek ve hazır olma enerjin davet etti. Kişiler vesile. Kişiler de sensin.

Sen onayladığın için oldu. Olmuşlar seninle ilgili; korkun da onay vermiş olabilir.

Korkaklar rol yapar ve kendi olamaz.

Kendini yenebilmelisin en çok da…

Hayatını yönetemiyorsan, kendini yönetemediğin için…

Kendini tanırsan, bu dertler sana nereden geldi artık bunu da bilirsin.

Dış dünya senin ruhunun enerjisinin maddeleşmiş hali. Başkasına göre zaten başka bir dünya var.

Hoş olmayan olaylar seni tamamlar sana öğretir.

Tesadüf diye bir şey olamaz; o da başka bir plandan geliyor. Kurgusu geçmişte yapıldı.

An'ı an, geleceği hatırla, geçmişi değil!

Evrenin gelişimi bile bireyin gelişimine bağlı, sen değerlisin…

Kaybediyorsan kendine inanmadığın için.

Bir şeyin bedelini ödeyebiliyorsan, o senin olabilir.

Nereye gitsen, yine karşına "sen" çıkacak.

Allah isteyin vereyim der. Allah'tan büyük güç yoktur, o zaman umutsuz olmaya da hakkın yok çünkü sen Allah'tan istiyorsun…

Huzursuz veya mutsuzsan ana yoldan ayrıldığın için...

Yolun dua ve Işık; Allah'ın gücü her şeye yetiyorsa ve sen de ona güveniyorsan asla umutsuz olmaya hakkın yok.

Mutluluk, içinde çünkü Allah sana şah damarından da yakın...

İsterken kendine acıyarak, umutsuz ve "zaten olmayacak ya da zaten zor" enerjisi ile isteme, odaklan ama enerjiyi de serbest bırak ki AKIŞ GERÇEKLEŞSİN.

İsyan etmek, şükretmemek, olanı sevmemek, direnç göstermek blokajdır.

Allah "isteyin vereyim" der zaten... İsterken şart koşma ve unutma senin kendin için istediğinden çok Allah'ın senin için istediği önemli ve olması gereken...

Doğru istemek çok önemli, hayrına olanı seçmek de. Senin kader planında olmayanı veya tekâmülüne hizmet etmeyeni istemek de bir noktadan sonra yolunu kapar hatta bazı açılardan kendi kul hakkına bile girmiş olursun.

Allah'a derin bir ihtiyaç hissetmeli ve hep arınma yolunda ilerlemelisin.

Allah zaten seninle, demek ki başaramayacağın hiçbir şey zaten yok…

İbadetini tabii ki doğru yap ama kul olduğunu da ta en derinden daima hisset.

Allah ne ile senden razı olacaksa sen de onu isteyebilmelisin, Allah'ı anarken "esma-ül hüsna" ışığı yolunu aydınlatacaktır. (bu zikirlerin bir kısmını kitabımda da bulabilirsiniz)

Esmaları oku ama kalbinle de sonuna kadar hisset farkı göreceksin.

Dua etmekten üstün olan bir enerji zaten yok, bugüne kadar birçok duan zaten kabul oldu sen de o nedenle zaten dua yolundasın.

Yaşadığın acılarda veya olumsuzluklarda yükü atmak için konuyu Allah'a bırak; kin-intikam-öfke gibi enerjiler seni aksi takdirde zaten aşağıya çekecek.

Allah en doğrusunu bilir.

Ve unutma senin yaşamına giren girecek her insanı da Allah yarattı; onları da sevmen gerekir o halde... Sana kötülük yaptığını sandığın kişi de sana aynalık etmeye geldi, senin oyun arkadaşın o ve onun sayesinde bir yaşam dersi aldın. Kötülük değildi o aslında...

Seni istemeyen, kabul etmeyen bir yere girmeye çalışma, kapı açılmıyorsa o kapı senin kapın değil demek ki.

Zorla girersen de bir gün o kapıdan yine en olumsuz şekilde çıkan da yine sen olacaksın. Sen kendi kısmetini bekle...

Her şey Allah'a ait ve O'nun. Sen hiçbir şeyin de sahibi değilsin.

Seninmiş gibi yaşadığın için bazı şeyler, hâlâ hayal kırıklığı deneyimliyorsun.

Sen buradan geçiyorsun, yolun gittiği yer dünya değil, bunu bildiğinde tüm yükler hafifler...

Bir gün geçici olan her şey sana boş geldiğinde ebedi olana da daha çok yaklaşmış olacaksın.

Allah her yerde, aranmaz, O zaten seninle ve O varsa umutsuzluk zaten yoktur.

Her kapı kapansa O'nun sana kapısı asla kapanmaz.

Allah sana bir şeyi nasip etmiyorsa vermiyorsa sen bazı yükleri taşıyamayacağın için çünkü O seni seviyor, kolluyor, merhamet ediyor. Olana sevin, olmayana daha çok sevin.

Yaptığın hiçbir iyilik boşuna değil ve her biri ahirette değerlendirilecek.

Bir işe kalkışırken hayrını hesapla; herkese, her şeye faydalı mı...

Ve o yola çıkarken kalbine Allah'ı koy.

Karşındakini sevme nedenin de onu Allah'ın yaratmış olmasıdır.

En büyük intikam yine de çok sevmek ve unutmaktır, sen Allah'a bırakacaksın takdiri.

Hırsla iş yapma, hırsla gelen başka olumsuz bir enerji ile gider.

Yükselişin de sen hakikati kavrayınca başlar rahat ol hiç merak etme, dünya yaşamını gereği kadar ciddiye al, fazlası olmasın.

Aşırı dünya sevgisi de ruha yapılan bir haksızlıktır.

Allah boş yere kimseyi veya hiçbir şeyi de yaratmaz, her imtihan da ayrıca O'nunla aramızdaki bağı güçlü kılar, iyi ki sınanıyorsun sevin...

Her olay ve dönüm noktası Allah'ı hatırlatır. Her derdin tek dermanı sadece Allah'tır.

Sonsuz güç Allah'tır; ona güvendiğin için her şeyin mümkün olduğunu da kabul etmelisin.

Allah senin yanında olduğu için,

Melekler de seninle, asla yalnız değilsin. Herkesin içindeki iyiliği gör, bu iyilik yapmak kadar önemlidir.

Kötü kader yoktur, hepsi takdirdir, geleni sev ve kabul et.

"KALPLER ALLAH'I ZİKREDEREK TATMİN OLUR."
Rad Suresi/28

Allah senin kalbinde, YA RAHİM YA RAHMAN YA CELAL

HER ŞEY BİR AN'A BAKAR,
ALLAH "OL" DER ve OLUR.

MELEKLER ŞİFA LİSTEMİZ

Şifa sadece Allah'tan gelir.

Bizler, dünyaya daha çok Işık yaymaya çalışan spiritüel danışmanlar olarak kendi gücümüzün yettiği kadar Allah'ın izni ile kanallık yaparak, inanç ve içsel gücümüz ile tanıdığımız tanımadığımız, dünyanın neresinde olursa olsun gerçekten ihtiyacı olanlara dua etmeyi, onları sevmeyi, Işık göndermeyi vazife ediniriz.

Melekler Şifa Listemiz; gerçekten çok zor durumda olanlar, hastalar, ağır koşullar içinde olanlar, çok büyük darbeler almış olanlar, engelli dostlarımız içindir. Kendi isminizi veya tanıdığınız yakınınızın ismini bu listeye yazdırabilirsiniz. Belirli zamanlarda toplu yapılan ve isteyen herkesin de "niyete girerek" kendi enerji, şifa ve sevgisini aktarabileceği bu çalışma, herkesin BİR olduğunu herkese yeniden hatırlatmak içindir.

Melekler Şifa Listemize göndereceğiniz isimler daha az önemli zorluklar içinde olmamalı, gerçekten ihtiyacı olan kişiler için düşünülmüş bir çalışmadır bu... Konuya göstereceğiniz hassasiyet için teşekkürler.

Hayatta en güzel şeyler hep bedavadır; sevgi gibi, şefkat gibi, merhamet gibi, aşk gibi...

Dünyanın neresinde olursanız olun, ışığımız size ulaşır.

Allah büyüktür, her şey sadece O'ndan gelir.

"Ya Şafi"

TUĞÇE IŞINSU İLE BİREYSEL SEANSLAR:

REGRESYON- GEÇMİŞ YAŞAM ŞİFASI

İLİŞKİ ŞİFALANDIRMASI

TAROT-ASTROLOJİ-İSİM ANALİZİ

AŞK KOÇLUĞU

MELEK KOÇLUĞU

KİŞİYE ÖZEL "AŞK-BAŞARI-DİLEK-BEREKET" TILSIMLARI

ENERJİSİ ÇALIŞILMIŞ KRİSTALLER

Randevu için: 0535.3079528

facebook.com/tugceisinsuOFFICIAL

twitter.com/TUGCE_ISINSU

instagram/tugceisinsu

tugceisinsu.blogspot.com.tr

TUĞÇE IŞINSU
AŞK VE CAZİBE AKADEMİSİ
Kadınlık tarihinin sıradışı, gizli, mistik
aşk ve cazibe sırlarını emrine sunuyorum.
Önünde diz çökecek erkeği sen seç!
İLK BASKI 20.000
FENİKS